한국공공브랜드진흥원 총서 2

공공 브랜드
캠페인 매뉴얼

김유경 · 이희복 · 구자룡 · 박상희 · 김정렴
최영선 · 김병희 · 신명희 · 최일도 · 최지혜
강소영 · 김응표 · 최은정 공저

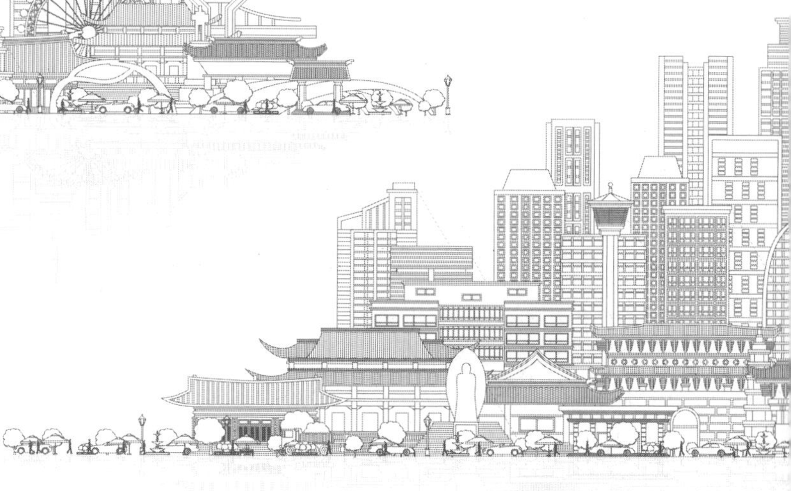

한 경 사

공공 브랜드 캠페인 매뉴얼

저　자	김유경, 이희복, 구자룡, 박상희, 김정렴, 최영선, 김병희, 신명희, 최일도, 최지혜, 강소영, 김웅표, 최은정
발행일	2024년 3월 30일
발행처	**한경사**
발행인	이계남
등록사항	제10-1951호 2000년 4월 14일
주　소	서울시 마포구 신수로 59-1 (3층)
전　화	02_717_7264~5
팩　스	02_717_7226
홈페이지	hankyungsa.co.kr
이메일	hankyungsa@hanmail.net
ISBN	978-89-6844-485-2　93320
가　격	29,000원

이 책은 PRONE의 후원으로 발간되었습니다.

발간사

변화는 필연적이며 민간이나 공공 영역이 다르지 않습니다. 변화에 적응하면서 개인이나 조직 모두가 경쟁 구도에 직면하나 혼자만 살기보다 상생하는 환경을 만들어야 합니다. 급변하는 환경에 적응하지 못하면 모든 조직은 과도한 구조 조정이나 몰락을 경험하게 됩니다. 치열하게 버텨온 민간 기업처럼 공공 영역도 변화의 위기에 맞서 장소(places), 정책(policy), 조직(organization)을 공공과 긴밀히 소통하고(communication) 나아가 적극적으로 팔아야(selling) 한다는 혁신적 사고와 행동을 갖추어야 합니다. 미래 공공 분야 리더들이 민간과 함께 전략과 실천적 사례를 공유하고 함께 살아가는 협치의 환경과 문화에 적응하지 못하면 국민에게 버림받고 도태된다는 위기의식이 중요한 시점입니다. 이른바 범 브랜드 관리의 사고와 더불어 공적 원리가 지배하는 공공 브랜드의 총체적 개혁이 필요합니다.

이같은 인식을 토대로 한국공공브랜드진흥원(이하, 한공원)이 공식 출범한지 1년을 맞습니다. 실제 역사로 보면 2015년 한공원의 전신인 공진원(공공브랜드진흥원)이 한국지방브랜드경쟁력지수(KLBCI) 평가를 한국경제신문사와 협력하여 발표해 왔으니 그 족적은 10년이 되어 간다고 말할 수 있습니다. 코로나 이후 새롭게 거듭난 한공원은 형식과 내용의 폭을 크게 넓히는 한편 참여 회원 및 회원사들의

발간사

품격을 더해 혁신성을 높였습니다.

그 첫 행보로 총서 시리즈 출간을 시작했습니다. 지난해 기본 개념서라 할 수 있는 총서1권『공공 브랜드란 무엇인가』발간에 이어 금년에는 전략과 실제 사례를 담은 총서2권『공공 브랜드 캠페인 매뉴얼』을 출간하게 되었습니다. 정부, 산업, 학계의 전문 인사들이 협력하여 국내 및 글로벌 지자체, 중앙 부처 및 기관, 공기업의 주요 정책과 다양한 사업을 구체적 사례로 소개하는 데 힘을 모았습니다. 특히 공공 분야의 다양한 미디어를 토대로 하는 혁신적 소통과 정책 브랜딩 사례는 현장의 목소리와 전략적 현안을 생생하게 담고 있어 시의성이 매우 높은 내용이라 하겠습니다. 이 밖에 주목할만한 공공 분야로 사회적 소통과 교육혁신을 중시하는 신개념 대학도 살펴보았습니다. 교육을 공공재로 하는 대학브랜드 사례의 소개는 한국 사회의 변화를 적시하고 있습니다. 이번 총서에서는 한공원의 핵심적 사업인 측정과 평가에 큰 관심을 두고 민간 기업과 공공조직의 공공성 측정, 지자체의 경쟁력 평가, 민간 및 공공 영역 등의 ESG 관련 지수를 포함한 다양한 성과평가 등을 소개하여 국내 공공 브랜드가 해를 거듭하면서 성장하는 모습을 평가하는 중심축으로 활용하고자 합니다.

한공원이 자랑하는 12명의 브레인이 펼치는 공공 브랜드

발간사

총서2권 『공공 브랜드 캠페인 매뉴얼』에 독자 여러분을 초대합니다. 여러분의 일터에서, 또한 교육의 현장에서 이 책이 큰 힘과 지혜가 되어 주기를 기대합니다. 끝으로 국내 최초로 출간되는 공공 브랜드 캠페인 매뉴얼에 흔쾌히 후원해 주신 피알원 조재형대표께 한공원을 대표하여 진심으로 감사를 드립니다. 어려운 여건 속에서도 출판에 기꺼이 협조해 주신 한경사 이계남 대표께도 감사드립니다. 특히, 오랜 시간 기획, 편집, 출판 전 과정을 주도해 오신 사무총장 이희복 교수께도 깊은 감사의 말씀을 드립니다.

2024년 3월

한국공공브랜드진흥원장
김유경
(한국외국어대학교 명예교수)

우리는 매일 삶 속에서 많은 문제와 마주친다. 점심 메뉴 선택이나 생일 선물 준비에서 업무로 만나는 다양한 과제까지, 쉬울 것 같지만 결코 쉽지않은 선택 앞에서 고민과 방황을 거듭하게 된다. 더구나 그 문제가 많은 사람들의 눈과 귀가 집중되는 공공의 문제라면 그 무게와 부담은 더욱 클 것이다. 이 책『공공 브랜드 캠페인 매뉴얼』은 이런 공공의 과제를 어떻게 하면 좀 더 쉽고 효과적으로 풀어갈 수 있을까에 대한 고민에서 시작되었다.

지난 해 발행된 한국공공브랜드진흥원 총서1『공공 브랜드란 무엇인가』의 저술이 공공 브랜드에 대한 물음에서 시작되었다면 이번 총서2『공공 브랜드 캠페인 매뉴얼』에서는 성공 캠페인을 위한 해법에 한 걸음 더 다가가 보고자 하였다. 이를 위해 공공의 브랜드가 목표공중과 소통하기 위한 캠페인을 담당해온 현업과 정책부문 전문가, 관련 연구와 자문 활동을 이어온 연구자 13명이 펜을 들었다. 이들 전문가는 한국공공브랜드진흥원의 소속된 산관학 공공브랜드 최고의 전문가들로 구성되었다고 자부한다.

어떻게 하면 효과적으로 공공 브랜딩을 수행할 수 있을까? 이런 물음에 대한 답으로 저자들이 주목한 단어는 "매뉴얼"이었다. 챗GPT에게 매뉴얼에 대해 물었다.

> 매뉴얼은 내용이나 이유, 사용법 따위를 설명한 글을 의미한다. 유의어로는 설명서, 안내서, 지침서와 같은 단어로도 사용된다. 전자제품이나 다양한 제품을 구입할 때, 함께 동봉되어 있는 경우가 많다. 그래서 매뉴얼은 사용자에게 제품의 기능과 사용 방법을 알려주는 중요한 문서다. 다만, 외래어 표기 때문에 동일한 의미인 설명서, 사용서, 안내서 등의 순화어를 사용하는 것이 더 좋다!

이 책을 공공 브랜드 캠페인의 설명서, 사용서, 안내서 등 무엇이라 불러도 좋다. 스마트폰이나 자동차를 새로 구입하면 여러 기능들을 잘 소개하는 매뉴얼을 찾아보는 것처럼 수년간 관련 업무를 한 경력자나 새롭게 해당 업무를 수행해야할 신임 담당자라도 이 책을 통해서 자신감을 갖고 공공 브랜드 캠페인에 대한 이해와 활용이 가능하도록 구성하였다. 주요 내용은 다음과 같다.

"1장. 공공 브랜드 개념과 전략"에서 한국외국어대의 김유경 교수와 상지대 이희복 교수는 이 책의 도입을 담당하면서 공공 브랜드의 등장과 함께 그 만남의 구체적인 실천방법으로 캠페인을 설명하고 실천의 중요성을 강조하였다. 공공성의 4가지 요소 공익성, 공정성, 공민성, 공개성과 세부영역, 측정지표, 캠페인의 정의, 공공브랜드 혁신 매뉴얼, 국내외 사례를 함께 소개하여 공공 브랜드의 개념과 전략의 중요성을 이해하도록 하였다.

"2장. 기초 지방자치단체 공공 브랜드 캠페인 매뉴얼"에서 밸류바인 구자룡 대표는 기초 지자체 공공 브랜드의 이해로 부터 접근하여 공공 브랜드와 기초 지자체 브랜드의 관계를 설명하였다. 아울러 기초 지자체 브랜딩의 의미와 필요성을 강조하면서 관련 커뮤니케이션과 캠페인의 이해를 높였다. 특히 브랜드 아이덴티티, 슬로건, 브랜드 로고 등을 국내외 다양한 사례의 시사점을 도출하였다. 이로써 기초 지자체 브랜드 캠페인 전략을 콘텐츠, 창의성, 맥락, 협업 4C로 전략적 접근을 제안하였다.

"3장. 로컬브랜드 캠페인 매뉴얼: 전략과 집행"에서 경희대 박상희 교수는 로컬을 주변성과 소수성으로 설명하면서 장소적 개념으로 바라 보았다. 로컬을 창조적 생태계가 가능한 다양성으로 주목하면서 관계인구, 5도2촌과 같은 지역 활성화를 소개하였다. 로컬 브랜드 캠페인 사례로 군산의 로컬라이즈 캠프, 제주의 카름스테이, 행안부 우리답게 챌린지로 관련 이해를 높여 전략적인 집행을 제안하였다.

"4장. 부처별 브랜드 캠페인 매뉴얼: 전략과 체계"에서 문화체육관광부 김정렴 과장은 공공 브랜드로서 중앙 부처의 캠페인에 초점을 맞춰 이에대한 특징을 이해하고 캠페인의 방향을 설정할 것을 주문했다. 또한 브랜드 캠페인의 전략적 구성을 위한 요소로서 목표청중, 캠페인 목표, 해결방안, 커뮤니케이션, 모니터링과 평가의 중요성과 함께 브랜드 캠페인 기획과정을 설명하였다. 6단계에 걸친 기획과 평가를 통해 실무에 참고가 되도록 제안하였다.

"5장. 중앙 부처 브랜드 캠페인 사례"에서 행정안전부 최영선 과장은 부처 브랜드의 특징을 이해하고 성공 브랜드를 위한 캠페인의 중요성을 강조하였다. 부처 브랜드 사례로 브랜드 네이밍, 퍼스널 브랜딩, 공간 정책 브랜딩, 연합형 브랜드 캠페인, 미래 아젠다 세팅, 비주얼 메시지, 안전정책 브랜드 캠페인 7개 사례를 소개해 생생한 최신의 부처 브랜드 캠페인의 시사점과 함의를 도출하였다. '커피 한 잔' 코너에서 성공요인을 분석하여 이해를 도왔다.

"6장 공기업의 공공브랜드 정책과 공공 브랜딩 매뉴얼 사례"에서 서원대 김병희 교수는 방송의 공공성과 다양성을 구현해 방송통신 광고시장의 활성화에 기여하는 한국방송광고진흥공사의 사례를 소개하였다. 공사의 경영 목표와 전략을 이해하고 이를 사업의 범주와 주요 사업으로 설명하여 공공 커뮤니케이션 활성화 토대의 필요성을 제기하였다. 각 부문별 전략의 방향과 핵심 과제를 요약하여 기관의 방향성과 브랜드 가치 제공하고자 하였다.

"7장. 주요 공기업별 브랜드 캠페인 사례"에서 KPR 신명희 본부

장은 현장을 이해하고 공공 브랜드 캠페인에 활용할 수 있도록 최신의 사례를 소개하였다. 캠페인 사례로 인천공항공사 뜻밖에 대한민국을 만나다. 한국관광공사 "Feel the Rhythem of Korea", 한국국토정보공사 서로위로 챌린지의 캠페인 배경과 성공요인을 분석하였다. 저술 내용에서 공기업에서의 공공 브랜드 캠페인은 어떠해야하는지를 함의를 제시하였다.

"8장. 주요 준정부·공공기관 브랜드 캠페인 사례"에서 언론진흥재단 최일도 박사는 준정부·공공기관의 민간 접점 확대와 이미지 개선의 필요성을 주장하면서 구조적 문제와 캠페인의 한계를 설명하였다. 다만 브랜딩과 캠페인을 통해 당면 과제를 해결할 수 있으며, 관련 사례로 보훈복지의료공단의 잊지 않고, 잇다 캠페인의 매체 활용을 분석하였다. 브랜드 캠페인 확산을 위해서 중장기적 브랜드 개발과 활용 전략을 강조하였다.

"9장. 공공 브랜드 사례 1: 정부광고 혁신"에서 언론진흥재단 최지혜 박사는 공공 브랜드를 공적 영역에서 활동하는 공공재와 공공기관에 대한 총체적 인식으로 보고 국민의 인식 속 합의를 위한 공공 커뮤니케이션으로서 정부광고를 소개하였다. 정부광고 브랜드 인지도 사례로 한국관광공사, 보건복지부 등, 브랜드 지식 복지부 노담 사례, 브랜드 태도 농정원 갓생 농업 사례, 브랜드 충성도 문화부 2050 탄소중립캠페인 사례를 소개하고 시사점을 도출하였다.

"10장. 공공 브랜드 사례 2: 대학 브랜드 혁신"에서 서울디지털대 강소영 교수는 한국 대학 혁신의 방향 설정과 다양성을 제시하고 최신의 사례로 한국판 미네르바대학, 태재대학교에 대한 혁신을 소개하였다. 이밖에도 미국 애리조나주립대의 혁신1번지, 일본 리츠메이칸대학교 미래교육, 독일 드레스덴공대 학제연구에서 우리 대학 혁신에 주는 의의를 찾아 보았다.

“11장. 공공 브랜드 사례 3: 중앙정부 부처의 유튜브 활용 현황 및 브랜드 구축”에서 전 방송통신위원회 김응표 박사는 우리나라 정부의 소셜미디어 활용의 시작을 1993년 김영삼 정부로 보고 역대 정부의 온라인 소통을 분석하였다. 정부의 유튜브에 초점을 맞춰 한미 비교하여 분석하였고 우리나라 정부 유튜브 채널의 성공 요인을 국토교통부를 중심으로 살펴보았다. 향후 정부 부처 브랜딩에서 유튜브의 활용과 정책 홍보, 콘텐츠 정문성 강화를 제안하였다.

“12장. 공공 영역의 브랜드 평가와 ESG 경영의 과제”에서 상명대 최은정 교수는 기업의 경영성과 평가 변화 과정과 CSR, CSV, ESG 등장을 소개하면서 공공 영역의 ESG 경영의 기본 방향과 세부 방법론을 소개하였다. 구체적으로 도시관광경쟁력 지수, 서울시 브랜드파워지수, KLBCI(한국지방브랜드 경쟁력지수)를 토대로 공공기관 ESG 경영의 성과 측정과 성과관리의 필요성을 강조하면서 한국공공브랜드진흥원의 공공기관 EDG 경영관련한 제언을 덧붙였다.

이 책『공공 브랜드 캠페인 매뉴얼』은 공공 브랜딩을 효과적으로 수행하기 위한 캠페인 방법론으로 다양한 논의를 시도하였다. 2023년 한국공공브랜드진흥원 총서1에 이어 우리 사회, 공공 영역에 새로운 해법을 제시하고자 한다. 저술에는 철학과 커뮤니케이션, 정치외교, 경영학, 문화콘텐츠, PR산업, 마케팅 커뮤니케이션, 지역 전문가, 광고와 브랜드 등의 수십 년의 경험을 가진 현장 전문가와 연구자 등이 참여하였다. 이는 내용과 형식의 규모 면에서도 국내에서 가장 신뢰할만한 저술이라고 평가된다. 이 저술을 통해 공공 브랜드와 캠페인에 대한 다양한 담론이 이어지고 현장에 환류되는 역할을 수행하고자 한다. 또한 한국공공브랜드진흥원이 공공 브랜드의 플랫폼으로서 관련 역량을 발휘하여 이 사회에 기여하고자 한다.

『공공 브랜드 캠페인 매뉴얼』의 출간을 위해 수고하신 한경사 이계남 대표님과 편집진에게 감사를 드린다. 무엇보다 한국공공브랜드진흥원의 총서 시리즈의 2권으로 출간할수 있도록 지원해주신 피알원과 조재형 대표님께도 후의에 또한 감사드린다. 참여로 수고한 12명의 저자를 비롯해 한국공공브랜드진흥원 구성원들의 지지와 성원에도 박수를 보낸다, 마지막으로 이 책을 서가에서 집어 든 독자 여러분께도 고맙다는 말씀을 드린다.

이제, 이 책에서 공공 브랜드 성공 캠페인의 해법을 함께 찾아보기를 기대해 본다.

2024년 3월

저자들을 대표하여
이희복

1장

공공 브랜드 개념과 전략

김유경·이희복

김유경 ykkim@hufs.ac.kr

현재 한국외국어대학교 미디어커뮤니케이션 학부 명예교수이다. 한국공공브랜드진흥원장 겸 이사장으로 있으며, 대통령 직속 국가브랜드위원, 한국광고학회 13대회장, 서울시 2, 3대 브랜드위원장을 지냈다. 한국외대 신문방송학과를 졸업하고, 미국 하와이주립대학에서 매스 커뮤니케이션 석사 학위를, 미국 Syracuse 대학 Newhouse School에서 박사 학위를 받았다.

저역서로 『인간과 커뮤니케이션』(1996,공저), 『브랜드 관리』(2015,공저), 『소비자행동과 문화』(20007,공역), 『국가브랜드전략』(2008, 2020, 공역), 『해외시장에서의 브랜드 전략』(2015,공역), 『도시 브랜드의 전략적 관리』(2013, 공역), 『디지털 시대의 브랜드 이해』(2020,공저), 『공공 브랜드의 전략적 관리』(2015,공저), 『공공 브랜드의 이해』(2015,공저), 『공공 브랜드란 무엇인가』(2023) 등이 있다. Dimension of Nation Brand Personality, 브랜드 경험, 브랜드 자산, 국가 브랜드 정체성, 도시 브랜드, 기업 브랜드 전략 및 관리에 대한 국내외 다양한 논문이 있다.

이희복 boccaccio@daum.net

현재 상지대학교 미디어영상광고학과 교수이며 한국공공브랜드진흥원에서는 사무총장으로 있다. 경희대학교에서 언론학 박사 학위(광고PR)를 받았으며 공익광고협의회, 대한적십자사, 보건복지부, 건강기능식품협회, 광고자율심의기구, 강원도, 원주시를 비롯 대한체육진흥공단, 조달청, 언론진흥재단, KOICA, 평생교육진흥원, 기획재정부(경영평가위원) 등에서 봉사해 왔으며 한국광고PR실학회 회장, 캘리포니아주립대 방문교수도 역임하였다. 현업에서는 MBC애드컴과 오리콤, FCB코리아에서 광고캠페인을 수행했었다. 최근 저서로는 『도시 브랜드 커뮤니케이션』(2023), 『세상을 움직이는 한 줄의 힘, 슬로건』(2023), 『공공 브랜드란 무엇인가』(2023), 『디지털시대 광고리터러시』(2022), 『디지털시대 광고크리에이티브 신론』(2022), 『코로나19 이후 지속가능한 소비와 광고』(2021) 등이 있다. 공공부문의 캠페인에 관심이 있으며 광고는 창의와 설득이라는 믿음이 있다.

1. 왜 공공 브랜드인가

□ 무한경쟁과 개인화, 사적 이익의 추구는 저출생, 고령화와 더불어 사회와 국가 발전의 정체와 함께 공동체 기초가 흔들릴 우려가 제기되고 있음

○ 자유민주주의는 우리의 이상을 되돌아보게 함. 사회의 불만은 제도적 민주주의에서 일어나는 정치적 논쟁 밖의 문제일 수 있음. 요컨대, 무너져 가는 공동체의 회복은 절차적 민주주의만으로는 힘들다는 방증임. 해결을 위한 고민이 필요함

○ 공공철학은 실천적 삶 속에서 가지고 있는 시민권과 자유에 대한 가정을 지적해 줌. 이 가정은 진정한 자유민주주의 사회를 여는 개인의 자유, 시민의 덕(Civic virtue), 공공성임

○ 한국에서 시민사회의 개념은 19세기 말인 개화기까지도 형성되어 있지 않았으며 이를 갖추기 위해서 시간과 노력이 요구됨. 시민의 도덕성은 자신의 이익과 타인의 이익을 동시에 배려해야 가능. 결국 행복 추구에 대한 공동체적 사고를 함양하는 과정에서 형성

○ 공동체에 대한 관심은 추상력이 있어야 가능함. 상상력으로 공공성에 대한 인식을 가지며 공공성을 통해서 공익에 대한 인식과 실천이 이루어져 형식적 공동체는 실질적 공동체가 됨. 많은 불만의 공공성 문제와 깊은 관련이 있음. 시민의 덕의 함양은 결과적으로 공공성 인식과 공공 의식의 함양임

○ 사적 기업 환경에서 출발한 경쟁 위주와 차별화 중심으로 브랜드 개념은 공적 영역에서 상생, 협력, 참여를 기반으로 하는 휴머니즘을 담는 새로운 동력(Driver)으로 변모. 공공 브랜드는 멸사봉공, 개인을 죽이고 공공을 위하자는 편협한 논리가 아니라 활사개공(活死開公), 즉 공과 사가 협력하여 함께 살자는 취지

○ 권위주의 시대의 공적 영역이 시민 복리를 우선으로 하는 공리주의를 되찾는 일이라면, 가장 적합한 공공 브랜드 활동은 곧 시민 중심의 정책활동에 브랜드 가치를 부여하는 일임. 즉, 경직된 다양한 정책을 생산자 입장이 아닌 실수요자인 시민 중심으로 전개하면서 밀착형 공공 브랜드 관리에 주력해야

□ 공공과 브랜드의 만남은 구체적인 실천방안으로 캠페인되고 있음. 공공 영역에서는 이를 이해하고 활용해 공공성을 높여 공동체에 환원해야 함

○ 지난 2000년대 초반 정부는 혁신정책을 브랜드화하려는 노력을 전국적으로 펼쳐옴. 중앙 부처, 지방자치단체 등이 전개하는 다양한 정책 브랜딩 작업을 실시하고 각 단체장 중심의 관리능력을 평가하는 공공 정책 브랜드가 등장. 이 덕분에 공공분야가 비교적 유연한 사고로 실체 개발과 이미지 제고에 관심을 갖기 시작함

○ 해외에서도 코펜하겐, 요코하마, 베를린, 런던 등 소위 창조도시 또는 문화도시 육성을 위한 정책 브랜딩 노력이 지속되고 이해관계자들(중앙 부처, 기업, 지역 등)과의 브랜드 파트너십 형성을 통해 진정한 거버넌스 확충 노력으로 새롭게 거듭남

○ 국가, 도시, 지역, 공기업, 공공기관 등 공적 영역에서도 내·외부 이해관계자와 함께 차별화된 가치를 고민하고 이를 지속적이고 일관되게 실행할 주체가 정립될 때, 비로소 브랜딩의 결실을 맺음

○ 공공 영역은 시민과 공중의 것임. 공적 주체는 생산자의 입장에서 주인인 시민을 봐야. 객관적, 실질적 가치 외에도 공적 가치의 극대화를 목표로 한다면 이들이 지니는 무형적 가치에 더 큰 관심을 가져야 함

○ 2022년 국내 최초로 한국공공브랜드진흥원이 설립되고 이 같은 정신을 토대로 하여 민관산학의 공익적 싱크탱크로 발족. 공공 영

역은 사적 영역과 달리 스스로 교육하고 이론으로 무장하려는 노력이 취약. 국민의 세금을 기반으로 유지되는 공공재는 공익을 위한 무한책임 조직으로서, 존치되어야 공과 사가 균형 있게 생존

○ 이제 공공 영역의 개혁과 혁신이 필요하며 이를 위한 전략적 R&D 기구로서 발돋움할 수 있는 감시자요 관찰자의 기능을 가진 한국공공브랜드진흥원과 같은 경쟁력 있는 조직이 공공부문에 반드시 필요

□ 공공성과 공공 브랜드의 중요성이 점차 커지고 있음

○ 공공성은 공공기관에서만 나오는 것이 아니라, 사적 영역에서도 나온다는 것을 알 수 있음. 사적영역인 기업도 자유기업이 제대로 운영하려면 공공성을 전제해야 시민사회의 사적영역이 되며 공공 정체성은 공과 사 모든 영역에서 갖추어야 함

○ 그동안 공공기관 종사자의 윤리는 멸사봉공이었음. 즉 국가권력은 자연히 공공 그 자체가 되고 자유방임시대에 와서는 사적영역의 확대와 정부 간섭을 거부하는 움직임이 지배적인 조류임. 공공성은 공공 영역인 정부뿐만 아니라, 사적인 기업 영역에도 있음

○ 공공을 개방시키고 사적인 영역이 공공에 대한 인식을 토대로 이루어지고 있음을 인식해야. 이는 4차 산업혁명의 진행과도 관련. 메타버스, 플랫폼, 게임공간 등의 사이버 공간은 예의와 도덕이 필요하며 기업이 만든 사이버 공간과 공공기관이 만든 사이버 공간에도 공공성이 필요

○ 사이버 공간의 공공성과 관련하여 사이버 공간의 윤리, 사이버 공간 내 존재자의 인격 문제 등도 중요. 최근의 AI와 로봇의 인격, 윤리도 이슈가 되고 있음. 사이버 공간의 공공성도 중요한 문제임

○ 공공기관, 지방자치 단체, 공기업, 정부기관, 국립연구소는 그 존재 이유가 공공성임. 공공기관의 규약적 정의에서 공적인 영역의

일을 한다는 것. 공공 브랜딩이란 공공기관의 경영, 마케팅, 커뮤니케이션을 포함해 공공 브랜딩의 중요성이 대두됨

○ 공공 브랜딩을 공공기관의 성과나 외형적인 모습을 포장하거나, 마케팅하는 것으로 오해할 수 있음. 공공 브랜딩은 공공기관의 브랜딩이 아니며 공공기관이 공공성을 유지하고 사적영역으로 남용 또는 오용되는 것을 막고 국민이 서비스를 받고 행복하게 되는 전략적 과정. 공공기관을 직원과 국민에게 인식시키는 것이 공공 브랜딩의 역할

□ 새로운 실행과 공공가치 사이의 공공 브랜드

○ 공공 브랜드는 공공 영역에 상대적으로 새로 등장한 브랜드로 퍼블릭 마케팅의 표현이자 결과물. 공공기관이 자신의 정체성을 드러내고 정당성을 주장하며 행동을 평가할 수 있는 지표를 제공. 다만 관련 연구가 부족한 실정

○ 이를 위한 핵심 이론으로 공공 브랜드를 기반으로 브랜드의 가치를 평가하였으며 가치 구성에 대한 맥락의 영향, 더 광범위한 공공 브랜드의 사용을 제안. 실무자를 위한 시사점으로 경쟁이 심화되고 정당성 위기가 발생하는 상황에서 사용자-고객 관계를 변화시키는 재정 부담, 기술 발달, 직원, 공공기관의 위치와 운영을 논함

○ 브랜드는 중요하지만 수용성을 회복하고 공공기관에 대한 정당성을 주장할 뿐만 아니라 그 차이를 주장하기 위해 노력해야 함. 구성원을 통해 기존의 가치와 새로운 방법을 결합하는 방식. 세상에 브랜드는 많음. 다만 실제 사용하지 않고 브랜드에게 먼저 요구되는 것은 실천을 허용함으로써 제대로 받아들여짐

○ 공공 서비스와 관련된 가치는 담론의 기초이며 대표성을 구축하고 공공 조직의 정체성을 결정하는 열쇠. 공공분야는 여러 가지

브랜딩 수준의 특징이 있음[1]

○ 공공 브랜드 문제를 다룰 때 가장 먼저 직면하게 되는 장애물은 어떻게 해야 하는가임. 선행 연구에서 공공 브랜드에 대한 정의가 부족하며 개념의 최신성과 연구의 양이 적기 때문임. 아직 개념이 안정화되지 않은 주제이나 사적 브랜드와 공공 브랜드의 비교를 통해 정의됨(〈표 1-1 〉 참조)

〈표 1-1〉 사적 브랜드와 공공 브랜드의 차이

구분	사적 브랜드	공공 브랜드
주요 쟁점	경제적	정치적
시장가치의 기준	1. 경제적(효율성, 품질, 가격, 약속) 2. 사회적, 윤리적	1. 시민의 2. 경제적(공공자금의 선한 사용 또는 재정적 평가)
주요 관심	브랜드 이미지(평가, 방향)	정체성(식별, 구성, 전달)
브랜드 표현	약속(고객의 평가)	의도(Urde, 1997), 실행(선출직 의원, 고위 공무원 등 이해관계자의 평가)
우선시 되는 효과	경제적 가치 창출, 고객 호감도 제고, 경쟁 우위 확보	시민인식 제고, 합법화, 소수 독점을 막는 시도, 관행 제거, 공공기관 이미지 제고
브랜드의 핵심 타깃	외부	내부와 외부
목표(1차, 2차)	거래/경제적, 관계적	정보/관계, 경제적
브랜드의 특성	상업적(제안의 구성 요소)	관리적(조정 도구, 보장)

출처: Corinne Rochette (2015).

1 Corinne Rochette (2015). The public brand between new practices and public values. *International Review of Administrative Sciences*, 81(2), 326–345.

□ 브랜드와 공공성의 만남이 공공 브랜드의 시작

○ 공공성에 대한 정의를 살펴보면 조대엽(2012)은 공공성이 갖는 다차원성을 공공성을 구성하는 핵심 요소와 연결시켜 주체와 가치의 차원으로서의 공민성, 제도와 규범의 차원으로서의 공익성, 행위의 차원으로서의 공개성으로 봄

○ 공민성은 공공성의 주체로서 공민이 추구하는 민주적 성취 수준을 나타내며 사회영역과 제도의 민주주의 이념과 가치의 수준, 민주적 결정과 민주적 참여의 수준, 민주적 자아의 실현을 체감하는 수준 등을 나타냄. 공익성은 한 사회의 물적 자원이 공유되는 수준을 나타내며 물적 자원을 배분하는 다양한 제도와 법규범이 실행되는 수준을 통해 확인. 공개성은 소통의 차원에서 의사소통 행위의 형식적, 실질적 개방성을 의미(조대엽, 홍성태, 2013)

○ 구혜란(2015)은 앞에서 제시된 공민성, 공익성, 공개성에 더하여 경제적 차원과 정치적 차원으로 대입한 후 공공성의 경제적 차원의 요소로 공익성과 공정성을, 정치적 차원의 요소로 공민성과 공개성을 대응시킴

○ 공익성은 공동의 이익에 기여하는 국가와 사적 영역의 자원투입 및 배분을, 공정성은 자원에 대한 접근과 분배 및 재분배의 형평성 정도를 나타냄. 공민성은 공동의 이익과 관련된 내용, 즉 '누가', '무엇을', '어떻게'를 결정하는 과정에서의 시민참여 역량과 제도화 수준을, 공개성은 공익과 관련된 의사표현의 자유와 의사결정과정에서의 개방성과 투명성을 나타냄(〈그림 1-1〉 참조)

〈그림 1-1〉 공공성의 구성 요소

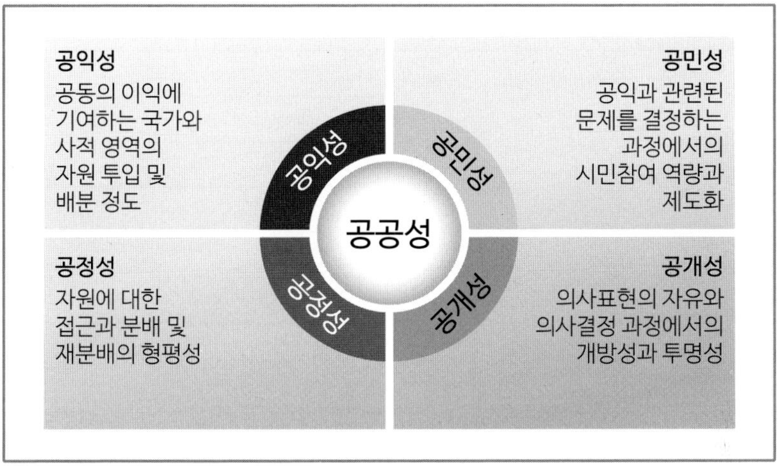

출처: 조대엽 (2012), 구혜란 (2015).

○ 이로써 공공성은 공익성, 공정성, 공민성, 공개성 등 네 개 요소들의 총합으로 파악함. 공공성 측정 지수는 4개 차원의 개별 측정하는 방식이 가능하며 1) 공익성은 복지, 교육, 의료 부문에서 국가의 사회적 투입과 개인의 자원투입 정도를, 2) 공정성은 성, 연령, 교육 수준, 경제적 배경에 따른 소득, 고용, 교육 성취, 건강 상태의 배분 격차를, 3) 공민성은 민주주의 사회에서 시민참여의 제도와 지속가능 거버넌스로 정책수행, 민주주의 거버넌스 영역을, 4) 공개성은 정보에 접근 가능, 매체의 독립성, 의사결정과 정책실현 정도의 투명성으로 봄(〈표 1-2〉 참조)

〈표 1-2〉 공공성 측정지표

공공성 영역	세부 영역
공익성	사회지출 배분
	교육지출 배분
	의료지출 배분
	시민의 공익활동
공개성(개방성, 투명성)	언론자유
	언론매체 수
	정보 접근성
	투명성
공민성(민주주의, 참여)	선거절차 공정성
	시민권과 정치적 자유
	법치
	사회적 협의와 소통
	시민의 참여역량
	입법활동 자원
	정당간 민주주의
	협회 역량
	시민사회 강도
공정성(분배 정의)	10분위 임금격차
	임금격차 평균
	성별고용률 격차
	세금의 소득배분배 효과
	사회경제적 배경과 교육 성취
	소득수준별 건강 격차

2. 공공 브랜드와 캠페인은 무엇인가

□ 공공 브랜딩은 공공의 영역을 경쟁의 공간으로 보기보다 사회의 존중성, 공공의 이익, 공생 추구에 기반을 두고 상생에 가치를 두어야

○ 기업은 자사 브랜드 관리의 전략적 노력을 통해 자산과 가치를 극대화 시도를 함. 사회 각계에서 시작된 이런 노력과 노하우가 공공의 영역에도 확장되어야. 사적 영역과 단절된 공기업, 지역, 정책이 소통해야 한다는 절박한 위기에 직면

○ 실력과 책임 있는 공공 경영의 필요성이 어느 때보다 절실. 이는 단순히 공공을 대상으로 하는 일방적 마케팅에서 한발 더 나아가 공공철학과 정체성을 명확한 목표고객과 공유하려는 적극적 노력으로 진화해야

○ 이것이 진정한 공공 브랜딩. 단순히 주체가 공적이라는 데 그쳐서는 안 됨. 공·사를 막론하고 공적 정체성을 어떻게 정립한 활용에 달림

○ 자본주의 4.0의 시대를 논하면서 더불어 사는 공공 정체성(public identity)이 강조되고 이에 대한 보다 구체적인 탐구 노력이 필요한 때. 공공 정체성은 공공기관이나 주체만이 가지는 특징이 아님

○ 사적 영역에서도 단순히 소비자만을 위하는 상업적 노력에서 사회적 구성원이자 공적 개체로서의 정체성을 갖추고 이에 맞는 활동을 해야. 이렇게 보면, 공공 브랜딩은 공적 영역과 사적 영역 모두에서 반드시 갖추어야 할 공적 정체성의 발현이며 사회적 기업의 구현으로 역할과 책임으로 예시됨

□ 캠페인은 무엇인가

○ 마케팅커뮤니케이션 과정은 전쟁과 매우 유사함. 마케팅커뮤니케이션 방법론으로서 광고는 영어로 "어드버타이징(Advertising)"이라고 하지만 실무에서는 "캠페인(Campaign)"을 같은 뜻으로 더 많이 사용. 캠페인은 일차적으로는 사회적·정치적 활동, 즉 선거운동과 유세를 의미. 군사용어로 일련의 전술행동, 전투, 작전 등을 뜻함

○ 요컨대 광고는 캠페인, 즉 '전쟁'임. 일정 기간동안 총력전을 펼친다는 의미에서, 브랜드들이 국경 없는 무한경쟁에서 이기는 기업만이 살아남는 현실을 볼 때 광고는 캠페인과 같은 의미로 이해

○ 과거에서 현재까지 인류는 전쟁에서 승리하기 위해 다양한 전략과 전술을 개발. 광고전략은 마케팅커뮤니케이션 활동으로 오랫동안 광고 현장에서 검증된 방법이며, 광고기획의 한 모델. 광고의 역사가 앞선 미국과 유럽의 광고회사들은 오랜 시행착오 끝에 회사마다 독특한 광고전략을 개발해 차별화

○ 광고의 업무 흐름을 원활하게 하려고 공동으로 사용한 서식에서 출발해 보완하고 체계화하여 과학적인 캠페인 전략으로 거듭나. 디지털 테크놀로지 시대에는 누구나 정보를 쉽게 접근할 수 있어 누가 더 적합하게 활용하느냐에 따라 상대를 설득하는 능력이 좌우

○ 상황과 대상에 적합한 설득전략과 메시지를 활용하는 능력이 더 핵심적인 기술이 됨. 공공캠페인에서도 이런 점이 반영될 때 디지털 시대의 캠페인 전략으로 발전

○ 새로운 기술이 기업과 사회의 다양한 문제를 해결하는 혁신적 크리에이티브 사례가 등장. 디지털 시대에도 혁신적인 크리에이티브 사례가 캠페인으로 제시. 공공캠페인에서 알아야 할 분야가 다양해졌고 직관과 분석적 사고와 함께 열정적인 추진력으로 문제를

해결할 자질이 요구

○ 공공캠페인 담당자는 변화를 수용하고 다양한 분야와 연결하는 협업 능력과 함께 전략적인 접근이 필요. 디지털 광고시대의 소비자 인사이트가 고객 행동 데이터로부터 나오며 이를 토대로 고객의 미래행동을 예측

○ 공공캠페인에서도 디지털 기술발전에 따라 고도화된 타깃팅, 맞춤형 광고로 정교한 광고 메시지와 맞춤형 콘텐츠 제공이 가능하고 결국 브랜드가 제공할 긍정적인 소비자 경험이 중요

3. 공공 브랜드 어떻게 관리해야 하나[2]

※ 공공 브랜드 관리를 위한 핵심 사항을 정리. 브랜드 담당자는 아래 내용을 중심으로 공공 브랜드를 관리할 수 있음

□ 첫째, 브랜드 구축을 위한 기반을 관리

○ 목적은 공공 브랜드 관리시스템을 구축할 조직 구성원의 인식 공유와 방향성을 확보. 프로젝트 진행 제반 활동을 명문화 작업

○ 주요 활동으로 부처 조직도 현황 파악, 주요 이해관계자 워크숍 진행, 프로젝트 범위와 일정 협의, 킥 오프 미팅 진행이 있음

○ 주요 툴(Tool)과 산출물로 해결과제 체크리스트 작성, 과제 해결 가설과 예상 산출물, 내부 조직도와 역할 현황자료, 워크숍 내용 보고서, 기관장 승인 보고서, 킥 오프 미팅 자료

〈표 1-3〉 1차 공공 브랜드 추진 체계

단계별	주요 내용
공공 브랜드 추진조직 구축	브랜드위원회 구성
해결과제 도출	조직 가치 제고, 브랜드 정체성 구축
워크숍 진행	브랜드 전문가와 함께 과제 추진
프로젝트 범위 결정	브랜드 형상화, 브랜드 커뮤니케이션 중장기 전략 수립
이해관계자 및 기관장 승인	내외부 구성원과 조직의 협력

2 행정안전부 (2006). 혁신브랜드 매뉴얼을 참조.

〈표 1-4〉 과제와 내용

과제명	과제 내용	우선순위(1~4)
브랜드 포트폴리오 구축	조직 내 시스템, 또는 서비스에서 선정	
브랜드 커뮤니케이션	구축될 브랜드를 어떻게 알릴 것인가?	
브랜드 품질	브랜드로 선정될 콘텐츠의 수준	
브랜드 형상화	브랜드 네임과 디자인의 개발	

〈표 1-5〉 프로젝트 범위

프로젝트 내용	범위	비고
브랜드 정체성 확립	공공 브랜드의 정체성 확립	브랜드 경영 전문 컨설팅 부문과 협업
내·외부 알리기	정체성을 내외부 홍보위한 전략과 방법 구축	홍보 전문가, 전문기관과 협업
브랜드 네이밍과 비주얼(BI)	공공 브랜드 형상화 위한 브랜드 네임과 디자인개발	

□ 둘째, 정체성 확립을 위한 분석

○ 목적은 조직 내부와 구성원 인식, 외부 환경, 고객조사를 통한 공공 브랜드 정체성 확립기반 마련

○ 주요 활동으로 기존 자료수집 분석, 전반적인 현황과 마케팅 분석, 브랜드 관리 현황(내부 임직원 인터뷰), 소비자 인식조사 및 잠재 니즈 조사, 시장 세분화와 목표시장 선정

○ 주요 툴(Tool)과 산출물로 내부 임직원 인터뷰와 설문조사로 브랜드 관리 진단, STP(segmentation, targeting, positioning) 분석 승인 보고서, 시장기회 탐색 보고서

〈표 1-6〉 2차 공공 브랜드 추진 체계

단계별	주요 내용
외부환경 분석	기관 외부 분석, 잠재고객 프로파일 분석과 요구사항 파악
내부환경 분석	공공 브랜드에 대한 구성원 설문조사와 인터뷰, 브랜드 히스토리 분석
공공 브랜드 위상 분석 진단	설문조사와 결과 분석
종합 진단	공공 브랜드 관련 콘텐츠와 품질 관리, 정체성 훼손하지 않는 콘텐츠 확대
브랜딩 이슈 도출	브랜드 정체성 확립, 목표시장에 인식될 브랜드네임과 디자인 요소 추가 개발
시장기회 탐색	목표 시장을 대상으로 컨설팅 및 확산

□ 셋째, 브랜드 정체성 확립

○ 목적은 분석과 진단으로 도출된 제반 사항을 활용해 공공 브랜드의 존재 이유인 브랜드 정체성 확립

○ 주요 활동으로 고객 정의, 브랜드 핵심(core) 설정을 위한 아이디에이션, 브랜드 정체성 구성 요소 결정과 개념화, 브랜드 역할과 체계 재정립, 브랜드 포트폴리오 구성과 전략 전개

○ 주요 툴(Tool)과 산출물로 BI(brand identity) 자료, 포트폴리오 자료, 브랜드 정체성과 포트폴리오 재구성 결과 보고서

○ 브랜드 핵심을 중심으로 비전, 개성, 약속, 관계를 내재화에서 외부화 단계는 〈그림 1-2〉를 참조

〈그림 1-2〉 브랜드 정체성

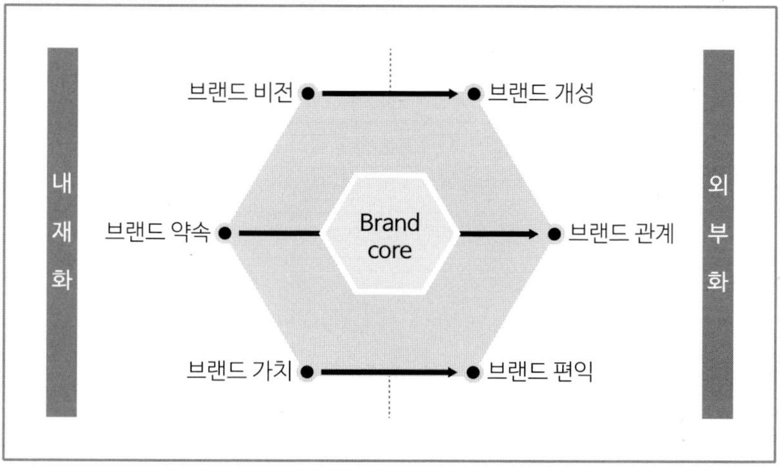

□ 넷째, 커뮤니케이션 전략 수립

○ 목적은 공공 브랜드를 잘 이해한 조직 구성원이 브랜드의 전도사(Ambassador)로 활동할 수 있는 정책 수립. 고객이 공공 브랜드를 알 수 있도록 다양한 커뮤니케이션 활동 전개

○ 주요 활동으로 공공 브랜드 알리기 우선순위 결정. 각종 정책 수립, 예산 확보

○ 주요 툴(Tool)은 각종 알리기 정책. 콘텐츠와 다양한 미디어의 활용. 결과는 〈표 1-7〉을 참조

〈표 1-7〉 커뮤니케이션 전략 결과

커뮤니케이션 정책 수립	공공 브랜드에 대한 구성원의 이해 우선 실시
내부 알리기 정책 수립	구성원의 인식개선 → 조직 내 알리기 → 정책 실행 지원 환경 조성 → 공공 브랜드 활동 조직에 대한 평가와 보상 기준 마련
외부 알리기 정책 수립	다양한 미디어를 활용한 홍보 콘텐츠 기획
예산 확보	전문업체 의뢰 비용, 내부 알리기 정책 수립 예산 마련
관련 전문기관 협력	홍보 전문기업 프레젠테이션 후 계약 체결 및 실행

□ 다섯째, 브랜드 네이밍과 시각적 요소 개발

○ 목적은 브랜드 정체성에 대해 고객이 쉽게 인지하고 기억할 수 있는 네이밍과 시각적 요소를 마련

○ 주요 활동으로 공공 브랜드 정체성 재확인과 미흡한 점 개선. 브랜드 네임, 비주얼 요소 개발 필요성에 대한 구성원 공감. 자체 해결 또는 외부 의뢰 결정

○ 주요 툴(Tool)은 브랜드네임, 비주얼 요소(기본과 활용)

〈그림1-3〉 브랜드 정체성 재확인

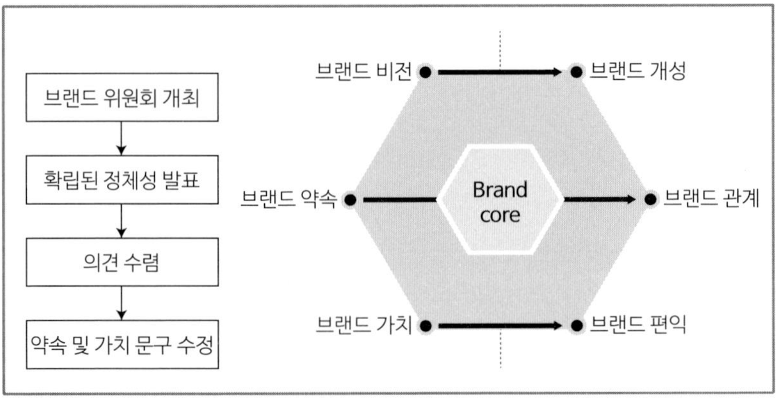

4. 공공 브랜드 캠페인의 전략적 관리

□ 공공 브랜드 캠페인의 주된 목표는 사람들의 습관이나 행동을 변화시킴. 공공커뮤니케이션으로 사회적 이유와 관련된 문제에 대중의 변화를 이끌어야

○ 공공 브랜드 캠페인은 상업 캠페인과 목적이 다름. 가능한 한 명확하게 만들어 목표공중의 습관, 행동을 바꿔야. 상업 캠페인과 달리 공공 캠페인은 대중에 완전히 새로운 행동을 요구. 새로운 선택을 하도록 변화시킴

○ 일상 속에서 10가지 주제를 제안(Richard Story, 2010). 일상생활과 관련된 10가지 성공적인 주제를 찾아냄

- 커뮤니케이션의 영향력
- 정확한 이유의 규명
- 현실적 행동의 규정
- 커뮤니케이션하기 어려운 대중
- 협력의 효과
- 부정적인 감정 자극
- 메시지의 중요성
- '나는 아니야'라는 절대적인 부정
- 문제 다시 보기
- 주의와 안심의 균형

○ 캠페인으로 문제해결을 시도할 스스로 질문해 보면 목표공중의 새로운 행동을 유도

가. 어떤 부분 때문에 실제 커뮤니케이션이 불가능한가?

나. 문제가 발생한 이유는 무엇인가?

다. 어떤 타깃층에서 문제의 해결을 이끌어낼 수 있는가?

라. '부정적 감정의 결과'는 어떻게 작용하는가?

마. 목표공중에게 간단하고 실천하기 쉬운 '현실적인 행동'은 무엇인가?

바. 적절한 메시지가 목표공중에 미치는 영향은 무엇인가?

사. 현실적이고 일반적인 문제의 커뮤니케이션 방법은 무엇인가?

아. 심각한 문제를 부담 없이 접근해 커뮤니케이션할 수 있는가?

자. 커뮤니케이션을 위한 협력자의 리스트를 갖고 있는가?

차. 자극과 안정을 균형 있게 유지하면서 커뮤니케이션할 방법은 무엇인가?

5. 사례연구

□ 보건복지부, 한국생명존중희망재단 2023 자살예방캠페인

○ 2023년 칸 라이언즈 그랑프리 수상작 〈The Last Photo〉는 영국에서 자살문제를 다룬 공공캠페인으로 자살한 이들의 휴대폰 속 마지막 저장된 사진 이야기. 사랑하는 가족, 친구와 즐거운 시간, 갖고 싶던 상품 구매 후 행복한 모습이 담긴 사진을 제시

〈그림 1-4〉 영국의 자살예방 캠페인 〈The Last Photo〉

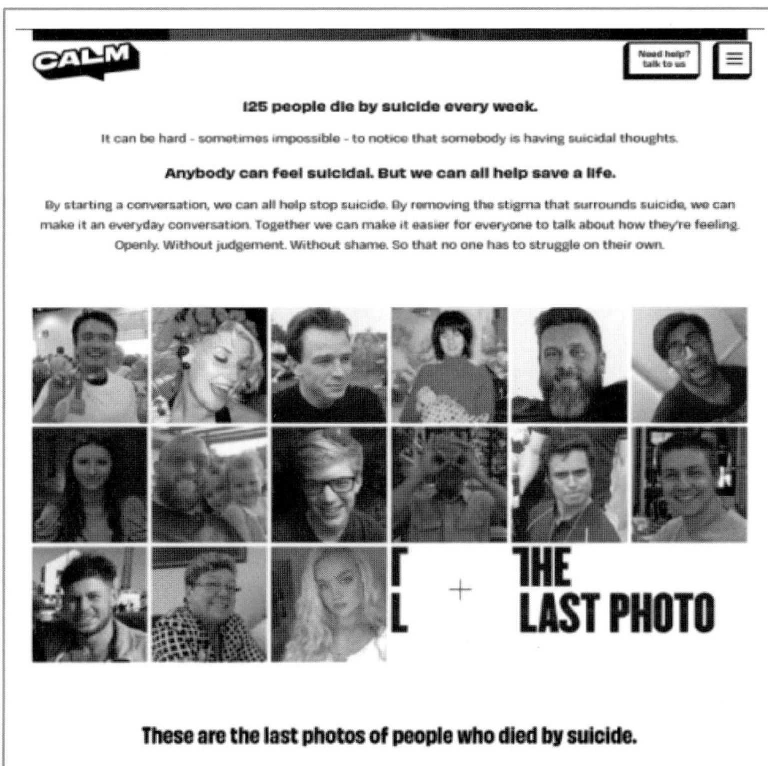

출처: 더피알 (2023.12.13.)

○ 자살은 “오랫동안 우울하고 힘들어하는 사람들에게만 해당되는 이야기가 아니라 일상생활 속 누구에게나 일어나는 일”이라고 시사하고 매주 125명이 희생되는 자살 문제를 대화의 주제로 꺼낼 것을 캠페인(더피알, 2023.12.13.)

○ 국내의 경우 OECD 가입국 38개국 중 1위의 불명예로 매년 13,000여 명이 희생, 코로나19 사망자보다 많으며 매 40분마다 1명씩 자살 시도하는 자살공화국. 자살문제 해결이 그 무엇보다 중요한 과제

○ 자살문제는 사회구조적, 경제적, 환경적, 정신건강적 복합 문제. 원인 해결이 어려운 만큼 자살징후를 파악해 예방하는 캠페인 전개. 자살문제 언급이나 비판 등을 터부시해 온 결과로 문제를 인식하고 자살자의 심리상태, ‘살고 싶다’에 초점

○ 공공캠페인을 담당한 PR회사, 엔자임은 ‘13352+1393=0’이라는 숫자를 중심으로 한 슬로건 ‘살고 싶었던 13,352명, 살릴 수 있는 1393’을 메시지로 TV, 라디오, 신문, 온라인 등에서 〈예방 상담전화 1393〉을 알리고, 자살에 대한 관점을 바꾸는 데 집중(2024년부터 상담전화 109로 통합)

〈그림 1-5〉 보건복지부와 한국생명존중희망재단의 자살예방 포스터

▌참고문헌

구혜란 (2015). 공공성은 위험을 낮추는가? OECD 국가를 중심으로. Korea Social Policy Review. 22(1), 19-47.

김유경, 김유신, 김태환, 이준호, 임대근, 김주호, 조재형, 박재항, 구자룡, 김병희, 이희복 (2023). 공공 브랜드란 무엇인가? 한국공공브랜드진흥원 총서1. 한경사.

김유경, 김유신 (2017). 공공 브랜드의 이해. 커뮤니케이션북스.

조대엽 (2012). 현대성의 전환과 사회 구성적 공공성의 재구성: 사회 구성적 공공성의 논리와 미시공공성의 구조. 한국사회. 13(1), 3-62.

조대엽, 홍성태 (2013). 공공성의 사회적 구성과 공공성 프레임의 역사적 유형. 아세아연구. 56(2), 7-41.

주디 라논 (2010). 공공 커뮤니케이션 방법론(이정철 역). 한국언론진흥재단(How Public Service Advertising Works by Judie Lannon, 2008, World Advertising Center).

최원준 (2023.12.13.). 그들은 모두 살고 싶었던 사람들입니다. 더피알.

Corinne Rochette (2015). The public brand between new practices and public values. *International Review of Administrative Sciences*, 81(2), 326-345.

2장

기초 지방자치단체 공공 브랜드 캠페인 매뉴얼

구자룡

구자룡 koo@valuevine.kr

현재 (주)밸류바인 대표 컨설턴트이며, 한국공공브랜드진흥원 로컬브랜딩센터장 및 공공브랜드최고위과정 책임교수이다. 국가공무원인재개발원, 서울시인재개발원, 한국금융연수원, 한국생산성본부 등에 출강하고 있다. 상명대학교 대학원 경영학과에서 브랜드 자산 연구로 경영학 박사 학위를 받았다. 상명대학교 경영학과 겸임교수, 한국능률협회 상임교수, 칼슨마케팅그룹코리아 전략마케팅실장, 서울브랜드위원회 위원을 역임했다.

『데이터 마인드 기르는 습관』(2024), 『공공 브랜드란 무엇인가』(공저, 2023), 『직장 없는 시대의 브랜딩』(2022), 『한 권으로 읽는 비즈니스 명저 100』(공저, 2021), 『지금 당장 마케팅 공부하라(최신개정판)』(2019), 『마케팅 리서치(개정판)』(공저, 2017), 『공공 브랜드의 전략적 관리』(공저, 2014), 『한국형 포지셔닝: 한국 소비자 마음에 브랜드 심는 법』(2003) 등의 저서와 "도시 브랜드 자산의 평가와 지수화 방법에 관한 연구", "한국인과 외국인이 본 DMZ의 이미지와 가치", "소비자-브랜드 관계 유형에 따른 브랜드 자산 구성 요소들 간의 상호작용에 관한 연구" 등의 논문이 있다.

1. 기초 지자체 공공 브랜드 이해

1) 공공 브랜드와 지방자치단체

○ 공공 브랜드(public brand)란 사적 영역을 제외한 일반적 공적 영역에서 활동하는 공공재와 기관을 포함[1]

○ 지방자치단체(地方自治團體, 이하 지자체와 혼용)는 일정한 지역에 대하여 국가로부터 자치권을 부여받아 지방적 사무를 처리하는 지방자치의 단체로 사무를 처리함에 있어서 주민의 편의 및 복리증진을 위하여 노력하고, 조직 및 운영의 합리화와 그 규모의 적정화를 도모하며, 법령이나 상급 지방자치단체의 조례에 위반되지 않아야 함

○ 지방자치단체의 종류는 법률(지방자치법 제2조 지방자치단체의 종류)로 정해져 있으며, 광역 지방자치단체와 기초 지방자치단체로 구분됨

○ 광역 지방자치단체로는 1개의 특별시, 6개의 광역시, 7개의 도, 2개의 특별자치도, 1개의 특별자치시로 구성되어 있으며, 총 17개임[2]

○ 기초 지방자치단체로는 특별시의 자치구, 광역시의 자치구와 군, 도와 강원특별자치도의 자치시와 군으로 구성되어 있으며, 8개 도와 6개 광역시에는 총 75개의 자치시와 82개의 자치군이, 특별시와 6개 광역시에는 총 69개의 자치구가 설치되어 총 226개의

---

1 김유경, 이선엽, 허웅, 이재호, 최창원 (2018), 디지털 시대의 브랜드 이해, 한경사.

2 2022년 말 기준으로 특별시에는 서울특별시, 광역시에는 부산광역시, 인천광역시, 대구광역시, 대전광역시, 광주광역시, 울산광역시, 특별자치시에는 세종특별자치시, 도에는 경기도, 충청북도, 충청남도, 전라북도, 전라남도, 경상북도, 경상남도, 특별자치도에는 강원특별자치도, 제주특별자치도가 있음.

기초 지자체가 있음[3]

○ 시(자치시, 행정시)와 구(자치구, 일반구)는 읍·면·행정동으로, 군은 읍·면으로 하위 행정구역을 두며, 다시 읍·면은 리로, 행정동은 통으로 구분됨

○ 광역 및 기초 지자체의 단체장은 선거에 의해 선출되며 4년의 임기 동안 해당 기관의 발전과 경쟁력을 높이는 활동을 함으로서 하나의 독립된 공공 브랜드의 최종 책임자이자 의사결정권자임

○ 따라서 한 국가의 공적 영역의 기관으로 최상위에 국가브랜드가 있으며, 그 하위에 광역 지방자치단체인 광역 지자체 브랜드, 그리고 기초 지방자치단체인 기초 지자체 브랜드로 구분할 수 있음. 아울러 읍·면·동 및 자연부락인 마을브랜드 등으로 계층적 구분이 가능함

○ 공적기관을 중심으로 공공 브랜드의 계층구조를 그림으로 나타

〈그림 2-1〉 공적기관 공공 브랜드의 계층구조

3 행정안전부 (2022), 지방자치단체 행정구역 및 인구 현황(2022.12.31. 현재).

내면 다음과 같음. 예를 들어, 국가브랜드로 대한민국, 광역 지자체 브랜드로 서울, 기초 지자체 브랜드로 종로, 마을브랜드로 서촌 등으로 구분할 수 있음

2) 공공 브랜드와 기초 지자체 브랜드의 관계

○ 공공 브랜드로서 기초 지자체 브랜드인 시, 군, 구 그리고 읍, 면, 동 및 마을 브랜드는 법에 의한 명칭인 지명, 즉 브랜드 네임을 가지고 있고 여기서는 이를 브랜드로 다룸. 다만 이런 브랜드에 대한 용어로 장소브랜드, 도시 브랜드 등이 함께 사용되고 있음

○ 장소브랜드(place brand)는 사람들이 장소에 대해 갖고 있는 생각, 감정 및 기대의 총체임. 장소브랜드는 장소의 특성, 평판 및 지속적인 본질이며 가치와 장소 감각에 대한 독특한 약속을 나타냄. 가장 중요한 것은 진실과 현실에 근거해야 하는 가치 있는 약속임[4]

○ 도시 브랜드(city brand)는 특정 도시의 자연환경이나 역사적인 특성, 문화적인 매력, 행정서비스, 그리고 고유한 아이덴티티 등을 인식하게 하면서 다른 도시와 차별화 된 본질적 특성을 통해 주민, 기업인, 방문객 등 고객 및 잠재고객들이 부가적으로 가치를 느끼게 하는 도시명, 도시 심벌, 캐릭터, 슬로건, 명소명, 축제, 공동브랜드(통합브랜드 혹은 특산물) 등 고객이 경험하는 총체적인 상징 체계임[5]

○ 따라서 본 장의 기초 지자체 브랜드는 자치행정의 단위인 시, 군, 구 브랜드를 말함. 다만 국내에서 일반적으로 지자체 브랜드를 시

4 Bill Baker (2019), “Strategic Essentials For Place Brading”, Branding Strategy Insider.

5 구자룡, 이정훈 (2008), “도시 브랜드 자산의 지수화 방법에 관한 연구”, 생산성논집한국생산성학회), 22(3).

브랜드, 군 브랜드, 구 브랜드가 아니라 하나의 장소성 혹은 지역을 대표하는 브랜드로 도시 브랜드가 사용되고 있는 점을 감안하여 이 장에서는 편의에 따라 지자체 브랜드 혹은 도시 브랜드를 혼용함

○ 지자체 브랜드에는 지자체명인 도시 브랜드뿐만 아니라 그 하위의 공동브랜드(통합브랜드), 축제 등 이벤트 브랜드도 포함됨. 예를 들어, 기업의 경우에 그룹브랜드, 기업브랜드, 패밀리브랜드, 개별브랜드, 브랜드수식어 등의 계층구조를 가지고 있듯이 지자체에 적용하면, 경기도는 그룹브랜드, 안성시는 기업브랜드, 안성마춤은 패밀리브랜드, 안성맞춤 남사당 바우덕이 축제는 개별브랜드, 안성마춤의 5대 특산물인 쌀, 한우, 포도, 배, 인삼 등은 브랜드 수식어에 해당함

2. 기초 지자체 브랜딩의 의미와 필요성

1) 기초 지자체 브랜딩의 의미

○ 지자체는 주민, 관광객, 투자자 등 고객 및 잠재고객과 지속적인 소통을 통해 이해관계자에게 보다 가치 있는 혜택을 제공하고자 하는데 이때 지자체와 고객을 연결하는 매개체는 브랜드, 즉 지자체명이며 이를 고객들의 인식 속에 특별한 의미로 각인시키는 다양한 마케팅 활동으로 브랜딩을 함

○ 지자체 브랜딩은 지역에서 발생하는 여러 가지 일들을 관리하며 보다 효과적인 커뮤니케이션을 가능하게 한다는 점에서 기존의 마케팅 수단과 차별화됨. 지역을 구성하고 있는 모든 영역과 주민, 관광객, 투자자 등 이해관계자집단이 그 지역에 대해 상호 커뮤니케이션을 하면서 이루어지게 됨

○ 지역이 희망하는 '브랜드 아이덴티티(brand identity)'를 정의하고, 그것을 이해관계자집단과 공유하며, 지역 내 각 영역의 커뮤니케이션에서 이러한 가치를 경험할 수 있도록 함

○ 지자체 브랜딩의 목표인 지역 이미지 개선과 독특한 아이덴티티 형성 그리고 지역의 경쟁력을 높인다는 측면에서 지역 브랜딩은 지역 경영의 한 형태로 지역 아이덴티티를 강화시킬 수 있는 유용한 도구로 평가됨

○ 따라서 지자체 브랜딩은 해당 지역이 가지고 있는 다양한 환경, 기능, 시설, 서비스, 문화자원, 관광자원, 축제, 이벤트 등에 의해 다른 지자체와 차별화되도록 하는 활동임

○ 즉, 지자체 브랜드의 개성을 창조하는 것으로써 지자체 상품을 구매하고자 하는 소비자들에게 강한 인식을 갖도록 하는 일련의 지자체 마케팅 활동으로 설명할 수 있음. 여기에 상품은 관광, 주

거, 기업 및 자본유치 등과 같이 소비자가 특정 지역과 그 이외의 지역들 사이에서 자신의 행동을 선택할 수 있는 모든 지역 환경을 포함

2) 기초 지자체 브랜딩의 필요성

(1) 지역 마케팅과 장소 마케팅

○ 민간 기업에서 사용되는 마케팅(marketing)이란 용어가 공공부문에서도 사용되고 있으며, 특히 국가경쟁시대에서 도시경쟁시대로 바뀌면서 도시(city)를 마케팅 하는 차원에서 도시 마케팅, 장소(place) 마케팅, 지역(local) 마케팅 등의 용어로 혼용되고 있음

○ 1975년 미국 뉴욕시가 수억 달러의 적자로 경제위기에 봉착하면서 도시이미지 쇄신과 경기부흥 정책으로 관광객을 끌어드린 마케팅전략을 도입한 것이 시초로 언급되고 있음[6]

○ 1977년 뉴욕시는 관광을 촉진하고 경제를 활성화하기 위해 'I♥NY' 캠페인을 필두로 적극적인 도시 브랜딩을 단행. 꾸준히 광고를 내보내고, 'I♥NY' 로고를 적극 활용한 상품 등을 통해 뉴욕의 이미지를 변화시키고, 관광객과 관광 수입을 상승시켜 세계 최고의 관광 목적지로 명성을 얻음

○ 국내에서 지역 및 장소를 기반으로 한 마케팅은 1995년 민선 지방자치제가 시행되면서 단체장을 선거에 의해 선출하면서 시작되었음

○ 경기도 안성시에서는 1997년부터로 시 자체적으로 전략 상품 5개를 선정하여 집중 관리를 시작했으며, 1998년에 한우, 쌀, 포도, 배, 인삼 등 5개 품목에 대해 '안성마춤'으로 농축산물 공동브

6 이혁진 (2022), 글로벌 도시의 이해, 새로미.

랜드를 개발하여 상표등록. 차별화된 마케팅으로 안성시를 넘어 대한민국을 대표하는 농특산물 브랜드로 자리매김 됨

○ 전남 함평군은 1999년 깨끗한 곳에서만 사는 나비를 소재로 나비 축제를 개최한 이후 함평의 대표명사가 되었음. 연간 관광객 300만 명이 함평군을 찾으며, 나비를 소재로 하는 '나르다(Nareda)' 브랜드를 개발함

○ 이와 같이 기초 지자체에서 지역 마케팅을 위한 공동브랜드 및 축제를 기획하고 브랜드화하는 노력들이 있었으며, 도시 간 경쟁이 치열해지는 상황에서 지역 및 장소 마케팅에 대한 필요성은 더욱 높아지고 있으며, 이런 활동을 통합적인 차원에서 접근하는 지자체 브랜딩이 필요해지고 있음

(2) 지자체 브랜딩(도시 브랜딩)의 필요성

○ 과거에는 자연발생적으로 도시가 형성되고 수세기에 걸쳐 도시의 이미지가 만들어졌다면 요즈음은 의도적인 기획에 의해 도시를 새로 만들거나 재생할 수 있는 시대임. 또한 매우 빠른 시간에 원하는 도시 이미지를 만들 수 있는 다양한 브랜드 커뮤니케이션 수단들을 가지게 되었음

○ 따라서 도시 브랜딩을 전략적으로 수행한 도시는 그렇지 못한 도시에 비해 보다 살기 좋고, 사업하기 좋고, 그리고 투자자와 관광객들을 끌어당기는 힘을 갖게 됨. 가장 대표적인 도시가 바로 뉴욕임. 모두의 발전을 위해 도시 브랜딩은 갈수록 그 필요성이 높아지고 있음

○ 하나의 도시는 특정장소나 제품, 특정한 고객에게만 초점을 맞추는 것이 아니라 도시 전체의 이해당사자와 고객들을 포괄할 수 있는 핵심적인 아이덴티티를 통해 전략적으로 도시의 이미지를 만들고 관리해야만 차별화된 도시 브랜드를 구축할 수 있음

○ 다시 말해 도시 브랜딩은 전략적으로 도시 이미지를 관리하는 것

으로 도시의 독특한 이미지를 강화하고자 하는 노력에 보다 집중함. 즉, 도시 이미지와 아이덴티티를 개선하여 도시경쟁력을 강화시키고, 도시 내부적으로는 주민의 자긍심을 극대화하는 한편 외부적으로는 관광객과 투자자에게 매력적인 목적지를 제공하는 것임. 도시 브랜딩이 필요한 이유가 바로 여기에 있음

○ 도시 브랜딩을 위한 구체적인 접근 방법으로 도시 브랜드를 개발하고 그 브랜드의 콘셉트(포지셔닝)를 중심으로 대고객 커뮤니케이션을 전개함. 커뮤니케이션을 통합적으로 전개하기 위해 특정의 목적을 달성하기 위한 캠페인을 기획하고 이를 통해 브랜드 포지셔닝과 브랜딩을 함

3) 기초 지자체 브랜딩을 위한 커뮤니케이션과 캠페인

○ 캠페인(Campaign)의 사전적 의미로는 특정한 목적을 달성하기 위해 조직적이고 지속적으로 행하는 운동을 말함. 특정한 목적을 달성하기 위해 구체적인 목표를 선정하고, 해당 목표에 가장 효율적인 도구를 사용하여 목표를 달성하는 것임

○ 지자체의 모든 이해관계자에게 브랜드의 핵심가치를 전달하고 보다 가치 있는 브랜드로 인식하게 하는 것이 브랜딩의 목적이라면, 이 목적을 달성하기 위해 구체적으로 예를 들어 '전년대비 인지도 30% 향상'이란 목표를 수립할 수 있음. 캠페인은 이 목표를 달성하기 위한 부분적인 전술임

○ 브랜딩에서 캠페인은 해당 브랜드의 마케팅 전반을 위한 작은 단위의 시도들이며, 최종 목표를 달성하기 위해 꾸려진 모든 행위를 말함

○ 브랜딩을 하려면 브랜드를 개발한 이후 이를 고객들에게 전달해야 함. 즉, 커뮤니케이션을 통해 고객에게 브랜드를 알리고 의미를 전달하고 호감이 가도록 설득해야 함. 브랜드 개발이 전략이라면

커뮤니케이션은 전술이고 수단, 즉 브랜드를 전달하는 도구가 됨

○ 이러한 도구에는 전통적으로 광고, PR, 이벤트 등이 있으며, 이런 도구를 실어 나르는 미디어가 필요함. 미디어로 전통적인 대중매체인 TV, 라디오, 신문, 잡지 등과 옥외전광판, 지하철, 전시회, 컨퍼런스 등 비대중적인 매체가 있음. 그리고 온라인 기반의 소셜미디어가 있으며 입소문 마케팅을 일으키는 주요 도구로 활용하는 블로그, 페이스북, 인스타그램, 유튜브, 틱톡 등이 있음

○ 브랜드에 대한 설득력과 호의도를 높이기 위해서는 커뮤니케이션 도구를 단독으로 사용하는 것 보다는 특정의 목표를 달성할 수 있도록 통합적으로 그리고 조직적 운동이 되도록 기획할 필요가 있는데 바로 캠페인을 통해 부분적인 전술로 목표를 달성함

○ 즉, "캠페인은 조직적 커뮤니케이션 활동을 통해 보통 명확하게 한정된 특정기간 내에 비교적 다수의 개인들(혹은 공중들)을 상대로 그들에게서 특정한 결과나 효과를 자아내고자 의도하는 것"임[7]

○ 따라서 지자체 브랜딩을 위해서는 장기적인 관점에서 브랜드 전략을 수립하고 고객과의 커뮤니케이션을 위한 특정 기간에 특정 목적을 달성하기 위한 캠페인을 계획함. 계획한 캠페인을 통해 표적 고객(주민, 관광객, 투자자 등 이해관계자)에게 보다 높은 가치를 제공해야 함

○ 지자체 브랜딩은 시간(Time)이 많이 소요되므로 보다 체계적으로 구축하기 위해서는 차별적인 포지셔닝이 필요함. 단순한 프로모션보다는 캠페인을 통해 그리고 캠페인을 전개할 때도 포지셔닝 전략에 따라 브랜드의 일관성과 차별화를 바탕으로 커뮤니케이션 하면 소비자 인식에 미치는 영향력(Impact)을 더 강하게 구

7 이제영 (2018), 광고홍보캠페인 연구, 시간의물레.

축할 수 있음

○ 즉, 브랜딩을 위해서는 포지셔닝 전략이 수립되어 있고 그 포지셔닝 방향에 따라 일정 기간 동안 특정한 목적을 달성하기 위해 다양한 커뮤니케이션 수단으로 지속적인 커뮤니케이션을 전개하는데, 이때 필요한 커뮤니케이션의 수단으로 광고, 홍보, 이벤트 등을 활용한 캠페인을 전개함

○ 이를 정리하면 다음 〈그림 2-2〉와 같음

○ 이런 커뮤니케이션 활동에서 가장 중요한 점은 바로 주민들의 참여이므로 지자체 브랜딩에 주민들이 참여할 수 있는 다양한 접근 방법을 찾아야 함

〈그림 2-2〉 브랜드 커뮤니케이션과 브랜딩의 관계

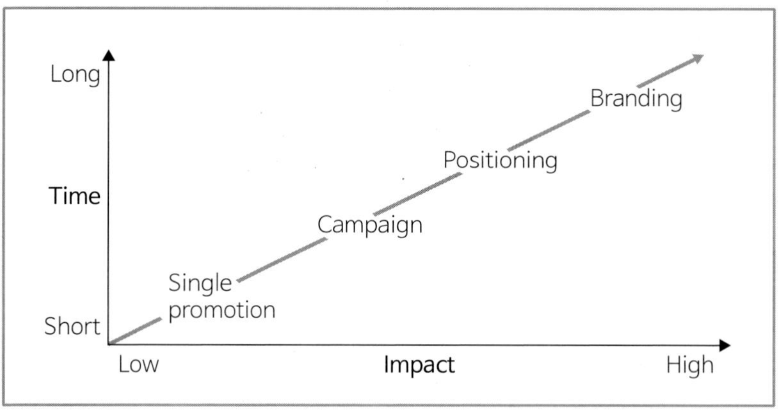

3. 기초 지자체 브랜딩을 위한 아이덴티티 정립

1) 기초 지자체 브랜드 아이덴티티

○ 지역 또는 도시는 그 자체로 하나의 브랜드이며, 브랜드의 아이덴티티(identity), 즉 정체성(正體性)을 가지고 있음. 정체성은 사전적으로 '본래의 성질' 혹은 '본래의 가치'를 말하며, 일반적으로 세계관 및 가치관이 정립된 주체의식을 말함

○ 브랜드 아이덴티티의 구성 요소에는 마케터나 브랜드 매니저가 의도적으로 기획한 브랜드 비전, 콘셉트, 슬로건, 핵심가치, 브랜드 네임, 로고타입, 패키지, 캐릭터, 기타 시각 디자인 등이 있음. 이러한 아이덴티티 요소들에 의해 고객들은 해당 브랜드를 연상하거나 브랜드 이미지를 형성함

○ 지역(도시) 브랜드의 아이덴티티는 바로 그 지역(도시)의 정체성을 말하는데, 어떤 지역이 다른 지역과 차별화되는 그 지역의 자기다움이며, 이러한 지역 정체성은 지역의 역사, 문화, 산업, 자원(자연, 인물 등), 경관 등으로 형성되며 지역이미지를 형성하는 중요한 변수가 됨

2) 기초 지자체 브랜드 포지셔닝

○ 브랜드에서 콘셉트(concept)는 해당 브랜드의 특성 혹은 특질을 의미함. 브랜드가 포지셔닝(positioning) 되기 위해서는 콘셉트가 명확해야 함. 즉, 소비자의 인식 상에 강력하고 차별적으로 인식시키기 위해서는 방향성이 있어야 하는데 이를 콘셉트라고 할 수 있음

○ 다시 말하면, 브랜드 콘셉트는 우리 브랜드를 선택하게 만드는 이유를 분명하게 고객에게 제시하는 것이며, 브랜드를 통해 창조

하고자 하는 또는 목표 고객에게 전달하고자 하는 특정한 의미(brand meaning)를 말함. 한마디로 그 브랜드의 핵심 가치임. 그리고 이 핵심 가치가 그 브랜드의 카테고리를 장악할 수 있을 때 강력한 브랜드가 됨

○ 예를 들어, 안성시는 '안성맞춤의 장인정신을 바탕으로 여유로운 삶을 추구하는 사람들과 함께 장인의 혼이 살아있는 예술과 문화를 중시하는 정감 넘치는 도시'로 콘셉트를 설정한 바 있음. 즉, 안성시는 예술과 문화를 중시하고 정감 넘치는 도시로 포지셔닝 하고자 전략적 방향을 설정한 것임[8]

3) 기초 지자체 브랜드 슬로건

○ 브랜드 슬로건(slogan)은 브랜드의 본질 즉, 브랜드 콘셉트를 표현한 2~5개 정도의 핵심가치를 표현하는 문구 혹은 단어로 바꾼 것으로 고객들이 쉽게 브랜드를 이해하는데 도움이 될 수 있어야 함. 브랜드 슬로건은 고객들의 혼란을 방지하고 일관된 이미지를 제공하기 위해서 단일의 슬로건을 사용하는 것이 가장 좋은 방법임

○ 지역(도시) 마케팅 관점에서 브랜드 슬로건은 일반적으로 식별성과 차별성을 함축적으로 표현하며, 이를 상징적인 의미로 관계를 구축하여 최종적으로 브랜드 가치를 극대화시키는 것임

○ 예를 들어, 뉴욕시의 슬로건인 'I love NY' 혹은 'I ♥ NY'은 1970년대 '범죄의 도시'로 알려진 이미지를 씻어내기 위해 개발되었으며, 민과 관 그리고 산·학이 하나가 되어 성공적으로 정립한 대표적인 도시 브랜드 슬로건임

---

8 안성시청, "안성시 지역마케팅을 위한 비전 및 전략 수립(안성 Vision 2021)", 2006.02.

○ 이러한 브랜드 슬로건의 개발은 지역(도시)의 비전 및 발전목표, 정체성, 브랜드 개성 등을 통해 고객들에게 꼭 남기고 싶은 가장 중요한 키워드를 찾아 고객들이 쉽게 이해할 수 있도록 문장을 다듬어 개발함

○ 지역의 정체성을 중심으로 직접적으로 표현할 수 있는 슬로건을 언어에 관계없이 가장 적합한 것을 먼저 개발한 다음, 표적 고객이 주로 사용하는 언어로 추가적으로 개발할 필요가 있음. 국내의 경우 한글로 먼저 개발하고, 만약 영어권 고객을 표적으로 삼는다면 추가적으로 영어 슬로건을 개발하는 순서로 하는 것이 좋은 방법임

○ 이런 관점에서 개발된 대표적인 슬로건으로 안성시의 '안성맞춤 도시 안성'과 'City of Masters, Anseong'이 있음.[9] 안성시는 '장인의 혼이 살아 있는 세계적인 예술문화도시'를 비전으로 삼고 이를 바탕으로 국문 슬로건과 영문 슬로건을 함께 개발(2006년)

○ 경우에 따라서는 도시의 여러 변화 상황이나 고객들의 트렌드 변화에 맞추어 현재 사용하고 있는 슬로건을 새로운 콘셉트에 맞추어 새로운 슬로건으로 변경할 수 있음. 다만 단체장의 호불호나 정치적인 이유로 바꾸는 것은 지양해야 함. 정책 슬로건과 도시 슬로건은 구분되어야 하고 정치적인 목적으로 사용할 수 있는 것은 단체장의 정책 슬로건임

○ 지자체 슬로건은 도시 브랜딩의 가장 중요한 시각적이고 언어적인 요소이기 때문에 시장의 변화나 고객의 니즈가 변했다면 그 변화를 앞서서 제안할 수 있는 슬로건으로 교체하는 것은 훌륭한 선택이 될 수 있음

---

9 주간동아, "툭하면 바꾸고, 베끼고 영혼 없는 도시 브랜드", 2016.04.11.

○ 예를 들어, 영국의 글래스고시는 도시 브랜딩을 위한 첫 번째 슬로건은 'Glasgow's Miles Better'를 사용했으며, 어느 정도 성과를 달성한 다음 두 번째 슬로건으로 'Glasgow: Scotland with style'을 그리고 세 번째 슬로건으로 'People Make Glasgow'로 변화를 주었음.[10] 글래스고시의 전략적 방향성을 유지하면서 대략 10년 주기로 새로운 슬로건으로 도시의 분위기를 새롭게 함으로써 주민 및 방문객에게 새로움을 제공했음

4) 기초 지자체 브랜드 로고

○ 일반적으로 로고(logo)는 단체, 회사 등의 조직이나 제품 및 서비스 등에 적용되는 시각 디자인을 말함. 본래 로고는 글자로만 디자인을 했기 때문에 로고타입(logotype)이나 워드마크(wordmark)로 불리기도 했지만 요즈음은 그림까지 포함하고 있음

○ 로고의 목적은 단체 및 기업 그리고 제품 및 서비스에 대해 널리 알리는 데에 필요한 요소이며, 광고, 홍보의 효과를 높이는 데에도 중요한 요소임. 즉, 단체명, 기업명, 브랜드네임 등을 표기할 때 그 이름을 시각 디자인화한 것이 로고임

○ 지역(도시) 브랜드의 로고는 그 지역(도시)을 대외적으로 알리는 가장 중요한 매개체이기 때문에 자주 바꿀 수 없음. 해당 지역의 정체성과 비전을 표현할 수 있는 상징적인 시각 디자인으로 개발되어야 하며, 공식 및 비공식 문서, 홍보물, 커뮤니케이션의 주요 시각적 도구로 사용하게 됨

○ 경우에 따라서는 슬로건을 로고에 포함시키게 되는데 이를 태그

10 글래스고시의 사례는 4절 2항에서 구체적으로 설명함.

라인(tagline)이라고 하며, 이는 마케팅 커뮤니케이션 비용을 줄이면서도 홍보 효과를 높일 수 있는 전개방법임

○ 안성시는 안성의 비전인 "장인의 혼이 살아있는 세계적인 예술도시"를 표현하기 위하여 안성맞춤 유기장들, 바우덕이 혼을 상징하는 태극과 세계적인 예술문화의 관문이 된다는 의미에서 전통대문을 형상화 한 심벌마크를 개발하였고, 함께 개발한 슬로건인 '안성맞춤도시 안성, City of Masters, Anseong'를 조합한 로고를 개발

○ 안성시에서 2007년부터 사용하고 있는 로고에는 슬로건을 테그라인으로 디자인함. 기초 지자체의 마케팅 비용을 고려하여 국내와 국외 고객들에게 혼용해서 사용할 수 있는 단일 로고 시스템으로 CI(City Identity)와 BI(Brand Identity)를 통합하여 표현

〈그림 2-3〉 경기도 안성시 도시 브랜드 슬로건 및 로고

출처: 안성시청, https://www.anseong.go.kr/portal/contents.do?mId=0504010000

4. 기초 지자체 브랜드 캠페인의 사례와 시사점

1) 국내 지자체 브랜드 캠페인 사례

(1) 수원시

□ 수원시 도시 정체성 재정립 및 CI 리뉴얼

○ 경기도 수원시는 2022년 특례시[11] 출범을 맞이해 새로운 정체성을 구축하고 이를 효과적으로 알리고자 20여 년 된 기존 CI의 복잡한 요소를 덜어내고 수원화성의 시각적 모티프는 유지하되 현대적으로 재구성하여 미래지향적 이미지를 담은 CI 디자인을 리뉴얼함

○ 수원화성의 망루 서북공심돈과 성곽을 간결하면서도 선명한 선으로 표현했음. 수원화성은 정조대왕의 개혁과 실용에 대한 철학이 담긴 역사적 자료로 도시 정체성을 표현하기에 최적의 소재로

〈그림 2-4〉 경기도 수원시 CI

출처: 수원시청, https://www.suwon.go.kr/sw-www/www05/www05-03/www05-03-07.jsp

11 기초 지자체의 법적 지위를 유지하면서 광역시에 준하는 행·재정적 권한을 부여받을 수 있는 지방행정체계의 새로운 모델(2020.12.9. 지방자치법 개정, 특례시 행정명칭부여).

활용함

○ 서북공심돈은 독창적인 형태와 조형미가 있어 고유한 상징물로 적합하며, 서북공심돈에 결합된 사각의 이미지는 수원특례시로서 새로운 미래를 여는 창이자 시민의 행복이 펼쳐지는 땅을 의미함. 여기에 고귀한 느낌의 로열 블루로 전통적 가치를, 진취적인 스마트 블루로 미래적 가치를 드러내 두 가치의 조화를 나타냈음

□ 수원시 도시 브랜딩 전략 수립

○ 수원시의 도시 브랜드는 '지역의 가치를 높이고 시민을 포용·배려하는 브랜드', '추진 기반이 탄탄하고 이해관계자 간의 소통과 협업이 이루어지는 브랜드'를 표방[12]

○ '시민이 함께 만들고 매력을 확산하는 브랜드 파워도시 수원'을 비전으로 브랜딩 전략 수립

- 신 브랜드 자산 발굴 및 브랜드 활동 다각화
- 공약사업 인지제고를 위한 브랜딩 전략 지원
- 이해관계자의 브랜드활동 네트워크, 역량 강화
- 일관적·지속적 브랜드 진흥을 위한 추진 기반 구축

○ 수원시는 4가지 전략을 실행하기 위한 12가지 실천 방안 마련

- 생활형 정조 브랜드 및 서체 개발
- 찾아가는 모빌리티 서비스 통합브랜드 개발
- 수원 세이프 키트 및 캠페인 브랜드 개발
- 사회적경제기업 통합브랜드 개발
- 5분마다 빛나는 손바닥 정원 브랜딩 전략 지원

---

12 수원시 보도자료, "수원시, 도시 브랜드 기본계획 요약 매뉴얼 제작해 모든 부서 배부", 2023.10.05.

- 날마다 축제, 어디나 공연장, 누구나 선생, 언제나 학교 브랜딩 전략 지원
- 마을전문가 통합브랜드 개발
- 수원시민 도시 브랜드 거버넌스 조직·운영
- 도시 브랜드 포럼 개최
- 조례개정 또는 신규 조례 수립 연구
- 브랜드 관련 사업을 지원하는 브랜드 닥터 제도
- 올 어바웃 브랜드 플랫폼 구축

○ 수원시는 브랜딩 전략으로 정책 사업 효과가 높아지고, '모두의 도시 하나의 수원'이라는 도시 이미지를 구축하고자 함

□ 수원시 도시 슬로건

○ 도시 브랜드를 구성하는 요소 중의 하나가 슬로건인데 수원시의 공식적인 도시 슬로건은 명시되어 있지 않음

○ 수원시는 글로벌시대 국가 개념이 약화되어 국가 간 경쟁에서 대도시 중심 도시 간 경쟁이 심화되는 데 적극 대응하고자 도시 브랜드 "해피 수원"을 2003년도에 제정하였으며, 도시 상징물로 상표등록을 했음

○ 이후 단체장이 바뀌며 "사람이 반갑습니다. 휴먼시티 수원"이라는 시정슬로건이 공식 슬로건을 대체해서 사용되었으며, 특례시 출범과 함께 "수원을 새롭게 시민을 빛나게"라는 시정비전(Vision Identity)이 슬로건으로 사용되고 있으며, '모두의 도시, 하나의 수원'도 강조되고 있는 슬로건임. 또한 "새롭게, 빛나게, 함께 성장하는 수원시"도 사용되고 있음(2023년 기준)

○ 수원시는 특례시 출범에 따라 도시의 정체성을 재정립하면서 CI를 리뉴얼했지만 도시 브랜드 슬로건에 대한 재정립이 없어서 도

시 브랜딩을 위한 전략적 요소의 하나가 불명확한 상태임

□ 브랜드 커뮤니케이션

○ 수원시는 모든 직원이 도시 브랜드의 확장된 역할과 활용 안을 쉽게 이해하고, 도시 브랜드 관련 사업을 추진할 때 부서 간 협력을 강화하기 위해 매뉴얼을 제작했음

〈그림 2-5〉 수원시 도시 브랜드 기본계획 요약 매뉴얼

출처: 수원시 보도자료, “수원시, 도시브[illegible] 요약 매뉴얼 제작해 모든 부서 배부”, 2023.10.05.

○ 수원시는 수원시의 관광자원과 명소 곳곳을 소개하며 '새로운 수원'이라는 도시 브랜드를 알리는 영상으로 수원(SUWON)과 경이로운 도시를 상징하는 원더랜드(WONDERLAND)의 합성어인 '수-원더랜드'(SUWONDERLAND)를 제작해서 공개함[13]

○ 수원화성, 무예24기 시범공연, 정조대왕능행차, 수원화성문화제, 수원화성미디어아트, 화성어차, 화홍문, 화성행궁, 장안문, 방화수류정, 화성어차, 수원수목원, 전통시장, 남문통닭거리, 행궁동 공방거리, 광교호수공원, 수원수목원 등 수원의 가볼 만한 곳과 먹을거리, 축제 등을 담았으며, '첨단기업도시', '스포츠의 도시' 등 수원시의 브랜드도 소개하여 경이로운 도시, 누구나 오고 싶은 도시로서 수원의 이미지를 표현했음

○ 수원시는 수-원더랜드가 수원을 잘 아는 분들에게는 수원의 새로운 이미지를 전달하고, 수원을 잘 모르는 분들에게는 '경이로

〈그림 2-6〉 수-원더랜드 영상

출처: 수원시 보도자료, "'수-원더랜드'로 놀러 오세요!", 2023.11.27.

13 수원시 보도자료, "'수-원더랜드'로 놀러 오세요!", 2023.11.27.

운 도시'라는 도시 이미지를 효과적으로 전달해 도시 브랜드 가치를 높이고자 기획했음

○ 다만 너무 많은 요소가 들어감으로써 고객에게 각인시키고자 하는 메시지가 모호해지는 한계가 있음

□ 내부 브랜딩

○ 브랜딩에서 가장 중요한 접근방법이지만 공공 브랜드에서 특히 소홀하게 취급되고 있는 분야가 내부 브랜딩인데 수원시는 공직자 대상 도시 브랜드 교육을 통해 내부 고객인 공직자부터 도시 브랜드에 대한 인식 제고와 브랜딩 방법에 대한 기본적인 이해를 할 수 있도록 했음[14]

○ 수원시는 도시 브랜드에 대한 공직자의 이해도를 높여 브랜드 활용 역량을 강화하고, 대표브랜드 등의 올바른 사용을 유도하기 위해 교육을 마련했으며, 주요 교육 내용은 브랜드의 개념·역할, 도시 브랜드 동향과 우수사례, 도시 아이덴티티(CI), 비전 아이덴티티(VI), 브랜드 아이덴티티(BI)의 올바른 사용 방법 등임

○ 수원시에는 도시 브랜드를 전담하는 부서를 통해 집중적으로 브랜딩과 관리를 하고 있음. 도시총괄기획단 내 도시 브랜드팀에서 상징물 및 브랜드 조례 제·개정, 상징물 및 브랜드 위원회 구성·운영, 브랜드 디자인 가이드라인 개발·보급, CI·VI 사용 승인(시·구·동·사업소 등), 모니터링, 민원처리 등의 업무를 수행

□ 수원시 브랜드 캠페인의 시사점

○ 수원시는 특례시 출범이라는 정치적 이벤트를 도시 브랜딩의 전환점으로 삼고 CI를 변경하고, 내부 브랜딩 활동과 외부 브랜딩 활동을 조화롭게 전개하여 경쟁력 있는 도시로 브랜딩 하고자 함

---

14 수원시 보도자료, "수원시, 공직자 대상 도시브랜드 교육 열어", 2023.07.20

○ 도시 브랜딩을 위한 전담조직을 갖추고 통합적으로 캠페인을 전개함으로써 보다 빠르게 브랜드 포지셔닝을 할 수 있는 기반을 구축함

○ CI 혹은 BI는 시각적 측면에서 매우 중요한 브랜딩 요소이지만 이에 못지않게 언어적 측면에서도 도시를 대표할 수 있는 슬로건이 매우 중요한데, 현재까지는 핵심 브랜드 메시지인 슬로건이 불명확하고 난립되어 있어서 원하는 이미지를 만들어 내는데 어느 정도 한계가 있음. 그리고 새로운 수원을 알리는 커뮤니케이션 메시지에 너무나 많은 요소를 담으려고 하면서 정작 중요한 핵심가치가 무엇인지 인식이 되지 않는 문제도 있음

○ 브랜딩은 브랜드의 모든 요소가 전략적으로 준비된 이후 통합적이고 전사적으로 추진할 때 브랜딩이 될 수 있다는 점을 상기할 필요가 있음

(2) 영월군

□ 통합관광브랜드 개발

○ 강원도 영월군의 영월(寧越)은 편안하게 넘어간다는 의미가 있음. 영월군 CI는 단종의 왕관을 형상화함(2017년 12월). 슬로건은 'Young World 영월'로 젊은 세상을 표현했다고 함(2017년 12월)

○ 군정방침은 '변화와 도약, 살기 좋은 영월'이고, 비전은 '살기 좋은 미래 영월'임

○ 변화하는 고객의 가치를 충족시키고 소비를 유발할 '새로운 브랜드' 필요에 따라 영월 통합관광브랜드를 개발하여 '달마다 새롭게, 달달영월'을 론칭(2023년 7월)

○ '달마다 새롭게, 달달영월'의 의미는 1월~12월까지 달마다 색다르게 즐기는 영월 관광, 달달한 맛처럼 황홀한 영월 관광, 밤하늘

〈그림 2-7〉 영월군 통합관광브랜드 '달달영월'

출처: 영월군청, https://bit.ly/3RQjgkE

의 별들과 함께 영월의 밤을 밝히는 달의 아름다움 등 중의적인 의미를 내포

○ '달마다 새롭게, 달달영월'의 심벌마크는 영월의 관광 스팟들을 연결해 북두칠성 모양을 이루고 있으며, 심벌은 영월 곳곳에 다양한 관광콘텐츠가 있음을 표현하고, 영월관광을 환하게 밝혀주는 디자인이며, 또 각 관광자원의 연결은 영월 전역을 관광벨트화하려는 미래 비전을 함축해서 담고 있음

○ 기존의 브랜드를 그대로 두고 새로운 관광브랜드를 개발한 것은 브랜드의 난립으로 보여 질 수도 있지만 관광브랜드로 출발한 '달달영월'이 영월을 대표하는 지자체 브랜드로 구축이 된다면 '달달영월'로 통합할 수도 있을 것임[15]

15 구자룡 (2023), "1004섬 신안의 컬러마케팅과 로컬브랜딩에 대한 소고", 브런치스토리, https://bit.ly/41sfVeV

□ 단계별 브랜드 캠페인 계획 수립

○ 영월군은 관광 브랜드 활성화를 위한 단계별 홍보마케팅을 추진함

〈표 2-1〉 영월군 관광브랜드 캠페인 계획(예시)

구분	추진 내용	세부 추진 사항
1단계 (2023년)	관광브랜드 인지도 제고를 위한 다양한 매체·홍보채널 노출	• 영월군 관광브랜드 선포 관련 홍보: 보도자료 배포(TV, 신문 등) 및 자체 홍보 매체 등 활용 • 관광 브랜드 사용 매뉴얼 및 가이드 라인 배포: 군 홈페이지 내 소개 페이지 운영 및 다양하고 실제적인 활용방법 제시, 군청 및 산하기관 배포 등으로 활용도 제고 • SNS 핫한 영월 – 달달영월 일괄 변경 추진: 소문내기 이벤트(브랜드 홍보 차원)진행 • 온.오프라인 캠페인 포스터 및 홍보 영상 제작 : 다양한 매체에 적합한 홍보물 제작(매거진, 빌보드, 현수막, IPTV, 그 외 오프라인 매체 등) • SNS 연계 일련의 홍보 활동 지속 노출: SNS, 인플루언서, 서포터즈 등 활용, 인터넷 검색브랜드 노출 • 각종 박람회 참가시 브랜드 홍보 • 기존 관광 안내판, 홍보물 등 로고 사용
2단계 (2024년)	브랜드 인지도 확산을 위한 사업 추진	• 영월군 관광브랜드 홍보 굿즈 개발: 공공용 굿즈 활용(예: 에코백, 티셔츠, 키홀더, 종이가방 등), 로고 이미지를 활용한 이벤트 물품 제작 및 활용 • 관광 브랜드 상품화 조성 및 캠페인 지원: 로컬크리에이터, 지역 예술가 등 협업을 통한 시그니처 상품 개발, 브랜드컬러, 심벌, 패턴 등이 활용된 민간 상품 제작 지원, 기념품 아이디어 공모전 등 추진 • 관광 브랜드를 활용한 여행 상품 개발: “달달영월에 걸맞는 달마다 영월여행”콘셉트 발굴, “달달영월 달마다 영월여행” 스탬프 투어 운영 • 서포터즈, 인플루언서, SNS 연계한 홍보 활동 지속 노출
3단계 (2025년~)	브랜드 이미지 공고화	• 관광 브랜드 민관협력 거버넌스 체계 정착: 시민 참여 홍보 활동 지원 확산, 민간 브랜드 활용 방안 모색 및 성과 평가 • 관광 주요 지점 연계 홍보 수단 확보: 관광 주요 지점 조형물 설치 등을 통한 고정 홍보 수단 확보 및 활용

출처: 영월군청, '영월군 관광브랜드 홍보 및 활용계획', 문화관광체육과, 2023.06.01.

□ 내부 브랜딩 활동

○ 영월군 관광브랜드 사용지침 및 매뉴얼을 배포하고 부서별 관광 브랜드 활용 및 홍보 협조 요청

〈표 2-2〉 영월군 부서별 관광브랜드 활용 및 협조 요청(예시)

부서명	협조 사항	비고
기획감사실	• 브리핑실 백드롭 등에 관광 브랜드 노출 • 시정 홍보 책자 등 SNS 운영 채널을 활용한 지속적 홍보 • 행정서식, 공문서, 명함 등에 적용 검토 • 상표권관리(상표등록완료시)	
행정교육과	• 청사 LED 상황판 내 홍보 영상, 문구 송출 협조 • 군 홈페이지 내 관광브랜드 소개 페이지 개설 - 관광브랜드 스토리 소개 - 심벌, 로고, 서체 등 다운로드 제공	
세무회계과	• 각종 고지서 내 관광 브랜드 홍보 • 관용차량, 청사 내 관광 브랜드 랩핑 활용	
경제고용과	• 영월 그리고 카드 관광 브랜드 노 출, 관련 이벤트 홍보	
문화관광체육과	• 방문기념품, 행사 홍보물 제작시 활용 • 관광지 입장권 등에 인쇄 • 프로모션 행사 등에 서체 활용 • 관광 안내 센터 등에 포스터, 리플렛 등 비치 • 축제 등에 활용 • 관광 브랜드 활용 기념품 공모전 개최 • 관광 브랜드 총괄 관리 • 매뉴얼, 지침 배포 및 부서별 활용 사항 협조 요청 • 관광 브랜드 활용 상품화 지원, 홍보 마케팅 사업 등 추진 • 디자인 시안 적용 활용시 가이드라인 준수 여부 검토	
읍면주민센터	• LED 전광판 송출, 홍보물 게시 등 협조	
영월문화관광재단	• 문화관광재단 홈페이지 관광 브랜드 소개 • 마케팅 사업 추진 및 박람회 참여시 홍보 • 관광자원개발 등에 활용	
공통	• 각종 홍보물, 책자 인쇄물 등에 활용 협조 • 주요 시설물(관광지) 등에 관광 브랜드 사용 • 각종 유관 기관: 단체 및 행사 시 활용 협조 • 가이드라인 준수, 활용 및 홍보 방안 추가 발굴 적극 활용	

출처: 영월군청, '영월군 관광브랜드 홍보 및 활용계획', 문화관광체육과, 2023.06.01.

□ 브랜드 캠페인 활동: 온·오프라인 홍보

○ 영월관광 공식 SNS(유튜브, 인스타그램 등) '달달영월'로 일괄 변경

○ 브랜드 홍보 이벤트(매달 이벤트 시행)

○ 관광안내판, 홍보물 등에 관광 브랜드 인지도 제고를 위한 지속적인 노출

○ 브랜드를 활용한 관광 홍보 영상 제작 및 포스터 제작

○ 달달영월 브랜드를 활용한 여행상품, 굿즈 개발 등 지속적인 브랜드 이미지 확산 및 연계 사업을 추진해 밝고 역동적인 관광도시

〈그림 2-8〉 영월군 관광브랜드 캠페인 활동(예시)

출처: 영월군청, '영월군 관광브랜드 홍보 및 활용계획', 문화관광체육과, 2023.06.01.

이미지를 포지셔닝하여 브랜드 정체성을 확립하는 캠페인 지속 전개

□ 브랜드 연계 여행 상품 운영: 월간영월

○ '월간영월'은 야생화, 반딧불이, 이끼 계곡 등 영월의 특색 있는 명소들을 한 달에 한 번씩 이어서 걷는 여행 프로그램. 매달 다른 테마의 트레킹 여행상품

○ 자연여행 전문 승우여행사와 영월군청과 매달 새로운 영월의 트레킹 명소를 걷는 '월간영월' 상품을 출시

○ '월간영월'의 트레킹은 5월 운탄고도 망경대산 야생화 트레킹, 6

〈그림 2-9〉 영월군 관광브랜드 캠페인 활동: 월간영월(예시)

출처: 여행신문, "팔색조 매력 '월간영월' 트레킹 여행 가볼까", 2023.06.01.

월 물무리골 반딧불이 트레킹 1박 2일, 7월 동강 어라연 강변 트레킹&래프팅, 8월 신비의 상동이끼계곡과 어둔이계곡, 9월 와석리 고생대 지질 트레킹, 10월 팔괴리에서 고씨동굴 가는 길, 11월 단종의 유배길과 청령포 즈려밟기, 12월 작은 코리아 둘레길 걷기 등

□ **영월군 브랜드 캠페인의 시사점**

○ 영월군은 관광문화도시의 이미지를 구축하고자 기존의 CI, BI를 그대로 둔 상태에서 새로운 통합관광브랜드를 개발하여 도시 브랜딩을 하는 방법을 선택함

○ 영월에서 제시하는 메시지와 시각이미지가 각각 그 목적이 있겠지만 인구 3만 7천 명의 기초 자치단체를 상징하는 요소 측면에서는 너무 많다고 볼 수 있음. 관광브랜드로 출발한 '달달영월'이 영월을 대표하는 지자체 브랜드로 구축이 된다면 '달달영월'로 통합하여 브랜드의 방향성과 메시지를 일원화할 수도 있을 것임

○ '달달영월'은 변화하는 고객의 가치를 충족시키기 위한 새로운 시도로 달마다 새로운 뭔가를 보여줌으로써 매월 영월에서 새로움을 느낄 수 있다는 이미지를 만들고자 하는 의도가 있음. 매월 새로움을 보여주기 위해서는 브랜드 관계자의 기획 역량이 요구됨

○ '월간영월'과 같은 프로그램은 자체 기획 역량의 한계를 외부 기관과의 협력(collaboration)으로 극복할 수 있다는 증거물의 하나임. 지자체 브랜딩을 위한 다양한 협력 방안을 모색할 필요가 있음

○ 브랜드 캠페인을 위한 단계별 세부 프로그램을 기획하고 내부 브랜딩 차원에서 유관부서에 협조를 구하는 등의 활동을 통해 통합적인 이미지를 구축 하고자 노력하는 전개는 고무적임

○ 브랜드 커뮤니케이션은 브랜드 콘셉트(포지셔닝)에 따른 일관성

과 차별화가 있으면서 지속적인 캠페인을 전개할 때 성과를 낼 수 있기 때문에 관광 브랜딩 차원이 아니라 도시 브랜딩 차원에서 전사적으로 브랜딩을 한다면 지자체의 규모와 예산을 보다 효율적으로 사용하여 투입 대비 성과를 높일 수 있을 것임

2) 해외 지자체 브랜드 캠페인 사례

(1) 영국 스코틀랜드의 글래스고(Glasgow)

□ 글래스고의 위기

○ 글래스고는 영국 스코틀랜드 지방의 상공업 중심 도시로 산업혁명 이후 공업의 발달로 번창했지만, 경기침체에 따른 급격한 인구 감소와 실업자의 증가로 어려움을 겪음

○ 글래스고 도시권의 인구가 1961년 110만 명 이상이던 것이 1990년에는 약 70만 명으로 줄어들었음. 또한 실업률은 1960년 2.8%에서 매년 증가하여 1989년에는 15.8%였음[16]

○ 지역경제의 침체 국면을 극복하기 위해 글래스고는 1980년대에 도시의 재생과 이미지 반전을 위한 활동을 시작함. 여기에는 시의회 의원, 시 경제개발부서의 공무원, 스코틀랜드 개발기구 및 유관기관, 글래스고 액션, 그리고 나중에는 글래스고 개발기구와 지역사업가 대표들이 함께 참여함

□ 글래스고의 'Glasgow's Miles Better' 캠페인

○ 글래스고 도시 브랜딩은 'Glasgow's Miles Better' 캠페인에서 출발(글래스고, 이보다 더 좋을 순 없다). 글래스고시는 쇠퇴하는 공업의 대안으로 문화산업, 서비스업 등에 대한 투자를 유치하고

---

16 Paddison, R. (1993), "City marketing, image reconstruction, and urban regeneration", *Urban Studies*, 30(2), 339-350.

〈그림 2-10〉 글래스고의 'Glasgow's Miles Better' 캠페인

출처: https://www.glasgowlive.co.uk/news/history/incredible-glasgow-photographs-show-city-25916892

자 하였으며, 글래스고의 부정적인 이미지가 투자 유치의 가장 큰 장애물로 인식됨에 따라서 이미지 캠페인을 도시 재생을 위한 마케팅의 출발로 삼았음

○ 이 캠페인을 통해서 상징적 이벤트와 예술을 도시경제 육성의 수단으로 활용하였고, 관광 및 서비스 산업을 표적으로 마케팅을 진행함

○ 이 캠페인은 당시 시장의 노력에 의해서 시작되었으며, 지역의 공공과 민간을 아우르는 위원회가 구성되었고, 외부 소비자에 대한 도시이미지를 개선함과 아울러 지역의 분위기를 활성화하자는 의도도 깔려 있었음. 이 캠페인과 함께 도심을 개선하고, 공항 같은 인프라를 개선했음

○ 그 결과 1982년에 약 70만 명에 그쳤던 관광객은 1990년에는

300만 명으로 늘어났고, 글래스고가 1990년 유럽의 문화수도로 선정되면서 이곳의 이미지에는 커다란 변화가 일어났음. 1990년 초와 연말에 잉글랜드 남동부의 화이트칼라들을 대상으로 한 설문조사에 따르면, 글래스고를 '빠르게 변화, 개선되고 있는 곳'으로 인식하는 경우가 33%에서 49%로 증가하였으며, 이곳을 거칠고 침체된 곳이라고 인식하는 비율은 빠른 속도로 감소하였음[17]

○ 한편, 클라이드 강변을 중심으로 하는 도심재생 전략은 2만 개의 새로운 일자리를 창출했으며, 이러한 노력의 결과 2002년 글래스고는 2.4%의 경제성장률을 달성하였는데, 이는 영국 전체 성장률인 1.8%를 상회하는 높은 성과를 달성함

□ 글래스고의 'Glasgow: Scotland with style' 캠페인

○ 글래스고는 2004년에 'Glasgow: Scotland with style' 캠페인을 새롭게 전개함. 이 새로운 캠페인은 글래스고의 성취와 도전을 반영하고 있음(글래스고: 스타일이 넘치는 스코틀랜드)

○ 글래스고를 창의적인 에너지와 스타일의 본고장으로 포지셔닝함. 글래스고의 발달한 패션과 쇼핑, 나아가서 문화산업을 중심으로 시를 발전시키겠다는 의지의 표현인 것임

○ 실제로 글래스고는 영국에서 창조산업의 중심지로 성장해 왔으며, 직업의 8%를 창조산업이 차지하고 있고, 이 방면에서 브뤼셀이나 바르셀로나에 필적하는 위상을 갖고 있음. 또한 글래스고의 메인 쇼핑거리인 뷰캐넌스트리트는 세계 굴지의 쇼핑목적지이기도 함

○ 새로운 캠페인은 스코틀랜드의 이미지를 크게 활용하고 있음. 세계적으로 독특한 역사와 전통, 그리고 문화를 가지고 있는 스코

---

17 이정훈 (2006), 장소브랜딩 모형 구축 연구, 경기개발연구원.

〈그림 2-11〉 글래스고의 'Glasgow: Scotland with style' 캠페인

출처: BBC, "Glasgow seeks rebranding ideas to help market the city", 2013.04.23.

틀랜드의 후광효과로 글래스고의 위상을 한 단계 업그레이드시키고 있음. 그리고 'style'을 전면에 내세움으로써 전 세계적으로 글래스고의 강점을 표현

○ 이 캠페인으로 국제적 스포츠, 역사, 문화의 중심 도시로 부상하기 위한 글래스고만의 독특한 정체성과 긍정적 이미지를 확립하고 시민들의 도시에 대한 자긍심과 적극적인 호응을 이끌어내는 데 기여함

□ 글래스고의 'People Make Glasgow' 캠페인

○ 2013년에는 관광개발계획 'Glasgow's Tourism and Visitor Plan to 2023'[18]의 일환으로 'People Make Glasgow'라는 새로운 도시 브랜드 슬로건을 제시함(사람들이 글래스고를 만든다). 도시 발전의 중심에 시민을 두고 함께 만들어가겠다는 뜻을 담고 있으며, 다양한 커뮤니케이션을 전개하고 있음

18 Glasgow's Tourism and Visitor Plan to 2023, https"//glasgowtourismandvisitorplan.com

〈그림 2-12〉 글래스고의 'People Make Glasgow' 로고 및 캠페인

출처: BBC, "'People Make Glasgow' unveiled as new city brand", 2013.06.28.

○ 2014년 Commonwealth Games에 앞서 시작된 'People Make Glasgow' 캠페인에서 글래스고의 랜드마크였던 Met Tower(이전 City of Glasgow College) 건물에 슬로건을 대형 그래픽으로 처리하여 디스플레이함

○ 이후 글래스고 브랜드의 랜드마크로 두드러진 상징이 되었지만 광범위한 재개발이 진행되어[19] 도시 브랜드의 랜드마크가 사라지는 한계가 있음. 하지만 창의적인 디스플레이가 도시 브랜드 캠페인의 성과를 높이는 주요한 방법으로 자리매김하는 대표적인 사례가 되고 있음

○ 글래스고시는 공식 목적지 마케팅 조직으로 글래스고시 마케팅국(GCMB, Glasgow City Marketing Bureau)을 만들었으며, 수많은 파트너, 이해 관계자 및 기업과 협력하여 국내 및 국제 시장에서 글래스고를 유럽에서 가장 활기차고 역동적이며 다양한 도시 중 하나로 홍보하고 레저 및 비즈니스 관광을 통해 경제적, 사회적 혜택을 제공하기 위한 광범위한 활동에 참여하고 있음[20]

---

19 BBC, "People make Glasgow' tower to be redeveloped", 2023.11.06.

20 https://pascalobservatory.org/pascalnow/weblink/glasgow-city-marketing-bureau

〈그림 2-13〉 글래스고의 'People Make Glasgow' 그래픽 랜드마크

출처: The Drum, "'People Make Glasgow' agency shares blueprint for resonant city branding", 2022.04.14. https://bit.ly/3GYwFRj

○ GCMB의 구체적인 활동은 다음과 같음

- People Make Glasgow 브랜드의 구현 및 개발
- 주요 목표 시장에 걸친 전략적 목적지 마케팅 커뮤니케이션 캠페인
- 주요 행사, 컨벤션 및 전시회에 대한 입찰, 유치 및 관리
- 컨퍼런스 및 이벤트 숙박 예약에 대한 책임

○ 아울러 글래스고는 2023년에 시작된 'Glasgow 2030 Tourism Strategy'를 통해 국가 관광 전략과 연계 된 도시 방문객 유치를 위한 틀을 제시함. 5가지 전략적 우선순위는 다음과 같음

- 글래스고 경제로의 관광 가치 증대
- 우리가 제공하는 경험을 향상
- 관광 부문을 통해 글래스고 사람들에게 가치를 창출
- 도시와 주변 지역의 활기찬 장소를 지원
- 지속 가능하고 포괄적인 방식으로 관광 제공

○ 이 전략은 심층 연구, 주민 정서 및 광범위한 산업, 도시 및 국가

파트너와의 협력을 기반으로 개발되었음

□ 글래스고 브랜드 캠페인의 시사점

○ 글래스고의 도시 브랜딩은 시 정부와 민간기관이 함께 참여하여 먼저 도시의 이미지를 변화시키고, 이어서 도시 기반시설의 재생을 통해 새로운 도시로 재탄생시켰음

○ 약 10년 주기로 고객의 변화에 대응하기 위한 캠페인 및 슬로건의 변화를 통해 리포지셔닝을 시도한 점이 글래스고의 브랜드를 항상 새롭게 만들어가는 힘이 되었음

○ 침체된 도시의 이미지를 개선하기 위해서 단체장 및 유관단체, 그리고 시민들의 적극적인 지원과 후원으로 일구어낸 성공적인 도시 브랜드 캠페인의 사례임

○ 도시의 브랜드를 바꾸려고 시도한 가장 초기의 가장 성공적인 시도 중 하나로 세계적으로 인정받고 있음

(2) 네덜란드 노르트브라반트 주의 에인트호번(Eindhoven)

□ 에인트호번 개요

○ 에인트호번은 네덜란드 남부 노르트브라반트 주에 있는 도시로, 암스테르담, 로테르담, 덴하흐, 위트레흐트를 이은 네덜란드 제5의 도시이며, 2019년 기준으로 인구는 231,642명이며, 광역권의 인구는 75만 명임[21]

○ 에인트호번은 디자인 학교로 유명한 '디자인 아카데미 에인트호번'이 자리한 중소도시이며, 1891년 필립스가 이 도시에서 시작되면서 산업도시로 성장하였음

21 https://ko.wikipedia.org/

□ 에인트호번의 도시 브랜드 개발

○ 에인트호번은 2009년 당시 글로벌 금융위기의 여파로 첨단 기술 및 디자인 산업이 심하게 타격을 받아 도시 경제와 주민들의 복지에 어려움을 겪었음

○ 이런 흐름을 바꾸기 위해 찾은 답은 경제를 강화하고 지역 사회의 자부심을 강화하는 데 중점을 두고 도시 관계자들은 2020년까지 유럽의 창조적 혁신의 리더가 되겠다는 야심을 공식화함

○ 에인트호번은 세계 최고의 창의 혁신의 도시를 목표로 하고 향후 지향해야 할 미래상을 '기술과 혁신, 디자인, 지식의 도시'로 설정하고, 마케팅 전략을 안내하는 브랜드 기둥(brand pillars)으로 이 세 가지 영역에 초점을 맞추고 포지셔닝하고자 함

〈그림 2-14〉 에인트호번의 브랜드 기둥

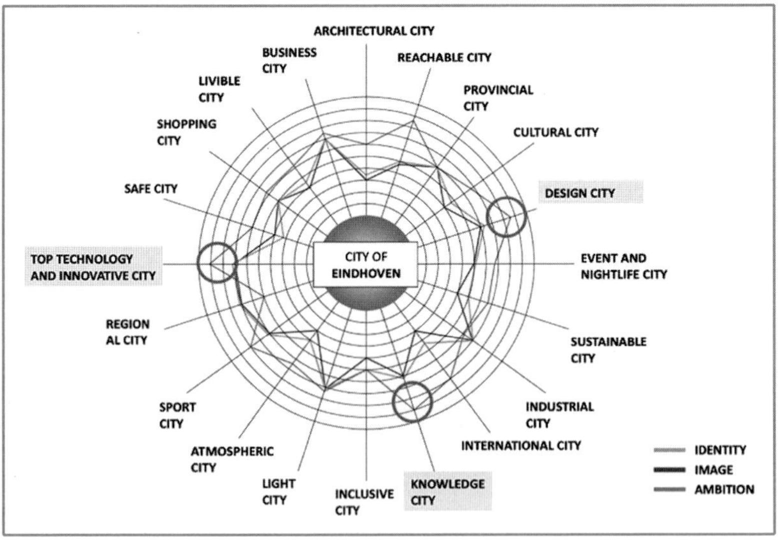

출처: TPBO, "How Eindhoven Uses City Branding Strategies for Economic Development and Community Self-Esteem", 2018.11.01. https://bit.ly/41GFpp6

○ 현재 사용되고 있는 에인트호번의 도시 아이덴티티는 2013년 디자인되었는데 다양한 도시의 모습을 담아내기 위해 여러 분야의 전문가들의 협업을 통해 하나의 아이덴티티를 도출[22]

○ 새 아이덴티티는 맞춤 서체로 쓰인 도시명과 플렉서블(Flexible) 마크로 구성되었음. 기본 그리드 구조와 마크 형태를 바탕으로 변주 가능한 유연한 디자인임. 지그재그 형태로 도시의 에너지를 나타낸 로고는 에인트호번의 'E'를 형상화한 것으로 다양한 쓰임을 위해 바탕의 격자무늬를 활용, 로고의 배경을 다양한 색상과 음영으로 채울 수 있는 것이 특징

○ 새 아이덴티티는 오픈소스로 제공되어, 도시 내 기업이나 공동체가 자유롭게 활용 가능. 가장 기본이 되는 흰 바탕의 빨간 로고를 필두로 도시 내 다양한 이벤트와 서비스, 시의회 관련 부서에서 변환하고 활용할 수 있도록 함

〈그림 2-15〉 에인트호번 로고 및 브랜드 캠페인

출처: https://www.eindhoven.nl/bestuur-en-beleid/organisatie/logo-en-huisstijl-stad-eindhoven

22 https://www.eindhoven.nl/bestuur-en-beleid/organisatie/logo-en-huisstijl-stad-eindhoven

□ 에인트호번의 브랜드 캠페인

○ 에인트호번은 도시의 효과적인 브랜딩과 홍보 전략을 위해 만든 '에인트호번 365'를 중심으로 진행한 프로젝트에서 지역과 국가, 세계적인 무대에서 도시의 고유성을 나타낼 단일 브랜드를 만드는 것을 목적으로 했음

○ 시각적 아이덴티티는 에인트호번을 기반으로 한 다양한 디자이너들의 공동체 VDA(Virtual Design Agency)를 구성, 관습에 얽매이지 않은 사고방식과 전략을 바탕으로 했음[23]

○ 인플루언서와 소셜 미디어를 통해 '도시의 이야기를 전달하고 마케팅'하는 언론보도 전략을 수립함. 그리고 '영재', '기술 스타트업', '도시 탐험가'를 주요 타깃 고객으로 삼고, 기업 및 투자자 유치에도 집중함

○ 공공장소에서의 브랜드 이벤트, 빅데이터 분석 활용, 도심 내 첨단 기술을 활용한 서비스 제공 등을 활용하고 있음

○ 매년 네덜란드 디자인 주간을 통해 에인트호번의 디자인을 기념하는 행사를 개최하고 있으며, 이 행사에는 Wallpaper, Monocle, Wired, Damn, NYT, Fame 등 국내외 언론인 1,000여 명이 참석함

○ 에인트호번 365에서는 에인트호번에 사는 누구나 자신이 생각하는 에너지를 표현할 수 있도록 한 캠페인 '셰어 더 바이브(Share the Vibe)'를 진행하고 있음[24] 즉, 도시의 창의적인 인재들이 도시 마케팅 미디어 채널과 도심의 비디오 스크린을 통해 자신의 역량을 뽐낼 수 있는 #Sharethevibe라는 제목의 비디오 캠페인을 하고 있음. 36.5초 분량의 동영상을 통해 재능 있는 인재와 기술 리

---

23 월간디자인, "창의적 도시의 실험적인 인큐베이팅, 에인트호번", 2016년 9월호.

24 http://www.eindhoven.video/about/

〈그림 2-16〉 에인트호번의 Share the Vibe

출처: http://www.eindhoven.video/

더를 소개함. 이러한 동영상은 상당한 노출로 인해 에인트호번의 크리에이티브 커뮤니티가 참여할 수 있는 큰 도전과 기회가 되고 있음

□ **에인트호번의 브랜드 캠페인 성과**

○ 에인트호번 브랜드 캠페인의 성과는 다음과 같음[25]

- 해외 미디어 가시성 대폭 증가
- 도시 방문 횟수 거의 두 배 증가
- 비즈니스 커뮤니티에 대한 투자
- 네덜란드 정부가 에인트호번을 네덜란드의 세 번째 핵심 경제

25 TPBO, "How Eindhoven Uses City Branding Strategies for Economic Development and Community Self-Esteem", 2018.11.01. https://bit.ly/41GFpp6

축임을 공식적으로 인정함

○ 에인트호번은 커뮤니티의 자긍심을 높이는 측면에서 기술, 디자인, 지식을 브랜드 기둥으로 삼는 것에 대한 강력한 지지를 받고 있음

○ 에인트호번의 도시 브랜딩 작업 성공의 핵심 요인은 강력하고 끈질긴 리더십과 시민과 정치인의 폭넓은 지지임

○ 에인트호번은 혁신, 창의성 및 디자인의 도시이지만 무엇보다도 미래의 도시로 활기 넘치는 도심뿐만 아니라 그 너머에서도 볼 수 있는 네덜란드 혁신의 요람이 되고 있음

□ 에인트호번 브랜드 캠페인의 시사점

○ 도시 자체를 창의적인 사람들이 매력을 느끼고 거주하며 일하는 곳으로 정의한 만큼 브랜딩 전략 수립부터 홍보 방식까지 실험적인 면모를 느낄 수 있음

○ 에인트호번의 기술, 디자인, 지식이라는 3개의 도시 정체성 키워드는 시민 조사를 통해 결정되었으며, 이들은 3개의 에너지 형태의 기둥(pillars)으로 시각화하였고 이것이 에인트호번의 브랜드 로고로 결정됨. 도시 브랜드 정체성과 시각 아이덴티티가 잘 연결되어 있음

○ 시각 아이덴티티는 도시행정과 마케팅 캠페인을 위해 간결하면서 다용도로 변형할 수 있도록 만들어졌음. 특히 자치단체 로고와 도시 마케팅 로고를 하나의 단일한 로고로 통합했기 때문에 브랜딩 성과를 극대화할 수 있었음

○ 시의 브랜드 관계자와 유관기관인 '에인트호번 365', 'VDA' 등 그리고 디자이너 및 시민들과 함께 도시 브랜딩을 위한 추진하고 참여함으로써 폭넓은 지지를 받고 있음

5. 기초 지자체 브랜드 캠페인 전략

1) 커뮤니케이션과 캠페인의 관계

○ 일반적으로 브랜드를 구축하는 것은 고객들의 마음속에 특정 브랜드를 차별적으로 인식시키기는 것을 말함. 고객들의 마음속에 브랜드를 확실하게 심어주기 위해서는 명확한 브랜드 콘셉트와 포지셔닝 등과 같은 브랜딩 전략을 수립하고 이를 이용하여 다양한 커뮤니케이션 활동을 전개함

○ 너무나 복잡하고 다양화된 사회에서 고객들의 인식 속에 차별적으로 브랜드의 핵심가치와 의미를 각인시키고 보다 쉽게 브랜드 자산을 형성하기 위해서는 다양한 커뮤니케이션 수단들과 활동을 통합적으로 고려해야 함. 이미 기업들은 1980년대 후반부터 고객들의 인식 속에 강력한 포지셔닝을 위해 통합적으로 마케팅 커뮤니케이션을 전개하고 있음

○ 통합적 마케팅 커뮤니케이션(IMC: Integrated Marketing Communication)은 광고, 홍보(PR), 판촉(SP), 다이렉트 마케팅 등 다양한 커뮤니케이션 수단들의 전략적인 역할을 비교, 검토하여 고객 및 유망고객의 행동에 간접적 혹은 직접적으로 영향을 미칠 수 있도록 이들을 효과적으로 결합한 설득적 커뮤니케이션 프로그램을 개발, 실행하는 과정을 말함

○ IMC의 궁극적인 목표는 일관성 있는 브랜드 관련 메시지의 제공을 통해 소비자에게 명확한 브랜드 이미지를 제공함으로써 강력한 브랜드 자산을 구축하는 것임

○ IMC의 주요 특징으로는 고객의 행동에 영향을 미치며, 모든 접촉수단을 활용하며, 고객 혹은 유망고객으로부터 출발하여, 궁극적으로 고객과의 관계구축을 목적으로 함

2) 디지털 시대 브랜드 커뮤니케이션의 전략적 요소

○ 디지털 시대에 브랜드 커뮤니케이션 전략을 이해하기 위해서는 콘텐츠(Contents), 창의성(Creativity), 맥락(Context), 협업(Collaboration) 등의 기본적인 요소를 고려해야 함[26]

(1) 콘텐츠(Contents)

○ 인터넷으로 연결된 네트워크 사회에서는 시간과 공간을 초월하여 모든 콘텐츠를 볼 수 있는 시대임. 콘텐츠는 영화, TV프로그램에서 블로그에 올린 동영상, 사진, 글 그리고 광고까지 포함됨. 개인 혹은 기업 또는 기관이 사적으로 혹은 공적으로 올린 모든 내용물이 콘텐츠가 되고 있음. 그리고 소비자들은 항상 스마트폰을 들고 있으며 보고 있던 콘텐츠가 재미있으면 언제든지 친구들에게 공유함

○ 브랜드 캠페인의 소재인 광고나 홍보물 역시 콘텐츠임. 누군가가 우리의 콘텐츠를 보게 하려면 공유할 만한 가치가 있어야 함. 재미가 있거나 특이하거나 뭔가 이슈가 되는 무엇가가 있어야 함

○ 예를 들어, 충주시 공식 유튜브 '충TV'에서는 충주시 축제나 성과 등을 홍보하는 내용을 주로 다룸. 충주시 관내 시설을 방문해 시설 소개와 함께 임직원 인터뷰를 함께 진행하고, 최신 밈이나 유명 밈을 활용한 패러디를 최대한 활용해 '유튜브 감성'을 자극해 국내 광역 및 기초 자치단체를 통틀어 52만 명의 구독자를 가진 채널로 성장했음(2023.12월 기준)

○ 충TV 콘텐츠의 특징은 충주시의 유튜브라는 본질에서 벗어나지 않으면서, 충주시나 공직사회와 관련된 공익적인 요소를 담아냈

26 김유경, 이선엽, 허웅, 이재호, 최창원 (2018), 디지털 시대의 브랜드 이해, 한경사.

다는 것임

○ 축제 영상을 예로 들면, 축제를 하는 모습을 찍어 올리지 '축제에 오세요'라는 내용이 주가 되지는 않도록 콘텐츠를 기획함으로써 정보와 재미를 제공한다는 것임. 또한 공무원의 시각에서 행정적인 불편이나 민원처리 고충 등을 상황극이나 패러디로 다양하게 다뤄 공직 생활의 애로사항을 진솔하게 풀어내는 콘텐츠가 큰 인기를 얻고 있음. 그리고 다양한 콘텐츠를 지속적으로 제작한다는 점이 중요함(4년간 247개 영상)

(2) 창의성(Creativity)

○ 소비자들에게 선택받는 콘텐츠가 되려면 해당 콘텐츠가 창의적이어야 함. 창의성은 바로 재미와 공감임. 재미와 공감이 바로 공유와 확산을 촉발하는 방아쇠 역할을 함. 이성이 아니라 감성을 건드리기 때문임

○ 감정적이고 직관적인 선택을 하는 디지털 소비자들은 자신에게 재미를 주고 자신을 공감해 주는 콘텐츠에 감정적으로 반응하며 공유 행동을 하게 됨

○ 예를 들어, 여수 밤바다 낭만버스킹은 전라남도 여수시에서 매년 5월부터 10월까지 종포해양공원과 낭만포차 일원에서 열리는 야외 공연임. 댄스, 악기, 밴드, 마술, 퍼포먼스 등 다양한 장르의 공연이 펼쳐지며, 매회 약 2만여 명의 관람객이 찾는 여수의 대표적인 문화행사임

○ 여수는 낭만의 항구도시로 불림. 2016년 5월 낭만포차 거리를 조성하고, 2017년부터 낭만버스를 운영하는 등 낭만을 테마로 한 관광 콘텐츠를 개발함

○ 여수하면 낭만과 밤바다의 대명사로 각인된 데는 낭만버스킹과 낭만포차 등 밤바다를 배경으로 하는 창의적인 기획이 밑바탕이 됨

(3) 맥락(Context)

○ 다양한 미디어에 노출된 디지털 소비자들은 광고, 홍보 등 마케팅에 상당한 거부 반응을 보임. 모바일 매체의 특성상 상대적으로 집중도가 떨어지며 다른 일을 함께 하는 상황으로 콘텐츠의 소비 방식도 매우 즉흥적임

○ 재미와 공감 요소를 갖춘 창의적인 콘텐츠에 소비자들의 생활의 맥락을 고려한 콘텐츠가 노출되어야 공감을 일으킬 수 있음

○ 매스 미디어를 이용한 대량 마케팅이 아닌 소셜 미디어를 통한 개인화 마케팅이 필요함

○ 디지털 기술로 소비자의 생활 맥락에 맞는 브랜드 캠페인을 전개한다면 거부감을 줄이고 수용 가능성을 높일 수 있음

○ 예를 들어, 서울의 노원구에서는 블록체인 기술을 이용한 '지역화폐 노원(NW)'을 개발해 운영하고 있음. 지역화폐 노원(NW)은 개인 및 단체가 노원구 내에서 자원봉사, 기부, 자원순환과 같은 사회적 가치를 실현함으로써 창출되며, 노원구 내에서만 화폐로서의 가치가 있음

○ 디지털 기술을 활용한 지역화폐의 편리성과 유용성이 입소문 나면서 주민들의 지역화폐 사용량과 지역화폐를 쓸 수 있는 가맹점 수도 증가함

○ 블록체인과 같은 기술, 스마트폰을 이용한 편리한 사용 등 디지털 시대의 맥락에 맞는 콘텐츠를 통해 자원봉사와 기부 확산과 함께 지역경제 활성화에 도움을 주고 노원의 이미지를 디지털과 스마트로 업그레이드 하는 효과를 얻음

(4) 협업(Collaboration)

○ 내용과 형식 등 기존의 범주와 경계를 벗어나는 방법의 하나로 협업을 고려할 수 있음

○ 협업에는 미디어-미디어 간 협업, 콘텐츠-콘텐츠 간 협업, 브랜드-브랜드 간 협업 등의 방법이 있음

○ 가장 중요한 협업은 바로 브랜드-소비자 간 협업임. 소비자들이 직접 만든 영상을 활용하거나 소비자의 의견을 반영하거나 소비자를 참여시킨 이벤트를 할 수 있음

○ 예를 들어, 횡성에서는 '소(牛)맥 프리미엄 페스티벌'이 개최되었음. 횡성군 공근면 소재의 세븐브로이의 수제 맥주와 횡성한우, 즉 브랜드-브랜드 간 협업으로 맛있는 안주와 시원한 맥주를 함께 먹으며 힙합 배틀 전국경연대회와 일렉트로닉 댄스 뮤직(EDM) 파티 등에 참여할 수 있는 축제이며, 횡성문화관광재단 주관으로 힐링 버스킹 공연도 기획됨

○ 소맥 프리미엄 페스티벌 추진위원회와 횡성을 기반으로 독특한 풍미의 전국 최초 수제 맥주를 제작한 ㈜세븐브로이가 업무협약을 하고, 축제 장소인 횡성베이스볼파크가 소재한 횡성군 공근면 등이 협업을 통해 지역산 특산품을 결합한 축제로 횡성 브랜드의 새로운 콘텐츠를 추가함

3) 브랜드 캠페인 전략 수립 프로세스

(1) 브랜드 캠페인과 전략 수립

○ 브랜드 캠페인은 브랜드가 지닌 철학이나 가치관을 바탕으로 브랜드에 대한 단기적인 커뮤니케이션 활동임

○ 지자체 브랜드와 제공하고 있는 서비스 또는 제품(지역 특산물 등)을 소개하고 이러한 상품을 만들게 된 가치관은 무엇인지 등 고객이 우리 브랜드를 인식하고 이해할 수 있도록 브랜드의 방향성을 전달하는 데 의의를 두고 있음

○ 브랜드 캠페인은 추상적인 개념인 브랜드의 철학이나 가치를 고객에게 전달하여 브랜드의 가치를 고객들이 공감하게 하고 장기

적으로는 고객의 구매(혹은 방문)를 유도하는 과정임

○ 따라서 브랜드 캠페인에서는 '어떤 타깃'에게 '어떤 메시지'를 전달할 것인지를 명확하게 설정하는 것이 중요함. 특히 브랜드 캠페인의 메시지에는 브랜드가 추구하는 콘셉트와 철학이 담겨 있어야 함

○ 브랜드 캠페인 전략 수립을 위한 프로세스는 리서치, 기획, 실행, 평가, 관계유지 등 5단계로 진행됨

〈표 2-3〉 브랜드 캠페인 5단계 프로세스

1. 리서치	2. 기획	3. 실행	4. 평가	5. 관계 유지
상황 분석 문제 정의	목적 목표 아이디어 도출	커뮤니케이션 전략 캠페인 콘텐츠 개발 캠페인 채널 선택 캠페인 예산 책정	평가 기준 평가 수단	관계 유지 계획 및 후속 프로그램 후속 캠페인 적용

(2) 1단계 브랜드 캠페인 리서치

□ 상황 분석

○ 브랜드 캠페인을 위한 전반적인 시장의 상황을 분석함. 상황 분석에는 고객분석, 경쟁분석, 자사분석 등이 있음

○ 고객분석은 해당 지자체 브랜드의 고객으로 주민, 관광객, 투자자 등 주 타깃 고객의 특성과 트렌드를 파악함

○ 경쟁분석은 해당 지자체와 경쟁관계에 있는 지자체의 브랜드가 어떤 강점이 있고 고객 인식 속에는 어떻게 포지셔닝되어 있으며 현재 어떤 브랜드 활동을 하고 있는지 파악함

○ 자사분석은 해당 지자체의 인적, 물적 자원의 역량을 분석함

○ 상황 분석을 토대로 우리 브랜드의 강점과 약점 그리고 시장의 기회와 위협 요소를 파악하고 우리 브랜드의 문제점을 도출함

□ 문제 정의

○ 상황 분석을 통해 파악한 문제점을 해결하기 위한 과제를 설정함. 해당 과제를 브랜드 캠페인으로 수행할 수 있도록 문제를 보다 명확하게 정의함

○ 문제는 해결해야 할 과제이며 브랜드 캠페인의 주요 목적과 목표가 됨

(3) 2단계 브랜드 캠페인 기획

□ 목적

○ 브랜드 캠페인의 방향성을 명확하게 하는 것이 목적임

○ 브랜드 캠페인의 목적은 크게 다음과 같이 나눌 수 있음

- 인지도 향상: 브랜드를 처음 접하는 소비자들에게 브랜드를 알리고, 인지도를 높이는 것이 목적임. 타깃 고객들의 해당 지자체 브랜드 인지도가 낮은 경우 및 새롭게 브랜드를 개발하여 런칭하는 경우에 적합
- 이미지 제고: 브랜드에 대한 긍정적인 인식을 형성하고, 브랜드 이미지를 제고하는 것이 목적임. 기존의 부정적인 이미지를 긍정적인 이미지로 전환하거나 브랜드 리포지셔닝을 하는 경우에 새로운 이미지로 더욱 좋은 의미로 다가가고자 하는 경우에 적합
- 선호도 증가: 브랜드를 선호하는 소비자의 비율을 높이는 것이 목적임. 예를 들어, 가고 깊은 여행지로 선택되기 위해서는 소비자들이 해당 여행지에 대한 호의도가 높아져야 선호가 일어남. 어느 정도 브랜드 인지도가 형성되었다면 선호도를 높이

는 목적이 필요함

- 구매 전환율 증가: 브랜드 제품이나 서비스를 구매하는 소비자의 비율을 높이는 것이 목적임. 경쟁브랜드를 버리고 우리를 선택할 수 있도록 유도하기 위해서 인센티브, 보너스, 쿠폰 등 다양한 프로모션을 진행함. 지역 경제를 활성화하기 위해서는 결국 소비자가 우리 브랜드(지자체 내)의 제품이나 서비스를 구매로 이어지도록 해야 함
- 브랜드 충성도 강화: 브랜드에 대한 충성도를 높이고, 지속적으로 브랜드를 이용하도록 하는 것이 목적임. 브랜드 충성도는 구매 이후 만족하고 재구매하고 추천할 수 있을 정도가 되어야 발생함. 지자체의 주민 만족 및 관광객의 만족도를 높여야 함

□ 목표

○ 브랜드 캠페인을 성공적으로 수행하기 위해서는 브랜드의 특성과 목표를 명확하게 이해하고, 소비자의 니즈와 관심사를 파악하는 것이 중요함

○ 브랜드 캠페인의 구체적인 목표는 다음과 같은 요소를 고려하여 설정함

- 캠페인의 목적(브랜드 캠페인의 목적은 무엇입니까?): 인지도 향상, 이미지 제고, 선호도 증가, 구매 전환율 증가, 브랜드 충성도 강화 등 다양한 목적이 있을 수 있음
- 타깃 소비자(브랜드 캠페인은 어떤 소비자를 대상으로 하는 것입니까?): 소비자의 연령, 성별, 직업, 관심사 등 타깃 소비자에 대한 이해가 필요함
- 브랜드의 강점과 약점(브랜드는 어떤 강점과 약점을 가지고 있습니까?): 브랜드의 강점을 부각하고, 약점을 보완하는 방향

으로 목표를 설정하는 것이 효과적임

- 시장 상황(브랜드 캠페인을 진행하는 시장 상황은 어떻습니까?): 경쟁 브랜드의 상황, 소비자의 트렌드 등 시장 상황을 고려하여 목표를 설정하는 것이 중요함

○ 이러한 요소를 고려하여 설정된 브랜드 캠페인의 구체적인 목표는 다음과 같은 기준을 충족해야 함

- 구체적: 목표는 명확하고 구체적이어야 함. 예를 들어, "인지도 향상"이라는 목표는 구체적이지 않음. "인지도를 10% 향상시킨다"는 목표는 구체적임
- 측정 가능: 목표는 측정 가능해야 함. 목표를 달성했는지 여부를 확인하기 위해서는 측정 가능한 수치로 목표를 설정해야 함
- 달성 가능: 목표는 달성 가능해야 함. 목표가 너무 높거나 너무 낮으면 달성하기 어려움
- 관련성: 목표는 브랜드의 목적과 일관되게 설정되어야 함
- 시기적절성: 목표는 시장 상황과 적절하게 설정되어야 함

○ 브랜드 캠페인의 구체적인 목표를 예시하면 다음과 같음

- 인지도 향상: 예를 들어, "인지도를 10% 향상시킨다", "브랜드 인지도가 경쟁 브랜드 대비 1위가 된다" 등
- 이미지 제고: 예를 들어, "브랜드 이미지가 경쟁 브랜드 대비 1위가 된다", "브랜드 이미지에서 긍정적인 이미지가 50% 이상으로 증가한다" 등
- 선호도 증가: 예를 들어, "선호도 조사에서 1위가 된다", "선호도 조사에서 1위와의 격차를 10% 이상으로 줄인다" 등
- 구매 전환율 증가: 예를 들어, "구매 전환율을 10% 증가시킨다", "구매 전환율이 경쟁 브랜드 대비 1위가 된다" 등

- 브랜드 충성도 강화: 예를 들어, “브랜드 충성도 조사에서 1위가 된다”, “브랜드 충성도 조사에서 1위와의 격차를 10% 이상으로 줄인다” 등

○ 브랜드 캠페인의 구체적인 목표를 설정할 때는 브랜드의 목표와 타깃 소비자, 시장 상황 등을 고려하여, 달성 가능한 목표를 설정하는 것이 중요함

□ 아이디어 도출

○ 브랜드 콘셉트는 브랜드의 본질을 일목요연하게 정리한 설명문임

○ 브랜드 콘셉트를 기반으로 브랜드 캠페인의 출발점이자, 전체를 관통하는 캠페인의 작동원리이며, 모든 실행적 수단이 따라야 할 지침인 브랜드 캠페인 아이디어가 필요

○ 아이디어는 소비자의 관심과 참여를 유도할 수 있어야 함

○ 예를 들어, 2012년 멜버른 지하철 공사에서 기차역 안전 캠페인인 “Dumb Ways To Die(멍청하게 죽는 법 / 이하 DWTD)”를 시행함. DWTD는 안전의식 결여로 발생하는 사고사를 블랙 코미디 형식의 애니메이션 뮤직비디오 공개를 시작으로 캠페인을 진행. ‘조심하세요’, ‘안전제일’과 같은 일반적인 권유형식의 캠페인을 지양하고, 각종 미디어를 통해 쏟아지는 광고와 영상 등에 면역이 된 대중들의 관심을 끌기 위해 기존의 캠페인 방식이 아닌 차별화된 전략으로 대중에게 접근함[27]

○ 2013년 칸 국제 광고제에서 무려 18개의 상을 수상하였으며, 철도 안전 공익 캠페인으로 호주 철도 사고가 무려 30%나 감소되

---

27 디자인DB, “DUMB WAYS TO DIE 호주 기차역 안전 캠페인 I”, 한국디자인진흥원, 2018.05.30.

〈그림 2-17〉 멜버른 지하철 공사의 “Dumb ways to Die” 캠페인

출처: dumbwaystodie.com

는 성과를 얻음[28]

○ 이 캠페인은 디지털 시대에 탁월한 아이디어가 매우 효과적임을 증명한 사례임. 소비자들이 관심 있어 할 캐릭터와 노래를 이용한 아이디어로 뮤직 비디오를 제작하고, 이를 소셜 미디어를 통해 소비자들의 자발적인 공유와 확산을 유도함. 이후 온라인 기반의 캐릭터 게임과 굿즈로 확장되어 현재까지 지속적인 사랑을 받고 있음

28 The Age, “No dumb luck: Metro dlaims safety success”, 2013.02.14.

(4) 3단계 브랜드 캠페인 실행

□ 브랜드 캠페인의 목적을 달성하기 위해 다양한 접근 방식

○ 인지도 향상을 목적으로 하는 캠페인에서는 대규모 홍보 및 마케팅 활동을 통해 브랜드를 대중에게 알리는 데 집중함

○ 이미지 제고를 목적으로 하는 캠페인에서는 브랜드의 가치와 특성을 강조하는 콘텐츠를 제작하고, 소비자와의 공감대를 형성하는 데 집중함

○ 선호도 증가를 목적으로 하는 캠페인에서는 소비자가 브랜드 제품이나 서비스를 사용했을 때의 장점과 혜택을 강조하는 콘텐츠를 제작하고, 소비자의 구매 욕구를 자극하는 데 집중함

○ 구매 전환율 증가를 목적으로 하는 캠페인에서는 할인 및 프로모션과 같은 실질적인 혜택을 제공하고, 소비자의 구매를 유도하는 데 집중함

○ 브랜드 충성도 강화를 목적으로 하는 캠페인에서는 브랜드와 소비자의 관계를 강화하고, 소비자가 브랜드에 대한 긍정적인 경험을 할 수 있도록 하는 데 집중함

□ 브랜드 캠페인 실행 방안

○ 캠페인 커뮤니케이션 전략

- 브랜드 캠페인의 메시지를 어떻게 전달할 것인가
- 광고, PR(홍보), 이벤트 등 다양한 커뮤니케이션 채널을 활용하여, 타깃 소비자에게 캠페인의 메시지를 전달할 수 있음

○ 캠페인 콘텐츠 개발

- 브랜드 캠페인의 메시지를 전달하기 위한 콘텐츠를 어떻게 개발할 것인가
- 영상, 이미지, 텍스트, 음악 등 다양한 콘텐츠를 활용하여, 타

깃 소비자의 흥미와 공감을 유도할 수 있는 콘텐츠를 개발해야 함

○ 캠페인 채널 선택

- 브랜드 캠페인의 메시지를 전달하기 위한 채널을 어떻게 선택할 것인가
- TV, 라디오, 신문, 잡지, 인터넷, 소셜 미디어 등 다양한 채널을 활용하여, 타깃 소비자에게 가장 효과적으로 메시지를 전달할 수 있는 채널을 선택해야 함

○ 캠페인 예산 책정

- 브랜드 캠페인을 진행하기 위한 예산을 어떻게 책정할 것인가
- 캠페인의 목표와 타깃 소비자, 시장 상황 등을 고려하여, 효과적인 캠페인을 진행하기 위한 적절한 예산을 책정해야 함

(5) 4단계 브랜드 캠페인 평가

□ 평가 기준

○ 브랜드 캠페인의 평가 기준은 브랜드 캠페인의 목표를 달성했는지 여부를 확인하기 위한 기준임

○ 브랜드 캠페인의 목표는 인지도 향상, 이미지 제고, 선호도 증가, 구매 전환율 증가, 브랜드 충성도 강화 등 다양한 것들이 있을 수 있음

○ 브랜드 캠페인의 평가 기준도 캠페인의 목표에 따라 달라짐

- 인지도: 브랜드에 대한 인지도가 증가했는지 여부
- 이미지: 브랜드에 대한 이미지가 개선되었는지 여부
- 선호도: 브랜드를 선호하는 소비자의 비율이 증가했는지 여부
- 구매 전환율: 브랜드 제품이나 서비스를 구매하는 소비자의

비율이 증가했는지 여부

- 브랜드 충성도: 브랜드에 대한 충성도가 증가했는지 여부

□ 평가 수단

○ 브랜드 캠페인의 평가 수단은 브랜드 캠페인의 평가 기준을 측정하기 위한 방법임

○ 브랜드 캠페인의 평가 수단은 다음과 같음

- 설문조사: 소비자의 인지도, 이미지, 선호도, 구매 전환율, 브랜드 충성도 등을 조사하는 방법임
- 시장조사: 브랜드의 시장 점유율, 매출액, 고객 만족도 등을 조사하는 방법임
- 웹사이트 분석: 브랜드 웹사이트의 방문자 수, 방문 시간, 페이지뷰 등을 분석하는 방법임
- 소셜 미디어 분석: 브랜드의 소셜 미디어 채널의 팔로워 수, 게시물 조회 수, 댓글 수 등을 분석하는 방법임

○ 브랜드 캠페인의 평가 수단은 캠페인의 목표와 타깃 소비자, 시장 상황 등을 고려하여 적절하게 선택해야 함

○ 브랜드 캠페인의 평가는 캠페인의 성공 여부를 판단하고, 향후 캠페인을 개선하기 위한 중요한 과정임

○ 따라서 브랜드 캠페인을 진행할 때는 사전에 평가 기준과 수단을 명확하게 설정하고, 캠페인 종료 후에는 객관적이고 공정하게 평가를 진행하는 것이 중요함

(6) 5단계 브랜드 캠페인 관계유지

□ 관계유지계획 및 후속 프로그램

○ 브랜드 캠페인이 종료된 후 관계유지계획을 수립하고, 후속 프로그램을 진행하는 것은 브랜드와 소비자의 관계를 지속적으로 유지하고, 긍정적인 이미지를 형성하기 위한 중요한 과정임

○ 관계유지를 위한 후속 프로그램은 다음과 같은 것들이 포함될 수 있음

- 고객 커뮤니케이션: 고객과의 지속적인 소통을 통해, 고객의 의견을 수렴하고, 브랜드에 대한 충성도를 높이기 위한 활동
- 고객 혜택 제공: 고객에게 실질적인 혜택을 제공하여, 브랜드에 대한 호감을 높이고, 재구매를 유도하기 위한 활동
- 고객 참여 프로그램: 고객이 직접 브랜드에 참여할 수 있는 프로그램을 통해, 브랜드에 대한 소속감을 높이고, 브랜드에 대한 긍정적인 경험을 제공하기 위한 활동

○ 후속 프로그램을 효과적으로 진행하기 위해서는 다음과 같은 점을 고려하는 것이 중요함

- 캠페인 목표와 연계: 후속 프로그램은 캠페인의 목표와 연계되어야 함. 캠페인의 목표를 달성하기 위해 필요한 고객의 행동을 유도할 수 있는 프로그램을 개발해야 함
- 타깃 소비자 고려: 후속 프로그램은 타깃 소비자의 특성을 고려하여 개발해야 함. 타깃 소비자의 관심사와 니즈를 반영한 프로그램을 개발해야 함
- 지속성 유지: 후속 프로그램은 지속적으로 유지되어야 함. 한시적인 이벤트나 프로그램으로 끝나지 않고, 지속적으로 진행될 수 있는 프로그램을 개발해야 함

□ 후속 캠페인 적용

○ 브랜드 캠페인이 종료된 후에는 관계유지계획을 수립하고, 후속 프로그램을 진행하는 것이 중요함

○ 이를 통해 브랜드와 소비자의 관계를 지속적으로 유지하고, 긍정적인 이미지를 형성할 수 있으며, 후속 캠페인의 성공에도 기여할 수 있음

6. 기초 지자체 브랜드 캠페인 기획서(예시)

○ 가상의 지자체 브랜드 캠페인을 위한 기획서의 주요 항목과 내용을 예시하면 다음과 같음

○ 아래 예시된 내용에서 [지자체 브랜드]에 해당 지자체의 브랜드 네임을 대입

○ 브랜드 캠페인을 기획하는데 필요한 주요 항목 중심으로 예시함

1) 일반적인 지자체 브랜드 캠페인

(1) 캠페인 목표

○ 아래 목표 중의 하나 혹은 몇 개를 결합하여 설정할 수 있음

목표	핵심 성과 지표
도시 이미지 및 정체성 강화	도시 인식에 대한 설문, 소셜 미디어 언급 및 감정 분석
관광 및 방문 증가	관광객 도착 증가, 호텔 예약 및 도시 명소 참여율
경제 개발 촉진	비즈니스 등록, 투자 유입 및 취업 창출
지역 사회 참여 유도	도시 행사 참여, 지역 주도 프로젝트 및 주민 피드백

(2) 대상층

○ 아래 대상층(타깃) 중의 하나 혹은 몇 개를 결합하여 설정할 수 있음

대상층 분류	특징
관광객	모험가, 문화 애호가 및 여행 블로거
투자자	기업가, 비즈니스 전문가 및 부동산 개발자
주민	가족, 학생 및 전문가 등 다양한 인구

(3) 주요 메시지

○ 다채로운 문화와 유산: [지자체 브랜드]의 역사, 예술 및 전통의 풍부한 다채로움을 경험해보세요

○ 혁신 허브: 비즈니스, 스타트업 및 기술 발전을 위한 번영하는 생태계

○ 자연의 아름다움: 아름다운 풍경, 공원 및 야외 활동을 발견하세요

○ 커뮤니티 정신: 다양하고 환영받는 지역사회와 연결되어 보세요

(4) 캠페인 요소

○ 브랜딩 자료

- 슬로건: "경험을 높이다: [지자체 브랜드]의 비밀을 발견하다!"
- 로고: 도시 정체성을 반영하며 현대성과 전통을 조화시킨 디자인

○ 온라인

- 웹사이트 개선: 명소, 이벤트 및 투자 기회를 소개하는 상호작용 플랫폼
- 소셜 미디어 캠페인: 매력적인 콘텐츠, 사용자 생성 캠페인 및 인플루언서 활용

○ 이벤트 및 축제

- 문화 축제: 현지 예술, 음악 및 다양한 미식을 즐길 수 있는 기회
- 기술 및 혁신 행사: 기업 및 투자자를 유치하는 행사

○ 관광 상품

- 테마별 투어: 문화, 모험 및 휴식에 맞춘 맞춤형 경험
- 할인 및 인센티브: 독점적인 혜택을 위해 현지 사업체와 협력

○ 커뮤니티 참여

- 공개 포럼: 주민들로부터 도시 개발에 대한 의견 수렴
- 커뮤니티 이벤트: 도시 정비, 아트 프로젝트 및 지역 프로젝트 참여 유도

(5) 미디어 채널

○ 디지털 플랫폼

- 소셜 미디어 (Facebook, Instagram, Youtube, Naver Blog)
- 온라인 광고 및 디스플레이 광고

○ 전통적인 미디어

- 텔레비전 및 라디오 광고
- 인쇄 매체 협력 (잡지, 신문)

○ 협업

- 인플루언서와의 협력을 통한 실제 도시 체험
- 여행사, 이벤트 기획사 및 산업 리더들과의 협업

(6) 타임라인

단계	기간	주요 활동
사전 시작	1개월	티저 캠페인, 웹사이트 업데이트, 미디어 참여
론칭	3개월	발매 이벤트, 문화 축제, 미디어 총공세
론칭 이후	계속 진행	지속적인 소셜 미디어 참여, 이벤트 및 업데이트

(7) 예산 할당

활동	예산 할당
디지털 마케팅	40%
이벤트 및 축제	30%
전통적인 미디어	15%
커뮤니티 참여	10%
예비 예산	5%
전체	100%

(8) 모니터링 및 평가

○ 정기적인 설문: 대중의 인식 및 인지도 평가

○ 분석: 웹사이트 트래픽, 소셜 미디어 참여 및 캠페인 도달도 모니터링

○ 피드백 메커니즘: 관광객, 주민 및 투자자로부터 피드백 수집 및 분석

2) 소셜 미디어를 이용한 지자체 브랜드 캠페인

(1) 소셜 미디어를 이용한 캠페인 기획

○ 캠페인명: [지자체 브랜드]의 심장(♡)

○ 캠페인 목표: [지자체 브랜드]의 긍정적인 이미지 제고 및 경쟁력 강화

○ 캠페인 대상: [지자체 브랜드]에 관심 있는 국내외 관광객, 투자자, 기업가 등

○ 캠페인 기간: 2024년 1월 ~ 2024년 12월

○ 캠페인 전략

- [지자체 브랜드]의 독특한 매력과 가치를 전달하여, 도시에 대한 긍정적인 인식을 형성
- [지자체 브랜드]를 방문하고 투자하고 싶은 욕구를 불러일으킴

○ 캠페인 메시지

- 브랜드 에센스: 열정과 혁신의 도시
- 핵심 메시지:

  [지자체 브랜드]는 열정과 혁신의 도시입니다

  [지자체 브랜드]는 당신의 꿈을 실현할 수 있는 곳입니다

  [지자체 브랜드]는 당신을 미래로 이끌 것입니다
- 톤 앤 매너: 역동적이고, 도전적이고, 희망적이다

○ 캠페인 채널

- 온라인:

  소셜 미디어 (페이스북, 인스타그램, 유튜브, 블로그 등)

  웹사이트

  동영상
- 오프라인:

  이벤트, 홍보, 파트너십

○ 캠페인 콘텐츠

- [지자체 브랜드]의 다양한 매력과 가치를 보여주는 영상, 사진, 스토리
- [지자체 브랜드]에 거주하고 있는 사람들의 이야기

○ 캠페인 예산: 10억 원

○ 캠페인 일정

- 1월 ~ 3월: 캠페인 준비 및 런칭
- 4월 ~ 6월: 온라인 채널을 통한 메시지 전달 및 공유
- 7월 ~ 9월: 오프라인 이벤트 및 파트너십을 통한 브랜드 홍보
- 10월 ~ 12월: 캠페인 종료 및 성과 측정

○ 캠페인 평가

- 캠페인 목표 달성 여부
- 캠페인에 대한 소비자 반응
- 캠페인 성과를 통한 도시 브랜드 인지도 및 이미지 변화

○ 캠페인 성공 요인

- [지자체 브랜드]의 독특한 매력과 가치를 정확하게 이해하고, 이를 효과적으로 전달하는 메시지 개발
- 다양한 채널을 활용하여, 타깃 소비자에게 효과적으로 도달
- 소비자의 참여를 유도하여, 메시지를 전파하고 공감대를 형성

○ 추가 고려 사항

- 캠페인 목표와 타깃 소비자에 따라 캠페인 전략과 메시지, 채널, 콘텐츠 등을 조정할 수 있음
- 캠페인 효과를 측정하기 위해, KPI를 설정하고, 이를 정기적으로 모니터링하여, 캠페인을 적절하게 조정할 수 있음

(2) 소셜 미디어를 이용한 캠페인의 구체적 실행 계획

○ 캠페인 전

- 캠페인 목표, 타깃 소비자, 전략, 메시지, 채널, 콘텐츠 등을 구체적으로 수립
- 캠페인 성과를 측정하기 위한 KPI를 설정

- 소셜 미디어 채널을 개설하고, 관련 콘텐츠를 준비

○ 캠페인 중

- 소셜 미디어 채널을 통해 캠페인 메시지를 전달
- 다양한 콘텐츠를 통해 [지자체 브랜드]의 매력과 가치를 알림
- 소비자의 참여를 유도하기 위한 이벤트 및 프로모션을 진행

○ 캠페인 후

- 캠페인 성과를 분석하고, 개선점을 도출
- 캠페인 성과를 홍보

7. 성공적인 기초 지자체 브랜드 캠페인을 위한 고려 사항

○ 한 사람이 하루에 보는 광고만 해도 5,000건이 넘는 시대임. 쏟아지는 광고 속에서 갈수록 브랜딩은 어렵고, 전문성과 마케팅 예산이 자유롭지 않은 기초 지자체는 더욱 어려움이 가중되고 있음

○ 웬만해서는 눈에 띄기 어렵고, 막대한 비용을 들여 캠페인을 진행한다 하더라도, 과거와 같은 효과를 얻는 데는 한계가 있음

○ 이런 상황 속에서도, 대중들의 이목을 끄는 브랜드 캠페인은 여전히 존재하고 있음. 이런 브랜드 캠페인을 성공적으로 전개하고자 할 때 고려해야 할 점은 다음과 같음

○ 브랜드 가치와 충분히 연계된 메시지가 있어야 함

- 브랜드 캠페인은 지자체 브랜드의 메시지를 전하는 과정임. 방향과 실체가 없는 캠페인은 오래가지 못하고 쉽게 힘을 잃게 됨
- 브랜드가 지향하는 바에 따라 전략적 상황을 고려하여 메시지를 설정해야 함. 형태와 소재, 하는 방식은 모두 다를 수 있으나 지자체 브랜드가 추구하는 가치는 일관된 목소리가 나오도록 해야 함. 즉, IMC가 필요함
- 브랜드 캠페인이 추구하는 목적과 지자체 브랜드가 추구하는 가치는 동일한 것임

○ 브랜드와 연관된 콘텐츠가 차별화되어 있어야 함

- 브랜드 콘셉트(포지셔닝)와 일치하면서도 재미있고 특이하고 뭔가 이슈가 되는 브랜드 콘텐츠를 개발해야 함
- 대표적인 차별적 브랜드 콘텐츠로 안성시의 남사당바우덕이 축제, 함평군의 나비축제, 신안군의 퍼플섬, 보령시의 머드축제, 충주시의 충TV 홍보맨, 여수시의 밤바다 낭만버스킹 등이

있음

- 브랜드 콘텐츠는 경쟁 브랜드와 비교하여 차별화되어 있어야 함. 예를 들어 브랜드 굿즈를 개발한다면 여느 관광지에서 볼 수 있는 머그컵이 아니라 우리의 정체성이 들어가 있고 우리 지역에서만 볼 수 있는 머그컵이 되어야 차별화되고 구매 욕구를 불러올 수 있음

○ 브랜드 캠페인을 자발적으로 확산시키고 공유할 수 있도록 해야 함

- MZ세대 사이에 가장 강력한 SNS로 자리 잡은 인스타그램에 자신의 일상을 공유하는 습관을 활용하기 위해 제공하는 콘텐츠는 인스타그래머블(instagram+able)해야 함. 즉, 인스타그램에 올릴만한 콘텐츠를 개발해야 함
- 브랜드 캠페인을 확산시키기 위해 리그램을 유도하는 이벤트를 하거나 리타깃팅을 통해 끊임없이 공유를 유도함
- 지금까지 본 적 없는 신선한 디자인 콘셉트, 또는 소재의 독특함 등으로 고객이 스스로 "내 인스타에 자랑하고, 보여주고 싶도록" 만드는 것임

○ 브랜딩은 특히 지자체 브랜딩은 하루아침에 이루어지지 않음. 장기적인 관점에서 전략적 브랜딩 기획을 통해 지속적으로 브랜드 캠페인을 전개해도 목표 달성이 어려울 수 있음

○ 그럼에도 불구하고 지자체의 경쟁력을 높인 브랜드들이 있고, 다시 활력을 되찾은 지역이 있음. 따라서 우리 지자체에 가장 적합하고 지역의 정체성을 담고 있는 브랜드 가치를 고객들에게 각인시키는 브랜딩 활동을 지속해야 함

○ 지역 소멸을 극복하고 지역의 경쟁력을 제고 하는 지름길은 지역을 브랜딩 하는 것임

▌참고문헌

구자룡 (2023), “1004섬 신안의 컬러마케팅과 로컬브랜딩에 대한 소고”, 브런치스토리, https://bit.ly/41sfVeV

구자룡, 이정훈 (2008), “도시 브랜드 자산의 평가와 지수화 방법에 관한 연구”, 생산성논집(한국생산성학회), 22(3).

김유경, 이선엽, 허웅, 이재호, 최창원 (2018), 디지털 시대의 브랜드 이해, 한경사.

디자인DB, “DUMB WAYS TO DIE 호주 기차역 안전 캠페인 I”, 한국디자인진흥원, 2018.05.30.

수원시 보도자료, “‘수-원더랜드’로 놀러 오세요!”, 2023.11.27.

수원시 보도자료, “수원시, 공직자 대상 도시 브랜드 교육 열어”, 2023.07.20.

수원시 보도자료, “수원시, 도시 브랜드 기본계획 요약 매뉴얼 제작해 모든 부서 배부”, 2023.10.05.

안성시청, “안성시 지역마케팅을 위한 비전 및 전략 수립(안성 Vision 2021)”, 2006.02.

여행신문, “팔색조 매력 ‘월간영월’ 트레킹 여행 가볼까”, 2023.06.01.

영월군청, ‘영월군 관광브랜드 홍보 및 활용계획’, 문화관광체육과, 2023.06.01.

월간디자인, “창의적 도시의 실험적인 인큐베이팅, 에인트호번”, 2016년 9월호.

이정훈 (2006), 장소브랜딩 모형 구축 연구, 경기개발연구원.

이제영 (2018), 광고홍보캠페인 연구, 시간의물레.

이혁진 (2022), 글로벌 도시의 이해, 새로미.

주간동아, “툭하면 바꾸고, 베끼고 영혼 없는 도시 브랜드”, 2016.04.11.

행정안전부 (2022), 지방자치단체 행정구역 및 인구 현황 (2022.12.31. 현재).

Bill Baker (2019), "Strategic Essentials For Place Branding", Branding Strategy Insider.

Paddison, R. (1993), "City marketing, image reconstruction, and urban regeneration", *Urban Studies*, 30(2), 339–350.

The Age, "No dumb luck: Metro claims safety success", 2013.02.14.

The Drum, "'People Make Glasgow' agency shares blueprint for resonant city branding", 2022.04.14. https://bit.ly/3GYwFRj

TPBO, "How Eindhoven Uses City Branding Strategies for Economic Development and Community Self-Esteem", 2018.11.01. https://bit.ly/41GFpp6

3장

로컬브랜드 캠페인 매뉴얼: 전략과 집행

박상희

박상희 sh.park@khu.ac.kr

현재 경희대학교 시각디자인학과 학과장 및 예술디자인연구원 부원장이다. 인천광역시 소통기획담당관실 브랜드전략팀장, 국가브랜드개발추진단 사무국장, 애경산업(주) 디자인센터 차장 등을 역임했다. 국가, 도시, 지역 등 장소브랜드를 연구하고, 대학에서 BX, 브랜드 매니지먼트, 캡스톤디자인, 사회적 디자인을 강의하고 있다. 인천광역시, 과천시, 화성시 등 다양한 지자체 위원으로 도시브랜드 및 공공디자인 자문, 심사 및 컨설팅을 수행하고 있으며, (사)한국브랜드디자인학회 디자인재산분과 부회장 및 편집위원을 맡고 있다. 저서로는 『도시X리브랜딩』(2023)이 있다.

1. 로컬과 브랜드

□ 로컬(Local)은 주변성과 소수성을 포함하는 상대적 개념이다. 특정 로컬은 물리적 좌표를 갖는 공간 개념과 그곳의 역사, 문화, 정치, 경제 등 축적된 시간성을 내포한 장소적 개념으로 볼 수 있음

○ 서울과 수도권은 대한민국 국토의 12%에 불과하지만, 인구의 52%가 집중되어 있음. 대한민국 229개 지자체 중에서 102개 지자체가 소멸 위기임

○ 서울과 수도권은 일자리가 넘쳐나지만, 일자리를 찾아 중앙으로 모여든 대한민국 인구의 52%에 달하는 사람들이 거주하기에는 물리적 공간 제약이 큼. 이러한 상황은 직주분리 현상을 야기하고 있음

○ 로컬의 물리적 크기는 수도권보다 크지만, 수도권 대비 일자리 및 교육·문화·경제 인프라가 열악함. 따라서 로컬은 중앙의 상대적 개념으로 주변성과 소수성을 대표함

○ 고령화, 출산율 감소 등으로 지역 소멸 이슈는 더욱 가속화될 전망. 차별화된 경쟁력을 가진 로컬 강화를 통해 지역 활성화, 직주분리 완화가 필요함

○ 평생직장 vs. 노동 시장 유연성, 단일 직업 vs. N잡러(2개 이상의 복수를 뜻하는 'N'과 직업을 뜻하는 'Job', 사람을 의미하는 접미사 '-er'를 합친 신조어로 생계를 유지하기 위한 본업 외에 자아실현을 위한 다양한 직업을 가진 사람을 뜻함), 정주인구 vs. 교류인구 vs. 관계인구, 5도(都)2촌(村) 등 새로운 라이프 스타일 트렌드는 지역 활성화를 위한 대안이 로컬에 있음을 시사함

○ 또한, 18세기 후반 산업화 및 이동 수단의 발달로 장소 간 이동이

수월해짐에 따라 소속된 공동체에 대한 개념은 물리적 공간에 소속된다는 개념이 아닌 자발적으로 형성하는 느슨한 관계성으로 점진적으로 변화하였음

○ 평생 한곳에 머무르는 정주인구 개념으로는 인구 감소 위기에 지역 활성화 방안을 찾기 어려움. 2개 이상의 지역을 자유롭게 오가며 거주하고 유연한 직업관을 갖고 생활하는 관계인구를 통해 지역 활성화 방안을 찾을 수 있음

○ 지역 활성화란 인구를 단순히 늘리는 개념이 아니라 인구는 적더라도 그 지역이 다른 지역과 차별화된 경쟁력을 갖고 지속적으로 교류하고 관계를 맺는 인구를 늘려가는 것을 지향해야 함

○ 결국 서울과 수도권의 일자리, 거주환경을 빼닮은 신도시를 만드는 것이 아닌 그 지역만이 가진 역사, 문화, 자연환경 등 특수성을 극대화된 차별성을 바탕으로 로컬리즘을 만들어야 함

□ 브랜드는 차별적 경쟁력을 만드는 활동. 경쟁이라는 단어를 쓰지만 경쟁하지 않는 독보성을 확보하기 위해 필요. 제품, 기업뿐만 아니라 공공과 장소에도 적용

○ 브랜드(brand)의 어원은 노르웨이의 옛말 'brandr'로 추정. 'brandr'는 '불에 타다(burn)'라는 뜻을 담고 있으며, 불에 달군 인두로 소나 말 같은 가축에 낙인(烙㊞)을 찍어 자신의 소유물임을 표기한 데서 유래

○ 브랜드는 다른 사람의 것과 구별하여 나의 소유임을 명확히 해주는 수단인 동시에, 제품·기업·공간·도시 등 어떤 대상이든 책임감 있게 개발·관리할 막중한 소명을 감당하겠다는 선언

○ '브랜드의 아버지'로 불리는 데이비드 아커(David Aaker)는 브랜드를 "판매자의 상품이나 서비스를 규정하고 경쟁자와 차별화하기 위한 이름, 기호, 상징, 디자인 혹은 이것들의 결합"으로 정의

○ 브랜드 정체성은 고객에게 그 브랜드만의 고유한 인상을 심어줄 수 있는 모든 구성요소의 집합. 아커가 말한 요소들뿐만 아니라 철학적 가치, 구성원들이 보유한 고유의 문화적 콘텐츠도 브랜드 정체성에 포함

○ 브랜드 정체성을 확립한다는 것은 궁극적으로 고객에게 어떤 이미지를 심어줄 것인가를 내부에서 규정하는 것. 즉 우리가 어떻게 보이길 원하는지 규정하는 것

○ 브랜드 이미지는 브랜드 정체성과 달리 외부에서 형성. 즉 고객의 마음속에서 인식(perception)된 것. 결국 브랜딩은 브랜드 실체를 바탕으로 하되 차별적이고 경쟁력 있는 강점을 살려 브랜드 정체성을 만들고, 이를 소비자의 인식 속에 자리 잡게 하는 것

□ 로컬은 공공재이지만 로컬브랜드를 만들고 관리하는 주체는 공공뿐만 아니라 민간 개인, 기업, 다양한 이해관계자 커뮤니티까지 확장되고 있음. 이러한 다양성이 로컬의 창조적 생태계를 구축함

○ 국민, 시민, 참여를 통해 운용되는 주체들의 집합을 공적 영역이라고 하는데, 공공 영역에 존재하는 주체를 공공재라고 하며 국가, 도시, 지역, 공기업을 모두 포함. 즉, 공공 브랜드는 차별화된 경쟁력을 바탕으로 독창적 의미와 정체성을 공공재에 부여하는 것을 말함

○ 공공성은 공공기관뿐만 아니라, 민간 영역에서도 더욱 확장되고 있음. 지역 특성을 반영한 자립적 성장을 도모하기 위해서 공공재원과 민간투자 유치 등 공적 영역과 사적 영역의 적극적 협력이 필요. 지역 내 유휴공간 재생을 위한 정책, 로컬앵커기업 육성, 생활권 기반 커뮤니티 강화, 지역사회와 대학 협력 지원 등 로컬활동 지속성을 위한 생태계 구축 필요에 따라 공공 개방 및 민간에서의 공적 역할이 확대됨

○ 지역사회에서 청년, 민간 기업 등 새로운 주체가 사적 이익을 추구하는 것뿐만 아니라 공공재를 활용함에 있어서 공공의 이익을 위한 사회적 가치 실현까지 구현할 수 있는 정책지원이 확대되고 있음

〈표 3-1〉 로컬의 지속 가능한 경제 생태계 구축 배경

라이프스타일	소비 문화	로컬
물질적 가치 < 사회적 가치	다양화 가속도	지역자원과 특성 활용 재창조

▼

지속 가능한 지역 경제생태계 구축

2. 로컬브랜드, 관계인구, 지역 활성화

□ 로컬브랜드는 지역의 특색을 살리고 지역만의 특색 있는 활동을 바탕으로 지역의 경제 및 문화 요인들이 지역의 지속 가능한 발전 전략 및 활성화하는 활동

○ 로컬브랜드는 지역 고유 자원 및 정체성을 바탕으로 만들어진 브랜드. 지역의 차별화된 경쟁력을 기반으로 지역 공동체의 커뮤니티 역할까지 확장 가능. 로컬브랜딩은 로컬브랜드를 홍보 마케팅하여 설정한 비전, 미션, 가치를 달성해 가는 과정임. 차별성, 고유성, 지속 가능성이 중요. 지역민의 애정과 방문객의 공감 필요

○ 로컬브랜드는 지역의 역사, 문화, 자연환경 등 지역 고유의 자원을 바탕으로 차별화된 가치를 구축하는 지역 자산으로 자리매김해야 하며, 지속 가능성을 위해 지역민이나 청년 등 지역 커뮤니티 기반으로 성장하는 것이 바람직함. 로컬의 고유성에 기반하는 비즈니스 모델로 다른 지역에서 쉽게 복제할 수 없는 경쟁력을 갖는 것이 중요

〈표 3-2〉 로컬브랜드의 역할

역할	내용
지역 자부심	• 지역의 정체성 반영을 반영한 브랜드 개발 • 물질적, 사회적 가치 실현을 통한 지역민의 애착 및 자긍심 강화
지역 경제 활성화	• 로컬브랜드를 개발 및 관리하는 개인(소상공인, 예술가 등), 기업이 지역 내외부를 연결하며 지역 경제를 활성화
지역 문화 계승	• 지역의 역사적 유산, 고유한 문화, 기술, 자연환경 등 지역만의 차별화된 경쟁력으로 만들어 지역민 및 방문객에게 경험 제공 • 새것과 옛것의 협력, 공존을 통해 조화로운 균형 유지
지역 고유성 보존	• 지역에 대한 높은 이해를 바탕으로 브랜드 개발 • 쉽게 따라 할 수 없는 고유한 콘텐츠 개발

□ 인구 절벽시대. 정주인구, 교류인구, 관계인구 등 유연한 인구 개념 활용 및 이에 적합한 정책지원을 통해 지역 유지에 필요 인구 보완 모색 필요. 로컬브랜드 및 비즈니스 모델은 지역을 살리는 대안

○ 인구 감소의 시대, 지역은 정주인구의 지속적인 감소, 고령화 때문에 지역 소멸 이슈에 봉착. 이와 관련해 교류인구 및 관계인구 확대 방안이 정책과제로 여겨짐. 그러나 교류인구 및 관계인구가 확대되더라도 지역의 유지를 위한 정주인구 필요

〈그림 3-1〉 이주, 교류의 관점으로 본 교류인구, 관계인구, 정주인구의 관계성과 단절성

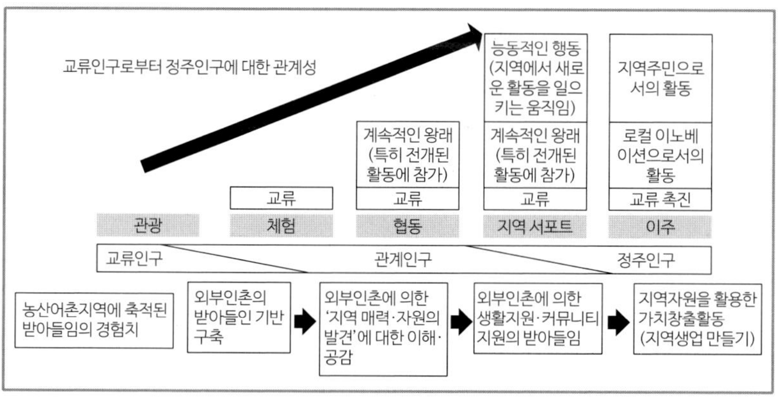

출처: https://blog.naver.com/shinyui14/222736161240 (作野広和, 2019, 경제지리학연보, 제65권, 10-28.)

○ 5도(都)2촌(村), 4도3촌 등 한 지역에 정주하는 것이 아니라 여러 지역과 교류 및 관계를 맺는 인구가 확대됨. 특히, 도시와 지역의 삶을 병행하며 일과 휴가의 밸런스를 맞추거나, 해야하는 일과 하고 싶은 일을 적절히 배분하며 지역 간을 오가는 인구도 늘어나

는 추세. 즉, 정주, 교류, 관계 인구라는 세 가지 종류의 형태는 하나의 선택지가 아닌 2~3가지 형태를 취할 수 있는 다수적 관계로 해석 가능

〈그림 3-2〉 관계인구 개념 도식화

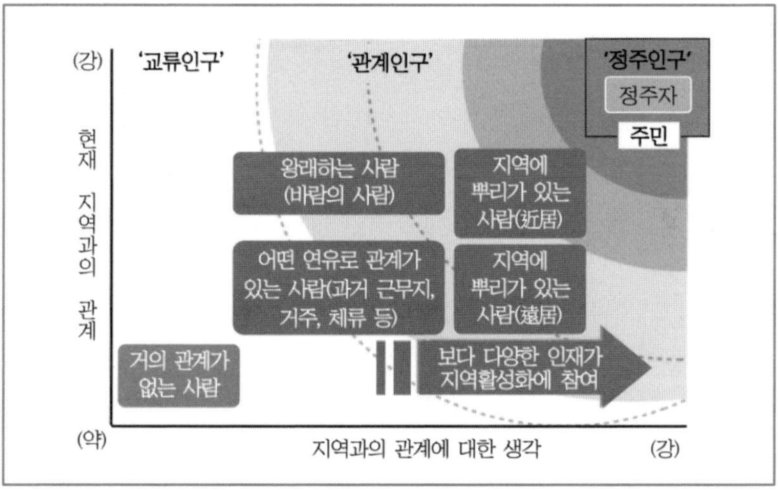

출처: https://blog.naver.com/nobopark/222623574959 (총무성 자료)

〈그림 3-3〉 관계인구 형성

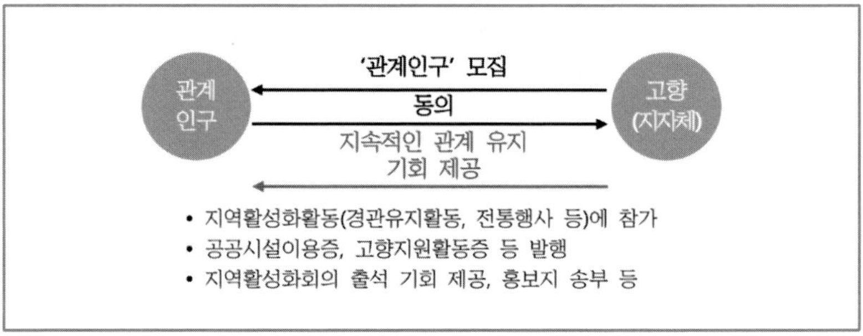

출처: https://blog.naver.com/nobopark/222623574959 (총무성 자료)

○ 지역에 거주하는 '정주인구', 관광 및 비즈니스로 지역을 찾는 '교류인구', 지역 혹은 지역민과 다양한 형태로 관계를 맺고 있는 '관계인구'. 관계인구는 그 지역 출신이거나 이전 근무지이거나 여러 가지 인연으로 그 지역을 찾는 사람을 말함

○ 관계인구는 지역 활성화에 공헌하는 존재로 인식됨. 지역과 관계를 형성할 수 있는 시스템 구축 필수. 관계인구를 확대하는 것은 정주 가능성을 높이는 대안이 될 수 있음. 그러나 단순히 관계인구를 만드는 것으로 그치는 것이 아닌 그들이 지역에서 활동하거나 지속적인 교류 및 정주까지 이어질 수 있는 프로그램 필요

○ 재해복구, 지역 봉사 등 지역 문제 해결을 위한 방문, 지역 이벤트나 프로그램 참여를 위해 방문했던 사람들이 지속적으로 지역을 찾아가는 경우 등 관계인구 형성은 다양한 경로를 통해 만들어짐. 국가나 지자체가 만드는 정책뿐만 아니라 지역민의 적극적 참여 및 제안이 필요

○ 인구 패러다임의 전환, 일정한 지역에 사는 사람의 수를 의미하는 '인구' 개념의 유연한 적용이 필요

□ 지역사회 발전 이론을 바탕으로 한 지역 활성화 정책의 등장

○ 토크빌(Tocqueville, 2003)은 미국 민주주의의 낙관적 전망을 결사의 자유와 보장된 언론 활동 등 지역 결사체와 공동체 삶의 방식에서 찾음. 이러한 배경으로 자유롭고 지역 자치 의식이 높다는 점에 주목. 토크빌의 시민 결사체와 공동체 형성과 참여에 관한 평가는 이후 공동체 중심의 시민참여 민주주의 연구로 발전. 토크빌의 선지적 관찰은 20세기 이후 지역의 민주적 운영과 시민참여 문화와 결합하여 사회적 자본 접근법(social capital approach)으로 체계화하여 발전(송경재 2021; Jones 2011; Lewis 2010)

○ 학자들은 사회적 자본을 '사회 공동체의 특성으로 세부적으로

신뢰(trust), 규범(norm), 수평적 네트워크(horizontal network)로 이루어진 공공재(public goods)이며 협력을 촉진하여 사회 효율성을 향상하는 무형의 자산'으로 규정(Putnam 2000; Norris 2002; Diamond 1999). 즉, 지역 공동체와 결사체 발전은 지역사회 발전 및 신활력을 도모하는 대안

○ 지역사회(커뮤니티, community)는 사전상 특정 지역이나 국가 등에 사는 사람들을 통칭한 '주민', '지역사회' 또는 종교·인종·직업 등이 같이 사람들의 '공동체', '공동사회'를 뜻하며, 공통된 장소라는 지역성을 강조해 '지역 공동체(local community)'라고도 일컬음. 지역사회는 '정체성 및 목적의식을 공유하는 일정한 지리적 경계 내의 사회 구성원이 집합적인 행동에 수반되는 다양한 형태의 사회적 상호작용(남수연, 2018)'으로 정의되기도 함

〈표 3-3〉 지역사회 발전법에 대한 지시적 접근법과 자조적 접근법 비교

요인	지시적 접근법	자조적 접근법
사회에 대한 관점	• 기능 중심적 • 관료 중심적	• 관계 중심적
개인에 대한 관점	• 사회구조를 통해 결정	• 본질적으로 선함
기본적 가정	• 지역사회 문제해결을 위해 수단 제공 • 효율성 강조	• 지역사회구성원의 역량 보유 • 문제해결 과정을 통한 지역사회 역량 강화 중점
의사결정 주체	• 개발 공여 기관의 관료	• 지역사회 리더 및 구성원
접근 방식	• top-down 접근 • 효율과 효과 중심	• bottom-up 접근 • 참여, 과정 중심
지역사회 자원투입 정도	• 낮음	• 높음
주요 목적	• 기술적 문제해결	• 지역사회 역량 강화

출처: 남수연(2018) 참조하여 정리.

○ 지역 기반 지역사회 발전(Asset-Based Community Development) 모델은 1990년대 노스웨스턴대학교를 중심으로 외부 의존도에서 벗어나 지역 내부 자산에 집중하는 모델로 지역의 자산을 스스로 개발하여 공동체 역량을 발굴하고 강화하는 전략으로 제시되었음. 이러한 방식은 그간 소외되었던 사람 및 공간이 문제해결의 주체로 등장하는 배경이 됨(신수경&이상헌, 2023; Kretzmann&McKnight, 1993)

○ 문화체육관광부의 '로컬100(2024)'는 지역의 문화명소, 콘텐츠, 명인 등을 토대로 지역의 문화 매력 발굴 및 지역 문화의 가치를 알리기 위한 지역 문화정책 추진 전략. 해양수산부의 '어촌신활력증진사업(2023)'은 국가어항과 같은 중심 어촌에는 정부 기반 시설 지원을 통해 민간투자를 유도하여 경제·생활 서비스 거점으로 육성하고, 어촌의 인프라 개선뿐만 아니라 의료·복지·문화 등 생활환경 개선, 어촌 청년 일자리 창출을 위한 경제거점 조성 등의 내용이 포함된 어촌 활성화 정책. 마을 연금 도입 등 지역에 우선 지원하여 어촌 공동체가 주도하는 소득안전망 강화, 빈집 리모델링과 작은 공공주택 지원, 기존 주민과의 융합 프로그램 운영 등 청년 유입과 귀촌 청년의 정착을 지원함

○ 행정안전부의 '세컨드홈 활성화정책(2024)'는 인구 소멸 방지를 위해 인구 감소 지역에 집을 한 채 더 사더라도 1주택으로 간주해 재산세, 종합부동산세, 양도소득세 등에서 혜택을 주는 정책으로 5도 2촌이라는 말처럼 주말에라도 농촌에 상주하게 되어 지역 경제 활성화에 긍정적 영향을 기대함

3. 커뮤니티를 통한 로컬라이징, 로컬브랜드 캠페인

□ (민간 주도형) 로컬브랜드 캠페인, SK E&S '로컬라이즈 군산'의 '로컬라이즈 캠프'

○ 청년 일자리 창출을 통해 지역 재생을 지원하는 취지로 2019년부터 시작된 SK E&S의 '로컬라이즈 군산'. 군산 지역에 26개 청년 창업팀 발굴. 공유오피스, 거주지원, 코칭, 페스티벌 등 분야별 프로그램을 진행해 창업가들의 브랜드 개발 및 판매 등을 지원

○ 중소기업벤처부, 전라북도청, 코오롱 등 기업 관계자, 민간투자자 등 다양한 이해관계자들이 모여 청년창업 지원 및 지역 재생 프로그램의 지속 가능성을 위해 함께 고민하는 커뮤니티 형성. 이를 통해 로컬 콘텐츠 생산 및 지역 자산 재발견 및 지역 재생

○ 로컬라이즈 캠프는 로컬라이즈 포럼을 시작으로 네트워킹 밋업을 통해 참여자 간 격의없이 토론하여 인사이트를 공유. 랩업 세션을 통해 1박 2일 경험 공유. 인사이트 투어를 통해 군산에 대한 이해의 시간을 가짐. 이렇듯 로컬라이즈 캠프는 다양한 로컬 창업에 대해 전문적 지식을 나누고 네트워킹할 수 있는 교류의 장으로 기업이 지속적으로 지역 재생에 관심을 두고 지원하는 행사. 이는 지역경제에 이바지하는 지역 재생 모델로 전국적 확산 준비

○ 올해로 6년 차가 되는 로컬라이즈 군산은 세 가지 유의미한 변화를 엿볼 수 있음. 첫째, 로컬 창업으로 로컬 자체적으로 인재를 육성하는 활동 확대. 둘째, 로컬 커뮤니티로 개인 창업자 혼자가 아닌 로컬에 정착한 다양한 사람들, 그리고 그들과 지역과 관계 맺고 있는 다양한 이해관계자들이 형성한 커뮤니티가 힘을 갖고 지역을 바꿔 가는 역량 강화. 셋째, 로컬 브랜딩으로 로컬만의 차별화된 경쟁력을 바탕으로 로컬을 브랜드화하고 마케팅하여 외연을 확장하고 있음

〈그림 3-4〉 2023 로컬라이즈 캠프 포스터

출처: https://media.skens.com/6050

〈그림 3-5〉 로컬라이즈 군산 창업팀이 만든 공간

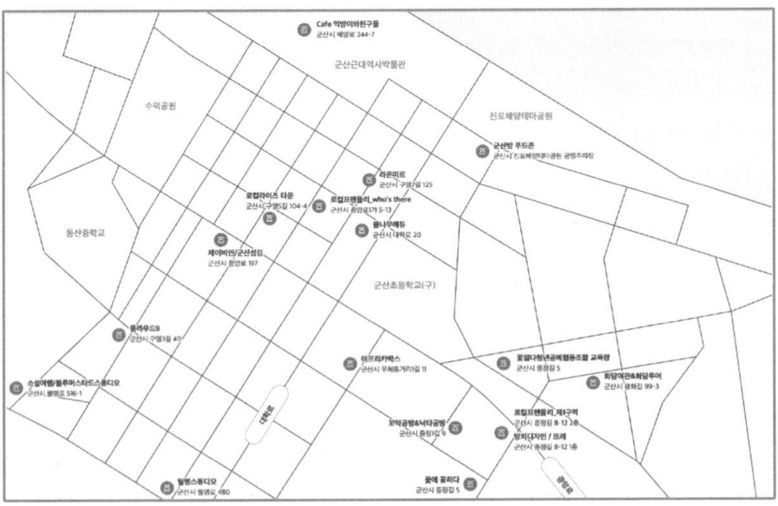

출처: 지역혁신 창업가들이 만들어 가는 새로운 임팩트 '로컬라이즈 군산', 국토연구원, 2021.1., 66–73.

〈그림 3-6〉 로컬라이즈 군산의 네 가지 전략

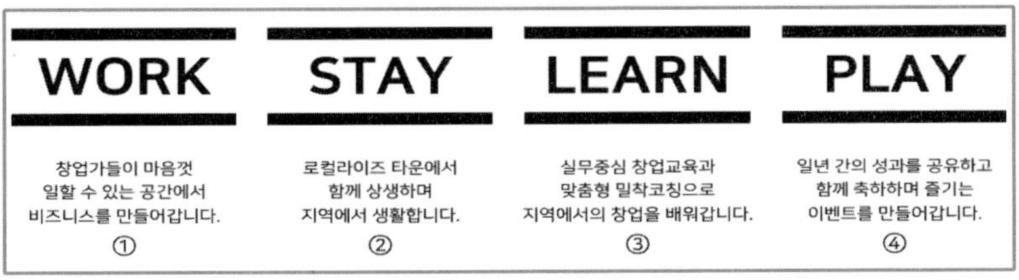

출처: 지역혁신 창업가들이 만들어 가는 새로운 임팩트 '로컬라이즈 군산', 국토연구원, 2021.1., 66-73.

□ (공공기관 주도형) 로컬브랜드 캠페인, 제주관광공사 '카름스테이'의 '카름사람들', '카름호스트'

○ 제주관관공사의 '제주도 국제 자유도시 종합계획'(2017-2021)에 따르면 기존 여행이 양적인 관광, 즉 대중 관광(Mass-tourism) 전략이었다면, 장기적 관점으로 지속 가능한 휴양지로서의 제주도 관광체계 구축을 지향. 제주관광공사는 미래 전략으로서 도민 참여 공존형 관광체계 구축, 기존 관광 방식에 반대되는 입장으로 '질적 성장 기본계획'(2016)에서 환경/지역사회 모두 지속할 수 있는 관광 비전을 설정

○ '카름스테이'는 제주관광공사가 론칭한 제주마을 관광 통합브랜드. '가름(카름)'은 제주의 작은 마을을 뜻하는 방언으로 22년 7월 기준 10개 지역, 44개 마을이 카름스테이에 참가하고 있음. 카름스테이 사업은 온·오프라인 홍보, 광고를 통해 국내 관광객 유치를 목표로 마을·웰니스 관광 활성화 기획 및 사업을 운영하는 지역관광그룹에 속함

○ 이 브랜드는 기존마을 관광의 두 가지 문제점인 '마을 여행이 관광객에게 외면받는 점', '의무적인 체험 코스 제공에 따른 재방문객 감소'를 해결하고 단위 사업이 아닌 제주의 통합적인 마을 관광체계를 관리하기 위해 시작

〈그림 3-7〉 카름스테이 BI

카름스테이
KaReum Stay

출처: https://www.headlinejeju.co.kr/news/articleView.html?idxno=468956

〈그림 3-8〉 카름스테이 참여 마을

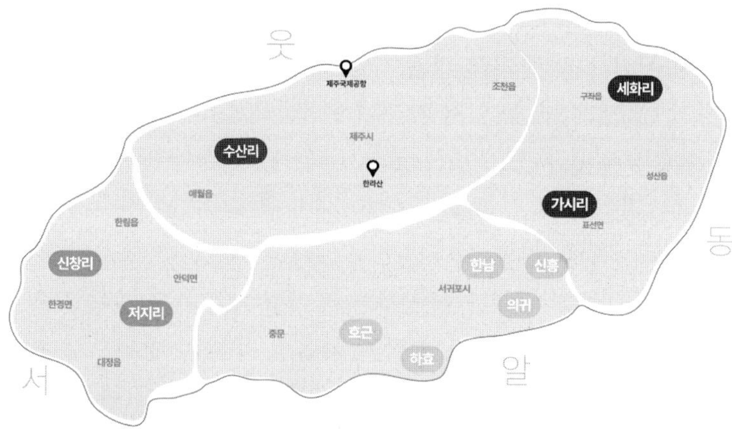

출처: https://www.kareumstay.com/about

○ '카름사람들'은 제주의 마을을 일구는 사람들, 이곳을 자신의 마을로 다시 찾는 사람들의 이야기를 발굴하고 공유. '카름호스트'는 제주를 찾는 여행자들에게 제주 작은 마을에서의 다양하고

다정한 경험을 소개하기 위해 도내 위치한 아늑한 숙소, 카페나 작은 서점, 맛집, 체험처 등을 발굴하는 것. 카름스테이는 공공기관 주도형 로컬 관광 브랜드이지만 로컬브랜드의 입점이 열려있는 개방형 브랜드로 볼 수 있음. 카름호스트 신청을 통해 도내 다정한 사람들의 참여를 유도

□ (중앙정부 주도형) 행정안전부 청년마을 만들기 사업의 캠페인, '우리답게 챌린지'

○ 행정안전부에서 주최하는 '청년마을 만들기' 사업의 프로그램인 귀농귀촌과 한달살이. 귀농귀촌은 농촌에서의 생활을 경험하며 지역 발전에 기여하고, 한달살이는 로컬 라이프를 한 달 동안 체험하는 프로그램임

○ '우리답게 챌린지'는 청년마을 만들기 사업의 공식 계정인 로라클(로컬 라이프 클럽)에서 주최하는 캠페인 이벤트로 사업에 참여하는 사람들이 가장 나다운 순간의 사진, 영상을 공유하고 해시태그 '#우리답게'를 달면서 참여하는 캠페인

〈그림 3-9〉 우리답게 챌린지

출처: https://blog.naver.com/dhr6198/223279092533

○ 로컬에서 나답게 살아가는 이야기를 공유하고 확산하며 삶의 다양한 선택지를 알리는 것이 목적. 이벤트로 그치는 것이 아닌 24인의 로컬기념일 이야기가 담긴 사이트(www.localbegins.com) 방문을 유도하며 로컬에서 시작하는 사람들의 다양한 이야기를 지속적으로 소개함

○ 한 지역에 국한된 커뮤니티가 아닌 로컬 청년들의 소통과 교류를 위한 커뮤니티임. 청년마을은 행정안전부가 주최하고 있는 사업으로 2018년 '괜찮아마을'을 시작으로 전국 39개 마을이 선정되어 다양한 활동을 전개하고 있음

▮참고문헌

김유경, 김유신, 김태환, 이준호, 임대근, 김주호, 조재형, 박재항, 구자룡, 김병희, 이희복 (2023). 공공 브랜드란 무엇인가? 한국공공브랜드진흥원 총서1. 한경사.

김유경, 김유신 공저 (2017). 공공 브랜드의 이해. 커뮤니케이션북스.

남수연. (2018). 지역사회개발 절충적 접근법의 이론 및 적용방안. 인문사회과학연구. 19(1), 425-456.

박상희, 이광호, 이한기(2023). 도시X리브랜딩. 오마이북.

송경재(2023). 지방소멸 시대, 사회적 자본과 지역공동체. 한국국회학회. 5(2), 65-94.

신수경, 이상헌(2023). 자산기반 지역사회 발전 모델을 적용한 주민자치회 활성화 방안 연구. 지방행정연구. 37(1), 197-224.

조상래, 이슬기, 정운, 김진아(2021). 지역혁신 창업가들이 만들어가는 새로운 임팩트 '로컬라이즈 군산', 국토연구원, 471, 66-73.

Kretzmann, J. P. and Mcknight, J. L. (1993). BUILDING COMMUNITIES FROM THE INSIDE OUT_A PATH TOWARD FINDING AND MOBILIZING A COMMUNITY'S ASSETS. The Asset-Based Community Development Institute.

作野広和, 2019, 경제지리학연보, 65, 10-28.

4장

부처별 브랜드 캠페인 매뉴얼: 전략과 체계

김정렴

김정렴 jrkimab@gmail.com

현재 문화체육관광부 디지털소통기획과장으로 재직 중에 있다. 『오토바이로 모기를 잡아라』(2018), 『디지털 공공소통: 인식 개선을 넘어 행동을 바꾸는』(2020), 『디지털 고객 경험을 브랜딩하는 공공소통』(2022) 등의 저서가 있다.

1. 부처 브랜드 캠페인 현황

□ 캠페인 주제

○ 중앙 부처의 경우 기업과 달리 기관 자체의 브랜딩을 위한 캠페인을 기획·실행하는 경우는 많지 않음

○ 기업의 상품에 해당하는 '정책'이 브랜드 캠페인의 주제가 되는 경우가 많음

□ 캠페인 특징

○ 특별히 예외적인 경우를 제외하고, 기업의 브랜드처럼 장기간 지속하는 정책 브랜드는 많지 않음

○ 부처의 정책 범위가 넓고 수시로 홍보 의제가 발생하기 때문에 단기간에 집중적으로 이루어져야 하는 경우가 많음

○ 미디어 환경변화에 따라 정책홍보의 패러다임도 과거와 비교해 매우 달라져 있음. 디지털 홍보의 중요성이 커지고 있으며, 과거 일방적인 메시지 전달 방식이 아닌 소통하는 캠페인에 대한 고려가 커지고 있음

□ 공공 브랜드 캠페인 방향

○ 캠페인 목표

- 일반적으로 기업의 브랜드 활동의 목표가 인지, 제품 판매를 목표로 하는 것에 비해, 공공은 행동 변화를 목표로 하고 있음
- 정책 인지도, 이해를 높이기보다는 정책의 즉각적 효과성을 높이기 위해 국민의 참여, 행동을 변화할 수 있는 캠페인 필요성 증가

○ 참여와 행동 변화에 더 주목하는 이유

- 공공 정책이 다루는 의제가 환경, 안전, 질병 등과 같은 삶에 직결되는 중요한 문제이며, 이외의 정책도 직접적 혜택 제공, 정책 변화 등 국민의 참여가 수반되지 않으면 달성할 수 없는 경우가 많기 때문임
- 커뮤니케이션 효과의 위계처럼 정보 제공, 인식 개선을 통한 행동 변화가 발생하는 성공 사례가 많지 않음

○ 국민의 주목을 높일 수 있는 창의적 기획

- 미디어의 선택이 넓어지고, 막대한 콘텐츠 공급 환경에서 소비의 주도권을 쥐고 있는 국민에게 공공 콘텐츠가 소비될 확률이 지속해서 줄어들고 있음
- 캠페인, 콘텐츠의 노출을 위해 트렌드를 잘 이해하고, 창의적인 기획을 통해 주목을 높이려는 노력이 강화되고 있음

□ 브랜드 캠페인 매뉴얼

○ 중앙 부처 중, 고유의 브랜드 캠페인 매뉴얼을 보유한 것으로 공개한 기관은 없는 것으로 확인

〈그림 4-1〉 짜증스러운 소셜 미디어 콘텐츠 업종(%)

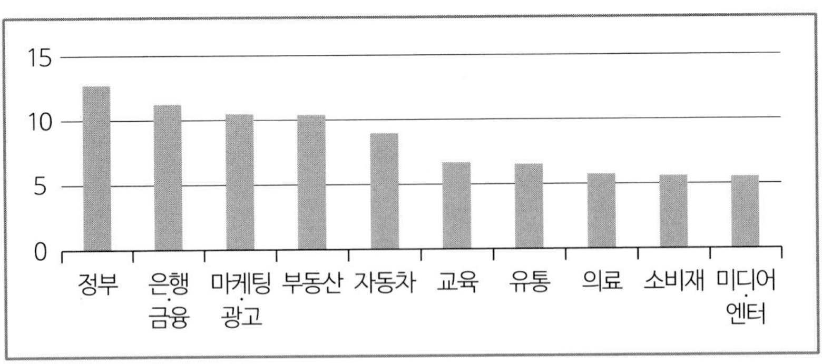

출처: Sprout Social 2016 2Q

○ 이에, 마케팅, 커뮤니케이션 이론과 민간 영역의 브랜드 캠페인 사례 그리고 여러 부처에서 추진하고 있는 '공공 캠페인' 사례 분석을 통해 공통으로 나타나는 전략 수립과 기획과정을 중심으로 매뉴얼을 정리함

2. 브랜드 캠페인 전략 구성 요소

□ 정책 브랜드 캠페인의 전제 조건인 단기성, 국민 참여의 중요성을 고려하여, 다음의 요소를 바탕으로 전략 수립

□ 목표 청중

○ 정의 및 의미

- 캠페인을 수행하는 목적이 되는 대상 집단
- 캠페인 모든 전략 요소 설계에 가장 중요하며, 많은 자료를 토대로 분석이 필요한 핵심 요소

○ 특징

- 기업·브랜드와 달리 정책의 목표 청중 구분은 정책의 목표 대상인 경우로 비교적 명확히 구분됨
- 하지만 목표 대상에 대한 분석에 걸리는 시간, 예산의 한계로 커뮤니케이션 채널, 크리에이티브와 같은 캠페인 요소 전략 수립에 필요한 인사이트를 얻기 어려움

□ 캠페인 목표

○ 정의 및 의미

- 캠페인을 대상 집단인 목표 청중이 구체적으로 실천을 통해 달성할 수 있는 행동 변화 목표
- 캠페인 목표 수준은 캠페인 필요 기간, 예산 등 많은 자원의 배분에 영향을 미침

○ 고려 사항

- 정량적으로 측정 가능한 목표를 제시해야 하며, 캠페인이 종료된 후 측정을 통해 이전과 비교

□ 행동 변화 해결책

○ 정의 및 의미

- 캠페인에서 제시한 행동 변화 목표 달성을 방해하는 요인을 찾고, 이를 제거할 수 있는 아이디어

○ 고려 사항

- 아이디어 발굴을 위해서는 방해 요인에 대한 다차원의 열린 분석이 필요함
- 캠페인의 이해 관계자를 넘어 다양한 개인, 집단의 인터뷰 등 통찰력 있는 기획일 때 목표 달성에 용이

□ 커뮤니케이션

○ 정의 및 의미

- 캠페인이 목표 청중에게 효과적으로 도달하는 방법
- 목표 청중에게 제시하는 메시지와 표현물을 함의하는 크리에이티브, 미디어 등을 함의하는 채널로 구성

○ 특징

- 목표 청중의 캠페인 태도 형성 과정에 영향을 주며, 공감과 설득을 가장 효과적으로 전할 수 있는 미디어, 표현물로 구성
- 일반적으로 미디어를 구매하는 경우가 많아 캠페인 예산의 많은 부분을 차지하는 요소
- 목표 청중의 미디어 이용, 캠페인 메시지 특징, 행동 변화 소구점 등 전략 구성 요소 등을 고려한 최적의 경로를 찾을 때 캠페인의 성공 확률이 높아짐

□ 모니터링 및 평가

○ 정의 및 의미

- 캠페인 목표로 제시한 행동 변화의 추이를 살펴보는 개념
- 시행하는 시점에 따라 모니터링과 평가로 구분되는데, 모니터링은 캠페인 진행 중에 목표의 달성 수준을 살펴보는 과정이며, 평가는 캠페인 종료 후에 시행하는 개념임

○ 특징

- 모니터링은 캠페인 진행 중에 전략 수정 등에 필요한 과정이며, 평가는 캠페인 전체를 통해 성과를 점검하는 과정임
- 두 개념 모두 캠페인 전략 기획의 인사이트를 제공하고 투입된 인적, 물적 예산 등의 자원 배분에 유용
- 캠페인에 관한 데이터가 축적되면 기관의 이후 캠페인 기획에 큰 도움이 됨

3. 브랜드 캠페인 기획과정

□ 정책 브랜드 캠페인의 전략 요소를 단계별로 세부화하여 기획하는 프로세스

□ 1단계 캠페인 목표 청중 선정

○ 캠페인과 관련한 이해 관계자를 파악하고 분석하며 궁극적으로 캠페인 목표 집단을 선정하는 과정

- 캠페인이 필요한 상황과 행동 변화가 필요한 이유에 대해 구체적인 분석이 가능하고, 목표 집단의 행동 변화 솔루션 등 캠페인 요소 전반의 기획을 위해 매우 중요함

○ 이해 관계자 파악

- 이해 관계자는 캠페인에 직접적인 영향을 받는 개인 (단체)나 캠페인 목표 청중에게 영향을 미칠 수 있는 개인 (단체)
- 공공 브랜드 캠페인 고유의 분석 도구는 없으며, 여러 분야에서 활용된 다양한 분석 도구를 활용 (〈린다 번 이해관계자 서클〉, 〈멘델로우의 파워-인터리스트 그리드〉, 〈머레이-웹스터와 사이먼의 3차원 그리드〉, 〈영향 측정 그리드〉, 〈중요도/영향력 매트릭스〉) 등
- 분석 방법이 차이점에도 불구하고, 공통으로 '특정 문제에 대한 영향력 정도', '캠페인의 이익에 영향을 주거나 받는 정도'에 따라 이해 관계자를 구분

○ 목표 청중 식별

- 캠페인 모든 과정에서 가장 중요한 단계로 목표 청중이 명확하게 정의되어야 심층적인 캠페인 전략 개발이 가능하며, 메시지 전달과 실행 가능성이 커짐

〈그림 4-2〉 멘델로우 파워-인터리스트 그리드

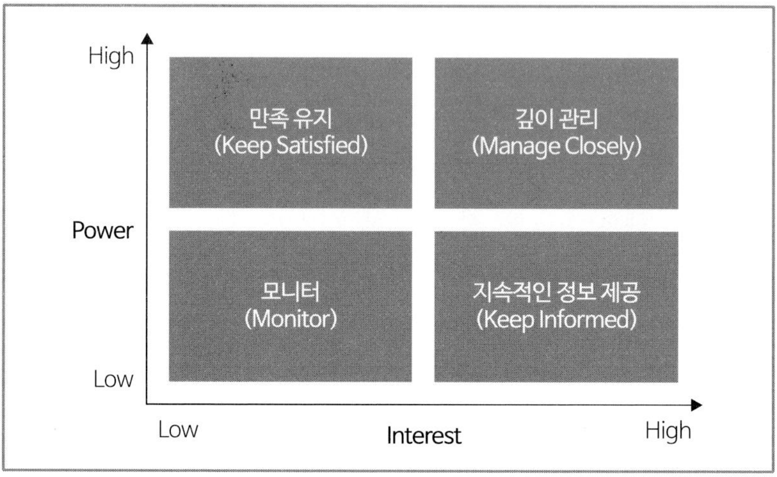

출처: https://field.so/en/blog/the-stakeholder-map-how-the-product-field-tells-you-when-to-use-it

- 핵심 청중: 캠페인 목적이 되는 핵심 집단으로 캠페인 메시지를 직접 받는 사람 혹은 집단
- 2차 청중: 캠페인 목적에 따라 정의는 다소 달라질 수 있으며

〈그림 4-3〉 목표 청중 구분

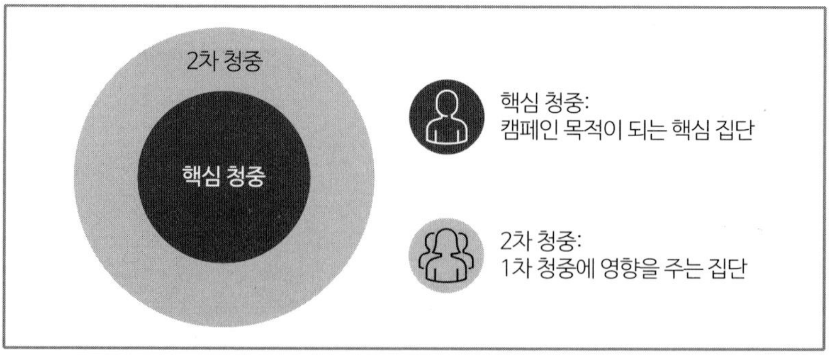

출처: https://woodwardavenue.org/how-to-target-your-primary-and-secondary-markets/ 재구성

캠페인 메시지를 간접적으로 받는 집단으로 1차 목표 청중에게 영향을 주어 변화를 만들 수 있는 사람 혹은 집단

○ 목표 청중 식별 방법

- 설문 조사, 포커스그룹인터뷰 (FGI), 심층 인터뷰, 그룹 토론 등 리서치의 다양한 방법 활용
- 롤플레잉, 게임, 인사이트 분석 등의 틀에 갇히지 않은 방법으로 자료를 수집하는 예도 있음
- 인구통계학적 변인, 사회적 배경, 태도, 감정, 믿음, 가치, 동기, 문화 등의 여러 요소에 대한 분석을 통해 청중을 설명함

□ 2단계 기대하는 행동 변화 설계

○ 캠페인의 주제성을 정확하게 인식하고 기대하는 행동 변화 목표를 달성하기 위해 가장 효과적인 행동을 정의하는 과정

- 목표가 추상적이고, 모호할수록 예산 등 더 많은 자원이 필요하게 됨
- 모든 이해 관계자들이 캠페인 목표를 충분히 인식하고 공감해야 성과를 낼 수 있음

○ 목표를 설정할 때 고려 사항은 〈표 4-1〉과 같음

○ 행동 변화 목표 수립 과정과 내용

- 목표는 문제의 주요 원인, 이전 캠페인의 결과, 행동과 인지를 설명하는 많은 연구 등에 대한 이해를 바탕으로 수립
- 목표 달성에 영향을 미치는 행동, 목표 청중이 참여하지 못하는 이유 등에 대한 명확한 분석과 이해 필요

○ 목표 진술 방식의 예

- '목표 대상 집단' + 현재형 문장으로 행동을 설명하는 동사 + 상세 내용 (빈도, 시간, 길이, 장소 등)'으로 진술

〈표 4-1〉 고려 사항 및 내용

고려 사항	내용
목표의 구체성	• 캠페인 주체의 비전 수립이 아닌 목표 청중의 관점에서 변화해야 할 대상을 정확히 제시 • 목표 청중의 지식, 태도 등을 고려하여 완전히 이해할 수 있는 수준으로 제시 • 이해 못 하거나 잘못 인지할 가능성을 최대한 줄여야 함
목표의 달성 가능성	• 제한된 예산, 기간 등 한정된 조건에서 성취할 수 있도록 제시 • 오랜 시간이 걸리는 목표인 경우, 시기를 구분하여 단계별 목표를 별도로 제시 • 달성 가능성에 따라 목표 청중의 참여 성과의 동기 부여가 될 수 있음
목표의 측정 가능성	• 구체적으로 수립된 목표는 정량적 결과 평가를 동반해야 함 • 캠페인 기간 중 전략 수정에 필요 • 캠페인 성과 평가를 통해, 다음 캠페인 기획의 전략 모든 영역에 인사이트를 제공

예) 고등학교 학생의 건강 관리를 위해 운동을 권유한다 (×)

→ 교내 모든 학생은 매주 수요일 아침 등교 시간, 운동장을 2바퀴 달리고 난 뒤 교실에 입장할 것 (○)

□ 3단계 행동 변화를 막는 장애 요인 파악

○ 캠페인에서 기대하는 행동 변화가 기존에는 불가능한 이유를 파악하는 과정

- 목표 청중의 상황을 구체적으로 분석함으로써 기획자의 자의적 판단 오류를 예방함
- 캠페인, 프로젝트 단위로 행동 변화 장애 요인 파악을 위한 양적, 질적 방법론을 활용한 리서치 수행
- 한 가지 분석 방법에 의존하기보다는 여러 조사 방법을 병행하면 더 면밀한 분석이 용이

○ 인간의 행동에 영향을 미치는 요인에 대한 예시

- 인식의 심각성과 민감성, 인식된 긍정적 결과, 인식된 부정적 결과, 정부 정책, 역사, 관습, 생활양식, 가치관, 관습의 집합체인 문화, 인식된 사회 규범, 인식된 자기 효능 등
- 이 외에도 개인의 행동은 학습, 교육, 사회적 위치, 쾌락, 심리적 위안 등 개인 고유의 판단이 종합적으로 고려됨을 이해할 필요

○ 장애 요인 파악 과정

- 목표 집단의 행동 채택을 방해하는 원인을 구분하는 데 초점을 둔 장애 분석(Barrier Analysis)의 과정을 활용한 예시임
- 행동을 하는 사람 (doer) / 하지 않는 사람 (non-doer)에게 질문을 통한 분석으로 동기와 장애를 식별함
- 1. 목표 청중과 목표 행동 정의
- 2. 목표 행동 설문 문항 개발: 목표 행동의 doer/non-doer에 대한 이유 파악
- 3. 행동 결정 요인 문항 개발: 행동에 영향을 미치는 결정 요인 선정, 각 결정 요인별로 질문 문항 개발
- 4. 분석 세션 설계: 캠페인의 목적에 따른 조사 장소 선정, 조사 수행 공간 등 조사 대상과 목적에 따라 효과적인 조사가 될 수 있는 전반의 조건을 설계
- 5. 조사 데이터 결과 수집: 설문 결과에 대한 데이터 수집과 오류 점검
- 6. 조사 데이터 분석: 조사 결과에 대한 통계 적용 등 분석
- 7. 결과 활용: 캠페인의 목표 행동에 대한 프레임워크에 활용하는 과정으로 가장 중요하게 해결해야 할 결정 요인에 대한 인사이트에 활용

〈그림 4-4〉 장애 분석(Barrier Analysis) 과정

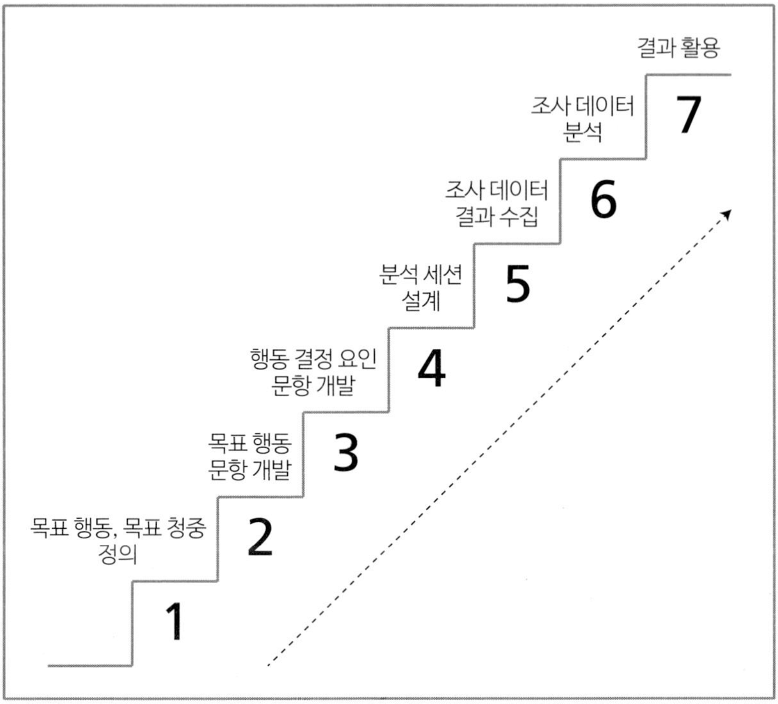

출처: Barrier Analysis Report (One Drop Foundation, 2019)

□4단계 행동 변화 솔루션 설계

○ 캠페인을 통해 의도한 행동을 유도하는 방법을 구체적으로 설계하는 과정

- 인간은 변화가 주는 불확실성, 스트레스, 통제 상실 등의 감정(Stoffer, 2002) 등으로 기존 태도나 행동을 유지하려는 경향이 강함

○ 공공 브랜드 캠페인에서 지향하는 행동 변화 솔루션에 관한 연구는 많지 않으며, 마케팅, 광고, 홍보 분야 등 소비자 행동 변화 유도를 위한 활용법을 응용하여 적용하고 있음 (김정렴, 2020)

○ 행동 변화 유도 방법의 예시

1. 삼자적 입장에서 관찰하여 자각하도록 하는 방법

- 목표 집단이 삼자적 관점에서 관찰을 통해 행동 변화의 필요성을 인식하고 자각하여 변화를 유도하는 방법
- 오랫동안 당연하게 받아들여지는 문제 행동의 개선이 이루어야 하는 목표를 위한 캠페인에 적용

2. 개인에게 책임을 부여하는 방법

- 행동 변화가 가져올 수 있는 긍정적 기대 효과에 대해 사회적 가치를 설명하고 동참을 상징화할 수 있는 감정적 동기 부여 방법
- 태도 변화를 위한 동기 부여가 목표 청중에 대해 도전적 과제를 제시하는 캠페인에 적용
- 행동에 대해 부정적인 메시지보다는 도전할 수 있는 동기 부여

3. 유명인의 이미지와 메시지를 활용하는 방법

- 전통 미디어 환경에서의 빅 모델, 디지털 미디어 시대의 인플루언서 등 유명인의 메시지 효과는 높음
- 캠페인 기획의 성격, 분위기 등과 관련성이 높은 것으로 인식할 수 있는 유명인을 선택할 때, 캠페인의 효과를 기대할 수 있음
- 유명인의 메시지 효과가 비교적 높은 것으로 나타나는 목표 청중을 표적화하는 캠페인에 적용

4. 위협적인 정보 제공 방법

- 심리학, 사회학 등에서 출발하여 광고 분야에서 오랫동안 활용해 온 위협소구의 방법
- 궁극적인 효과에 대한 의문, 행동 변화를 위해 쓰기에는 나쁜

방법에 대한 다양한 의견 존재

- 단순히 두려움을 심으려는 의도를 지양하고, 과장하지 않는 것이 필요함, 사실을 과장하지 않고 있는 그대로 보여주어 목표 청중의 신뢰 형성이 중요함
- 행동의 변화를 추구하지 않으면 목표 청중에게 불이익, 부정적 결과가 높은 캠페인에 적용

5. 구체적인 인센티브를 제공하는 방법

- 행동에 직접적으로 미칠 수 있는 구체적인 보상 수단을 제공하는 방법
- 인센티브를 설계할 때는 보상을 얻을 수 있는 만큼의 적정성이 중요하며 요구되는 행동 변화의 수준이 지나치게 높으면 효과를 보기 어려움
- 목표 청중이 보상을 중요한 수단으로 인식하는 것이 확실한 것으로 파악된 캠페인의 경우에 적용

6. 커뮤니티의 힘을 활용하는 방법

- 목표 청중이 속한 지역사회가 개인에게 제공하는 정보의 보급, 습득, 규범을 활용하여 행동 변화를 의도하는 방법
- 커뮤니티는 지역 구성원, 지역 관공서, 지역의 주요한 단체 등이 될 수 있음
- 규범, 관습 등 행동 변화를 저해하는 한계 원인이 지역사회에 있고, 이를 해소하기 위한 집단적 노력이 필요한 캠페인의 경우에 적용

7. 사회적 토의를 조성하고 참여시키는 방법

- 긍정적 행동 채택에 대한 개인의 인식과 참여도가 높은 소셜 미디어의 특징을 활용하는 방법
- 소셜 미디어는 '기획 주체 & 목표 청중'의 단순화된 구조를 '기

획 주체, 공유자, 팔로워, 목표 청중' 구조로 다원화함

- 캠페인의 기대 효과인 행동 변화에 대한 의의, 가치를 강조하여 자발적으로 메시지를 확산하여 효과를 높이기 쉬움
- 목표 청중이 소셜 미디어 이용 빈도가 높고, 사회적 영향력에 비교적 긍정적으로 반응하는 경우의 캠페인에 적용

8. 환경을 바꾸어 행동을 강제화하는 방법

- 목표 청중의 행동이 이루어지는 환경, 상황을 바꾸는 방법
- 특정한 행동을 제약할 필요가 있고 공간, 도구 등 행동과 연관된 환경을 바꿀 때 행동이 발생하지 않을 가능성이 큰 캠페인에 적용

9. 2차 청중을 활용하는 방법

- 목표 청중의 행동 변화에 긍정적 영향을 줄 수 있는 관계인을 활용하는 방법
- 관계인은 가족, 친구, 동료, 지역 유지, 성직자 등 목표 청중에 따라 사양하게 나타날 수 있음
- 목표 청중과 2차 청중이 명확하게 나뉘며, 목표 청중과 캠페인 청중이 다른 경우, 그리고 2차 청중인 관계인이 목표 청중에 대한 영향력이 높은 경우의 캠페인에 적용

□5단계 커뮤니케이션 계획 설계

○ 목표 집단이 캠페인을 접할 수 있도록 미디어 전략, 크리에이티브 전략 등 커뮤니케이션 전반을 설계하는 과정

- 캠페인 기획의 1~4단계 수립이 완성된 이후, 캠페인을 대내외적으로 알리기 위한 목적으로 수행

○ 공공 브랜드 캠페인 기획에서 흔하게 나타나는 현상

- 캠페인 목표 청중과 커뮤니케이션 목표 청중에 대한 불분명한

정의

- 목표 청중의 미디어 이용 패턴, 반응하는 표현 전략 등과 관계 없이 범용적인 미디어 수단을 나열하고 메시지를 기획
- 캠페인의 성격과 미디어에 대한 관련성, 효과성을 고려하지 않고 확산만을 위한 기획
- 미디어의 특징에 적합한 제작물을 만들지 않는 표현

○ 커뮤니케이션 계획 설계 프로세스

- 핵심적 요소는 커뮤니케이션 목표, 크리에이티브 전략, 커뮤니케이션 채널 선정 등

〈그림 4-5〉 커뮤니케이션 계획 수립 체계

○ 커뮤니케이션 목표

- 목표 집단, 혹은 영향력을 행사할 수 있는 집단을 정의하고 그들을 대상으로 캠페인을 알리거나 참여할 수 있도록 효과적으로 전달할 수 있는지에 대한 수준을 설정
- 캠페인에서 제시하는 행동 변화 목표와는 완전히 구분됨
- 목표 청중에 대한 캠페인의 도달 정도, 크리에이티브의 효과, 커뮤니케이션 채널 효과 등에 대해 기술

- 커뮤니케이션 채널의 경우 구매를 해야 하므로, 캠페인보다도 더 많은 예산이 필요한 경우가 일반적

○ 크리에이티브 전략

- 목표 청중이 캠페인에 노출되기 위해서는 그들의 시선을 끌 수 있는 표현 전략이 매우 중요함
- 목표 청중의 주목을 얻기 위한 표현 전략으로 목표 청중에게 맞춤화된 메시지, 디자인 등을 기획
- 제작한 크리에이티브는 커뮤니케이션 채널에 집행하기 전에 반드시 사전 테스트를 시행하여 목표 청중의 이해도를 사전에 점검할 필요가 있음

○ 효과적인 메시지 전략

- 문제 상황을 분명히 적시하고, 목표 청중이 취해야 할 행동 변화 솔루션을 구체적으로 제시하는 것이 바람직
- 효과적인 메시지에 대한 다양한 정의가 존재하며, 〈표 4-2〉와 같은 특징을 가지고 있음 (Heath)

〈표 4-2〉 효과적인 공공 브랜드 캠페인 메시지 특징

특징	내용
간결성	불필요한 요소를 버리고 목표 청중에게 전하고 싶은 가장 중요한 내용으로 압축
놀라움	청중의 주의를 끌고 이를 지속해서 유지하기 위해 제공하는 신선함
공감	목표 청중이 메시지에 관심을 기울일 수 있는 희망, 욕망 등의 정서적 근거
신뢰	커뮤니케이션, 특히 공공 브랜드 캠페인에서 가장 중요한 가치 중 하나로 메시지의 틀림이 없는 정확한 정도
명확성	목표 청중이 이해하기 쉬운 언어로 최대한 구체적이고 기억하기 쉽도록 분명하게 함
스토리	목표 청중에게 영감을 주고 행동할 수 있도록 자극할 수 있는 좋은 이야기

○ 커뮤니케이션 채널 선정

- 캠페인을 가장 효과적으로 전달하고 목표 집단의 노출을 최대화할 수 있는 미디어 등을 망라한 효과적인 노출 방식을 결정
- 메시지를 반복적으로 전달할 수 있고, 목표 청중 개인의 접촉을 최대화할 수 있는 채널을 선정하는 것
- 과거 미디어만을 통해 전달되는 커뮤니케이션이 디지털 시대에 들어 사용자 중심의 공간에서 더 효과적, 효율적으로 전달할 수 있게 됨에 따라 미디어 믹스의 과거 개념에서 커뮤니케이션 채널 선정의 확대된 개념이 더 많이 사용
- 미디어(TV, 신문, 소셜 미디어), 커뮤니티 채널 외에도 기술, 도구 등 목표 청중의 행동 변화의 과정에 영향을 미치는 모든 커뮤니케이션 수단이 포함 (예를 들어 행동 변화를 위해 고안된 도구가 커뮤니케이션 수단이 될 수도 있다는 의미)
- 목표 청중의 커뮤니케이션 이용 분석에 도움이 되는 연구 기관, 기업의 리서치 자료가 있지만, 필요한 예산을 배정하여 별도의 분석을 시행할 필요가 있음

○ 커뮤니케이션 효과 평가

- 기획자가 수립한 커뮤니케이션 목표 달성 여부를 캠페인 중 지속해서 점검해야 함
- 이를 통해 효과가 낮은 채널의 집행을 중지하는 등 예산을 재배분하는 과정을 거쳐야 함
- 캠페인 종료 후에는 커뮤니케이션 채널 전반의 성과와 시사점을 도출하여 기관 내 신규 캠페인 기획의 참고 자료로 활용

□ 6단계 캠페인 모니터링과 평가 계획 설계

○ 모니터링은 캠페인 목표가 충족될 수 있도록 캠페인 과정에서 나타나는 상황, 기회, 위협 요인을 체계적으로 관찰하는 과정이며,

평가는 모니터링에 추가적인 분석 결과를 종합하여 캠페인 종료 후 전체를 평가하는 과정

- 평가 중, 평가 후에 실행되는 과정이기는 하지만, 캠페인 기획 단계에 포함됨
- 모니터링, 평가 모두 캠페인이 효과적으로 실행되도록 하기 위한 목표를 가지고 있는 중요 요소
- 모니터링은 캠페인이 실행되어 진행되는 동안, 기획 단계에서 설정된 목표, 목표 청중과 2차 청중, 행동 변화의 발생 시기, 장소, 장애 요인 영향력의 실체, 행동 변화 등 기획 전 과정 모두를 관찰해야 함
- 평가는 캠페인 전략 수립 시 기대했던 목표와 실제 진행된 이후 달성된 성과 비교

○ 모니터링 및 평가 계획 수립을 위한 주요 의사결정 포인트는 캠페인 모니터링과 평가 시기, 필요한 데이터 정의와 수집 방법, 평가 지표 등이 있음

○ 캠페인 모니터링과 평가 시기

- 캠페인 기획 단계에서 캠페인 진행 과정에 대한 모니터링 주기, 평가 계획을 수립해야 함
- 평가는 캠페인이 종료된 후에 시행하는 경우가 보편적이기 때문에 크게 고려할 필요는 없으나, 모니터링은 캠페인 진행 과정 중 필요한 대응할 수 있도록 캠페인 중간에 반드시 실시
- 모니터링 주기는 가장 일반적으로 길이에 따라 장기, 단기로 구분하며, 캠페인의 성격, 기간 등을 고려하여 1회, 여러 회의 모니터링 기간과 빈도 결정

○ 필요한 데이터 정의와 수집 방법

- 캠페인 모니터링과 평가를 위해 필요한 데이터를 고민하고, 필

요한 경우 조작적 정의를 통해 개념을 정의해야 함

- 대표적으로 행동 변화의 정도, 행동에 영향을 준 이해 집단의 존재 여부와 기여도 확인, 장애 요인에 대한 일치 여부, 캠페인 인지 경로 등 캠페인 모든 요소에 대한 고려가 필요
- 캠페인 유형에 따라 수집해야 할 데이터를 설계해야 함. 행동 변화 실천 여부, 행동에 영향을 준 이해 집단의 확인, 캠페인의 인지 경로 등
- 수집 방법은 특정 기간의 목표 청중 참여를 객관적으로 관찰, 목표 청중에 대한 인터뷰, 기획자의 직접 참여한 인사이트 등의 수집 방식과 자료를 수집하는 시기, 주기 등 기간에 대해서도 세부적 계획이 필요함

○ 결과 평가 지표

- 행동 변화 실천 여부 증가, 이해 집단별 참여의 차이 등을 분석함. 대표적인 지표로는 지식, 인지가 있고 중요성에 대한 인식, 태도 변화, 행동 변화 등이 있음
- 행동 변화 실천 여부의 증가, 이해 집단별 참여 차이 등 유의미한 분석
- 캠페인 시작 전 '의도한 행동 변화의 현재 상황을 설명하는 지표 수준을 반드시 측정해야 모니터링과 성과 평가 비교 가능

▌참고문헌

김정렴 (2020). 디지털 공공소통: 인색 개선을 넘어 행동을 바꾸는. 서울경제경영.

문화체육관광부(2023). 정부 디지털소통 표준 업무 매뉴얼.

Mendelow, A.L., 1981. Environmental scanning-the impact of the stakeholder concept. Proceedings of the 2nd International Conference on Information Systems, December 7-9, 1981, Cambridge, Mass.

One Drop Foundation(2019). Barrier Analysis Report : Integrated Pathways for Improving Maternal, New-born and Child Health (InPATH) Project.

Sorout Social(2016). THE Q2 2016 SPROUT SOCIAL INDEX. https://sproutsocial.com/.

5장

중앙 부처 브랜드 캠페인 사례

최영선

최영선 believeyou35@naver.com

현재 행정안전부 온라인대변인으로 행정안전부의 디지털소통을 총괄하고 있다. 디지털 소통 전략 수립 및 콘텐츠 제작, 온오프 통합 홍보를 진행하며 어렵고 체감도가 떨어지는 정부정책을 국민들에게 친근하게 전달하는 일에 주력하고 있다. KBS 방송작가를 시작으로 경기도청과 행정안전부에서 정책소통을 담당하며, 경희대학교에서 뉴미디어로 석사 학위를, 정책PR로 박사 학위를 받았다. 중앙공무원교육원 및 지방행정연수원 등 다양한 중앙 부처 및 지자체 교육원 등에서 현장의 풍부한 경험을 알리고 있다.

1. 부처 브랜드의 특징

○ 브랜드 창출은 제품을 알아보고 그 제품을 다른 제품과 차별화하는 전략에서 시작

- 브랜드 요소에는 명칭, 로고, 패키지 디자인 등의 외형적인 요소와 함께 제품을 만드는 기업 이미지와 철학, 기업 및 브랜드와 연관된 스토리·역사 등의 무형적 자산이 포함되어 있음

○ 정부의 브랜드는 정책 브랜드와 부처 브랜드가 구분될 수 있지만 대부분 혼용되어 사용되고 있음

- 정책 브랜드는 국민 다수에서 영향을 미치는 제도나 절차의 변화, 국민이 알아야 하는 행정의 변화나 정부 등 추진 기관에서 내세우고 싶은 정책에 관한 이야기를 담아 냄
- 부처가 제시하는 정책(제품)은 대부분 공공의 이익과 사회적 가치를 우선시하는 속성을 가지고 있으며 브랜딩 과정에서 이를 얼마나 효과적으로 드러내고 공감과 동참을 끌어내며 여론을 이끌어 가느냐에 따라 성공의 여부가 달라 짐
- 정책은 필연적으로 혜택을 받는 그룹과 그 외 그룹으로 나누어지는데 정책 수혜 계층에게 긍정적 이미지 또는 낙인 효과(ex. 저소득층, 장애인 등) 등 부정적 인식을 제거하는 한편, 비수혜 계층에도 긍정적 인식을 제공하는 브랜드 캠페인 과정이 필요

○ 브랜드 하이어라키(hierarchy)에 따르면 브랜드는 기업브랜드/ 패밀리브랜드/ 개별브랜드로 나누어지는데 정부는 특성상 대한민국 정부/ 개별 부처/ 개별 부처의 개별 정책이나 서비스 등으로 분류할 수 있으며 때로는 개별 정책이나 서비스가 부처의 경계를 넘어 부처 또는 정부나 정권 차원에서 브랜딩을 시도하기도 함

- 정부 브랜드의 최상위 개념은 국가상징으로, 국가상징은 한 나라의 공식적인 표상으로서 국가의 정체성 확립과 국민통합의 구심적 역할을 수행하고 있음. 나라마다 역사와 문화를 기초로 하는 국기, 국가, 국화 등을 국가상징으로 정하여 대내적으로 국민의 애국심을 고취하고 대외적으로 나라 이미지를 부각하는 데 활용. 우리나라 국가상징으로는 태극기(국기), 애국가(국가), 무궁화(국화), 나라문장, 국새(나라도장) 등을 국가상징으로 규정하며 행정안전부에서 별도로 관리하고 있음

〈그림 5-1〉 제2대 국새(좌), 5대 국세와 인영(우)

- 정부 부처 로고는 1949년 무궁화 문양부터 시작하여 1998년 국민의 정부 출범 이후 각각 다른 부처 로고를 사용하다가 2015년 대한민국정부 통합 로고를 사용하고 있음. 다만, 기능별로 상징성이 강한 국방부, 경찰청, 해양경찰청, 소방청, 검찰청, 국가정보원, 감사원 등은 통합 대상에서 제외되어 기존의 로고를 사용하고 있음
- 정부 부처의 경우 때로는 하는 일 자체가 기관명이 되고, 그 자체로 브랜드가 되기도 하는데 이는 명칭만 들어도 이 정책이나 사업이 무엇인지 명확하게 전달하는 실용적인 이유로, 정책에 대해 잘못 알거나 혹은 몰라서 손해 받는 일이 없도록 하

기 위함일 수 있음(민간 기업인 삼성, 현대, LG 등은 기업의 미래가치와 전략을 회사명에 담고 있지만 정부는 하는 주요 업무를 부처명, 브랜드화하는 경향이 있음. 예: 고용노동부, 경찰청, 행정안전부 등)

예) 업무 특성과 당시의 중요도에 따라 기관 명(기관 브랜드)가 달라진 사례

— 행정자치부(1998) → 행정안전부(2008) → 안전행정부(2013) → 행정자치부(2014) → 행정안전부(2017)

— 공보처(1948) → 문화공보부(1968) → 문화부(1990) → 문화체육부(1993) → 문화관광부(1998) → 문화체육관광부(2008)

- 정책 브랜드는 특정 부처가 추진하는 것보다 연계된 부처나 지자체나 때로는 기업이나 일반 국민 함께 참여해서 추진하는 것이 많다는 점을 고려해 브랜드 확장이 가능한 유연한 형태로 구성하는 경우가 많음. 단, 특정 정당이나 기업, 단체 등을 떠올릴 수 있는 색채, 상징, 인물 등을 피해 논란의 여지 사전 차단 필요

2. 성공하는 브랜드란

○ 브랜드 요소 구성의 첫 시작은 어떤 이름으로 부르느냐? 즉, 어떻게 프레임을 선정하고 사람들의 마음을 어떤 위치에서 차별화하며 이미지를 각인시킬 것인가를 명확히 하는 것

- 이를 통해 브랜드 인지도를 향상하고 호의적이며 독특한 브랜드 연상을 이끌 수 있음

○ 정책 브랜드의 경우 가장 먼저 목적과 대상, 시사점을 파악하는 것이 필요

- 공익성을 우선시하는 정책 추진의 목적이 얼마나 공익적이고 다수를 위한 것인가를 파악하고 구체적인 정책 수혜 그룹을 포함한 이해관계자를 명확히 하는 것이 필요
- 정부 정책의 특성상 '모든 국민'을 정책 수혜자로 설정하기 쉽지만 이보다 더 명확한 코어 타깃을 선정해야 브랜드로서 네이밍과 목표 전략, 슬로건 등이 도출되어 보다 정교한 브랜딩이 될 수 있음

○ 브랜드 요소를 통해 인지도를 향상하고 호의적이며 독특한 브랜드 연상을 이끌어 낼 수 있으며, 브랜드 요소는 구체적으로 브렌드 네임, 로고, 캐릭터, 슬로건, 징글, 패키지 디자인, URL 등으로 구성됨

- 정책 브랜드는 모호하고 추상적인 정책의 내용을 구체적인 대상이나 이미지 등으로 쉽게 연상하게 도와주며 긍정적이고 호감 가는 이미지를 떠올리게 할 수 있음
- 명칭, 로고, 슬로건 등을 통해 정책 추진으로 얻게 되는 이점에 관한 정보를 직관적, 이미지적으로 전달할 수 있음

커피 한 잔

정책 브랜드 만들기, 무엇부터 고민해야 할까요?

정책 브랜드 개념화를 위해 가장 먼저 확인해야 하는 포인트

✓ 왜 이 정책이 필요한가?

이 정책은 무엇을 위한 정책이고 그 문제의 해결책으로 무엇을 제시하고 있는가? 국민이 이 정책을 알아야 하는 궁극적 목적, 전달해야 하는 내용은 무엇인가?

✓ 누구를 위한 정책이고, 이해관계자들은 누구인가?

직접적인 수혜자 그룹은 누구이며, 이들과 다른 의견을 갖거나 영향을 받는 사람들은 누구인가?

✓ 정책의 혜택과 장점은 무엇인가? 사람들에게 어떠한 영향을 미치는가?

정책 추진에 있어서 다수의 국민에게 돌아가는 혜택이나 이점이 있는가? 또는 반대로 다수의 국민에게 불이익 등의 문제점은 없는가?

✓ 현재 사회적 상황에서 어떤 의미가 있는가?

좋은 정책이나 의도를 가지고 있더라도 당시의 사회적 상황에서 그 가치를 고려했을 때 다른 의미와 내용으로 해석될 여지는 없는가?

✓ 언론, 국회, 커뮤니티 등 여론의 반응은 어떠한가?

3. 사례 1: 브랜드 네이밍으로 성공

○ 브랜드 네이밍은 타깃에게 어떤 가치를 전달하는지 정의하는 것에서 시작. 즉, 이 정책의 수혜자는 누구이며 수혜 그룹에 어떤 사회적 메시지와 가치를 전달할 것인가를 담아내는 과정으로 긍정의 메시지를 전달하면서 의도하지 않는 이중 의미는 없는지, 부정적으로 활용될 소지는 없는지 등을 파악해 구성해야 함

○ 프레임 선정: 네이밍에 사회적 가치와 메세지 부여

- 특별한 가치를 부여한 네이밍으로 프레임을 선정한 사례: 신재생에너지(산업통상자원부), 성장사다리 펀드(금융위원회)
- 목표 타깃에게 정책적 필요성을 호소하며 감성적 동조를 끌어낸 정책 브랜드 사례: 아이돌보미 사업(여성가족부), 든든학자금(교육부), 엄마 품 온종일 돌봄교실(교육부)

○ 긍정 이미지 조성: 친근하면서 트렌드한 네이밍을 통해 긍정적 이미지를 부각하여 정책 성공에 견인차 역할

- 지속가능한 환경문제, 행복 추구, 삶의 질 개선, 레트로 등 사회적 트렌드 변화를 주목하여 긍정적 이미지 조성 사례: 나눔로또(복권위원회) 햇살론(금융위원회), 5도2촌(행정안전부, 농림축산식품부)
- 부정 연상을 피하고 타깃 계층에게 낙인효과를 제거하여 긍정적 정책 분위기 조성 사례: 리스타트(고용노동부), 미소금융(금융위), '실패해도 괜찮아' 캠페인(행정안전부)

○ 본질에 맞으면서 기억하고 부르기 쉬운 네이밍으로 성공한 사례

- 정책 본질에 충실한 네이밍을 통해 정책에 대한 긍정적 연상력을 높이고 친근함과 이해도를 제공한 사례: 고향사랑기부제(행정안전부), 지역사랑상품권(행정안전부), '촌(村)스러워서

고마워요' 캠페인(농림축산식품부), '천원의 아침밥'(교육부, 농림축산식품부)

- 상징적인 숫자를 활용하거나 이미 익숙한 대상을 차용하여 쉽게 부르고 기억하기 좋은 네이밍으로 인지도를 높인 사례: 국민신문고(국민권익위원회), 110국민콜(국민권익위원회), 나라장터(조달청)

○ 정확한 타깃층 공략하며 감성적으로 공감성 확보

- 부처의 정체성을 강조하며 기관 목표 이미지를 효과적으로 전달하는 네이밍으로 정책 수혜계층에게 진정성 있게 접근하는 사례: 가족사랑의 날(여성가족부), 찾아가는 보훈서비스(보훈처), 청년마을(행정안전부 등)

커피 한 잔

새마을운동? MZ는 새럽(SAELUV)이라고 부릅니다!

'새벽종이 울렸네, 새 아침이 밝았네, 너도 나도 일어나, 새마을을 가꾸세' 노래 들어보신 분 있으시죠? 새마을운동은 1970년대 빈곤퇴치와 지역사회 개발을 위해 추진되었던 기관 중심의 국민 참여 운동으로 지금은 '새마을운동' 그 이름 자체가 '낡은 과거의 이미지' 그 자체로 기억하는 지나간 정책이 되었죠.

시대에 변화에 따라 새마을운동의 전개도 달라졌습니다. 초기 새마을운동은 근면·자조·협동 정신으로 '잘살아 보세' 슬로건을 중심으로 의식개혁, 생활환경 개선이 주목적이었다면 2000년 이후 '더불어 사는 공동체 건설'을 비전으로 공동체 강조와 함께 아시아 저개발국과 사회주의 국가를 중심으로 '지구촌 새마을운동' 사업을 추진 중입니다.

국내에서는 새마을운동의 타깃층을 '청년'으로 넓히며 새로운 시대에 맞는 새마을운동으로 거듭나기 위해 노력 중입니다. 현재는 시대와 맞지 않는 새마을운동을 다시 재창조하고 회원들의 노령화 등의 문제를 극복하고 청년 중심의 새마을운동으로 변화하기 위해 명칭을 '새럽(SAELUV)'으로 재 창조하며 온라인 중심으로 활동 중입니다.

4. 사례 2: 사람도 브랜딩이다, '스타'가 움직이면 성공한다?

□ 정부 부처에서 기관장은 정책 추진의 핵심이며 부처 내 가장 큰 영향력자임. 언론 등이 주목하는 대상이기 때문에 모든 행보와 메시지가 정책홍보와 연관되어 있어 그 자체가 브랜드라고 해도 과언이 아님. 그 때문에 장관의 발언이나 행보, 인터뷰 등을 통해 정책적 이슈를 알리는데 많은 조직 역량을 결집하기도 하는데 이는 정책 브랜드 관리 측면에서도 널리 활용되고 있음

① 교육부 장관의 대국민 소통창구, '필통톡'

- 이주호 교육부 장관은 교육부 장관 2회차로, 지난 2012년 이명박 정부의 교육과학기술부 장관 시절에 운영해온 대국민 소통창구 필통톡을 윤석열 정부의 교육부 장관 재임 시 다시 시작하여 '필통톡 시즌 2'를 운영 중
- 2012년 시즌1 필통톡에서는 장관의 현장 및 지역 방문과 연계하여 지역민방을 순회하며 지역 현장에서 의견을 듣는 형태의 토크쇼 형태로 진행. 2012년 9개의 지역민방(강원방(G1), 대전방송(TJB), 청주방송(CJB), 전주방송(JTV), 광주방송(KBC), 대구방송(TBC), 부산경남(KNN), 울산방송(UBC), 제주방송(JIBS)) 및 EBS와 함께하여 정부의 교육 대책에 대해 학생, 학부모, 교사, 지역주민과 이야기를 나누는 현장소통 캠페인을 '필통톡'으로 명명해 진행
- 10년 후 윤석열정부의 교육부 장관 2회차를 맞으면서, 2023년 5월에 시즌2 '필통톡' 다시 시작. 시대적 흐름에 맞게 유튜브를 메인 채널로 운영하며 장관이 직접 해법을 내보이며 교육부 정

책을 소개하는 방식이 아니라 MC 박경림과 함께 사회자로서 다양한 영역의 전문가를 통해 교육개혁의 내용을 듣고, 전달하는 형식으로 변화

- 시즌2는 매달 홈페이지를 통해 원고를 공개하고 유튜브를 통해 동영상 배포

〈그림 5-2〉 필통톡 현장 2012년 시즌1(좌)과 2023년 시즌2(우)

② 최초의 유튜버 겸직 장관, '1타 강사, 원희룡'

- 원희룡 장관은 취임 전부터 개인 유튜브 활동을 통해 개인의 정치적 소회 등을 가감 없이 전달하였음
- 유튜브를 통해 최초로 장관 취임식을 생중계 하였으며, 취임과 동시에 유튜브 운영 겸직 허가를 요청하며, 국무총리에게 허가를 받았다고 밝힘. 이때 허가 조건으로 '국제정세, 경제 상황, 생활 밀착형 콘텐츠 중심으로 운영하되 지나치게 정치적인 발언하지 않겠다고 약속'했다고 보도
- 취임 이후 국토부에서 추진하는 정책 추진과 장관으로서 행보 등을 중심으로 국토부 유튜브 채널 내 '원희룡 특강'을 운영하며 장관의 개인 채널로 브랜딩 함. 당시의 유튜브를 신청하면서 개인 정치에 국정을 끌어드리는 것은 아니냐는 반대 의견에

"장관이 장관일만 잘하는 것은 시대에 뒤떨어진 것, 커뮤니케이션이 잘 되고 국민한테 전달이 돼야 정책도 있는 것이고 사업도 있는 거다. 국민에게 가까운 정부, 국민과 통하는 정부가 돼야 제대로 일할 수 있다"라고 반박

- 이후 '국토부장관도 당할 뻔한 전세사기' 직접 적은 칠판 글씨로 신종 전세사기 유형을 상세히 설명, 정부 차원에서 검토 대책 등을 소개하는 영상 등 국토부 정책과 장관으로서 행보 관련 주1회 업로드

〈그림 5-3〉 국토부 장관의 유트브 활용 사례

커피 한 잔

정책과 유명인의 복잡한 관계

요즘은 연예인, 인기 유튜버, 유명 학자나 방송인 등 인플루언서 마케팅이 흔한 상황이지만 민간 기업에 비해 홍보예산이 거의 없는 중앙 부처의 경우, 가장 접하기 쉬운 홍보방법은 유명인의 힘을 빌려 '홍보대사' 등을 위촉하는 등 영향력을 함께 이용하는 전략입니다. 유명인이 정책을 알려주면 자연스럽게 언론의 관심은 물론 사람에 따라 팬덤 현상에 도움을 받기도 합니다.

부처에서 가장 접하기 쉬운 유명인은 부처의 '장관'입니다. 장관을 통한 정책 알리기는 쉽게는 보도자료 배포에 장관 멘트를 삽입하거나, 장관 인터뷰나 기고 등 대중 미디어 활용과 함께 장관이 현장을 방문하거나 체험하는 상황을 만들어 언론의 관심을 끄는 현장 마케팅 등 다양한 방법이 있습니다.

외부적으로는 연예인을 비롯해 스포츠인, 최근에는 유튜버까지 유명인을 '홍보대사'로 임명해 그 명성과 인기를 이용해 정책 브랜드의 주목도를 높이는 경우가 있습니다.

그러나 부처가 정책 중심으로 국민과 소통을 해야 하는데 유명인 개인의 활동 중심으로 홍보를 진행하게 되면 개인의 이미지가 곧 정책, 부처의 의미지화되는 것을 경계해야 합니다. 가령, 장관 퇴임 후 정책 추진에 힘이 빠지거나 연예인에게 부정적인 이슈가 발생하여 정책 이미지에 해가 되기도 합니다.

5. 사례 3: 공간이 주는 힘, 공간이 주인공이 되는 정책 브랜딩

□ '장소 마케팅'은 지자체나 중앙 부처 차원에서 특정 장소 혹은 도시 전체를 하나의 상품이자 브랜드로 인식하여 고유의 이미지를 개발하여 알려나가는 체험형 마케팅 전략. 지역 이미지 구축을 위하여 지역을 정비하거나 건축물 등을 세우는 것부터 테마파크형으로 만들거나 박물관, 미술관 등과 연계하는 등 지역자원을 최대한 활용하는 식으로 진행

○ 청와대 개방, '최고 권력의 상징'에서 '모두를 위한 청와대'로 운영

- 대한민국 역사의 최고 권력의 상징으로서 청와대는 오랫동안 일반인들이 접근할 수 없는 정권의 힘으로 인식되어 왔음. 이를 윤석열 대통령 취임과 함께 모든 국민이 누리는 '열린 공간'으로 재구성하고 국민 품으로 돌려주겠다는 취지에서 진행
- 역대 정부에서도 꾸준히 시도되었지만, 보안, 경호 등 현실적인 문제에 부딪혀 부분 개방에 그쳤고 2022년 대통령 집무실을 용산으로 이전하면서 전면 개방으로 완성
- 청와대 본관, 복지원 등을 비롯해 백악산 등산로를 유기적으로 연계해 국민이 찾고 싶은 쉼터이자 역사문화공원으로 조성하여 일반 국민에게 전면 개방하고 문화체육관광부, 문화재청 및 서울시와 연계하여 다양한 공간 활용 프로그램 운영(개방 첫날 축하 공연 및 행진, 국민대표 74인 입장)
- 이를 통해 조선과 근현대사를 관통하는 하나의 축으로 역사와 미래가 공존하는 상징적 공간이자 미래유산으로 재도약할 수 있는 계기 마련
- 문체부 주관의 '청와대관리활용추진단' 조직을 구성해 대통령

역사, 문화예술, 문화재, 수목 등 네 가지 핵심 콘텐츠와 관련된 전시, 공연, 탐방 프로그램을 운영하여 국가기념일 및 장애인, 어린이, 국가유공자 등을 위한 특별 프로그램 준비하여 운영하겠다고 밝힘

- 문화재청 차원에서 청와대 권역을 주변 자원 등과 연계한 관광 클러스터로 조성하여 테마형 관광 프로그램 운영 예정

〈그림 5-4〉 청와대 개방 전(좌)과 개방 후 국민들의 입장 모습(우)

6. 사례 4: 함께 모여 하나의 브랜드 알리기, 연합형 브랜드 캠페인

□ 정부가 추진하는 공공캠페인의 주요 특징 중 하나가 특정 부처가 혼자 추진이 어려운 과제가 많다는 것. 같은 목적의 정책을 여러 부처에서 더 세밀하게 나눠서 수행하는 경우가 많으므로 여러 부처 간 협업과 공동 연계가 필요하며 이를 얼마나 잘 수행하는가가 정책 브랜딩의 성공 주요 기준으로 인식됨

□ 캠페인은 근본적으로 참여가 늘수록 효과적인 캠페인이 되기도 하지만 같은 목적임에도 서로 다른 목소리를 내거나 세밀하게 융합되지 못하는 경우 단일한 메시지와 이미지 전달에 실패하기 쉬워서 여러 부처가 공동으로 정책 브랜드를 노출하거나 정책캠페인을 추진하는 경우 메시지 분산 등의 문제점이 노출되어 효과적인 캠페인 추진이 어려운 경우가 있음

□ 따라서 성공적인 정책 캠페인은 부처 간 유기적인 결합과 역할 분담을 통해 캠페인 취지를 공감하며 동일한 이미지와 메시지를 전달하며, 각자의 채널과 네트워크를 통해 효과적으로 정책 메시지를 전달해 국민에게 '유기적으로 잘 운영되는 정부', '국민의 행복을 위해 노력하는 정부', '문제해결에 있어 유능한 정부' 이미지를 전달하는 데 있음

○ 코로나19 확산은 국가적인 위기 상황에서 국민의 적극적인 참여와 동참이 필요한 상황이었음. 국가적으로 방역관리 지침을 세우는 동시에 국민을 안심시키고 방역대응에 적극 동참시키기 위한 다양한 캠페인을 추진했으며 이를 위해 행정안전부, 보건복지부, 질병관리청 등이 주축이 되어 중앙재난안전대책본부를 구성, 운

영하였음

- 코로나19 상황에서는 크게 3가지 범정부적 캠페인이 추진되었음. 정확한 코로나19 예방법과 원인 등이 밝혀지지 않는 상황에서 감염병 확산을 멈추고 국민에게 감염병 대응방법을 전달하기 위한 '사회적 거리두기', '마스크 착용하기' 등의 감염병 대응 캠페인을 먼저 시작
- 다음으로는 접종 중심으로 감염병 대응이 변화하면서 해외에서 개발된 백신 접종에 대한 국민적 불안감이 확산하는 상황에서 백신 접종률을 높이고 안정적으로 2차 접종까지 끌어내기 위한 '백신접종 캠페인'을 진행
- 마지막으로 코로나19 상황에서 일반 국민의 자발적 방역 참여와 공동체 의식 향상을 끌어내기 위해 추진되었던 '덕분에챌린지', 코로나19 지원금의 올바른 사용을 유도하기 위한 '힘내라 우리경제' 캠페인 등이 추진되었음

① 코로나19 캠페인 극복 캠페인1: 사회적 거리두기부터 백신접종

○ 사회적 거리두기(Social distancing)란? 2020년 2월 29일부터 2022년 4월 18일까지, 2년 1개월(757일)간 진행되었던 코로나19 대비 사회적 생활 규제 정책을 말함

- 국가의 의료 수용량이 한계에 다다르고 있지만 치료 약과 백신이 없는 전염병 상황에서 전염병 발병 곡선을 늦추고 의료 수용량의 한계를 넘어 의료붕괴를 막기 위해 추진했던 정부의 감염병 대응 정책으로 보건복지부, 질병관리본부, 행정안전부가 중심이 되고 정부 전체가 함께 추진한 국가적 캠페인
- 사회적 거리두기는 총 4단계로 구분되어 간 단계별 대응과 행동 지침, 적용 지역을 다르게 운영하며 탄력적·유연하게 진행되었지만, 지역별로 서로 다른 거리두기 단계와 적용 내용이 달라 많은 국민이 혼란을 겪음

- 특히 이동과 접촉을 금지하는 사회적 거리두기의 특성상 개인의 생활은 물론 학업, 경제적인 활동까지 제한되면서 많은 사람의 불만과 문제점 등이 노출되면서 부처 간 협조체계가 더욱 중요시되었으며 이를 어기는 경우 바로 지역사회 감염이 확산되기 때문에 철저한 국민 참여가 필요한 캠페인으로 진행되었음
- 사회적 거리 두기 단계에서 일반 국민에게 가장 많이 전달하는 대응방법은 개인위생 수칙 준수였는데 '손 씻기', '마스크 착용하기', '불필요한 외출 금지' 등이었으며 각 부처와 지자체, 민간 기업과 유명인 등이 동참하여 손 씻기 캠페인, 마스크 제대로 착용하기 등의 캠페인에 참여하며 자발적인 참여를 유도하였음

〈표 5-1〉 코로나19 시기 사회적 거리두기 단계와 캠페인 내용

<table>
<tr><th>단계</th><th>명칭</th><th>개념</th><th>주요 대응</th><th>캠페인 내용</th><th>적용 지역</th></tr>
<tr><td>1단계</td><td>지속적 억제 상태 유지</td><td>통상적인 의료 대응</td><td>밀집/밀폐/밀접 방지를 위한 시설별 개인별 방역수칙 준수</td><td rowspan="2">손 씻기, 마스크 착용 등 개인위생 당부</td><td rowspan="3">시군구, 시도, 권역</td></tr>
<tr><td>2단계</td><td>지역 유행</td><td>지역, 의료 방역 대응 한계</td><td>이용 인원 제한</td></tr>
<tr><td>3단계</td><td>권역 유행</td><td>권역 대응 한계</td><td>사적 모임 금지</td><td rowspan="2">불필요한 접촉 금지, 코로나 블루 대비책 등</td></tr>
<tr><td>4단계</td><td>대유행</td><td>전국적 방역, 의료 체계 한계 도달</td><td>외출 금지(집에서 머무르기)</td><td>권역 또는 전국</td></tr>
</table>

② 코로나19 캠페인 극복 캠페인2: 국민참여형 #덕분에챌린지

- 코로나19로 한계 상황에 놓인 의료진을 격려하며 헌신과 노고를 기리는 마음에서 중앙재난안전대책본부 차원에서 2020년 4월 16일부터 시작된 캠페인
- 인스타그램 등 사회소통망을 통해 의료진에게 수어로 '존경합니다'라는 표현으로 엄지 손가락을 치켜세우는 행위를 표현하며 사진을 찍어 #덕분에캠페인 #덕분에챌리지 해시태그와 사진을 업로드하며 다음 참여자 3명을 지목하는 형태로 운영되었음
- 보건복지부 추산 약 3만여 명이 캠페인에 참여했으며 당시 문재인 대통령과 국무위원 등을 비롯한 각 정부 부처와 지자체장, 공중파 뉴스 클로징 멘트 시 앵커 참여, 가수 보아, 금메달리스트 김연아 등 유명인들의 자발적 참여로 전개됨
- 그러나 이후, 의료진들의 과로 등 의료 수용량 한계를 넘어서는 상황에서 정부의 의대 정원 확대, 공공 의대 설립, 비대면

〈그림 5-5〉 #덕분에챌린지 캠페인 상징이미지와 참여 사례

진료 추진 등에 대한의사협회가 반발하면서 의료파업을 선언하며 '덕분에챌린지' 취지를 패러디한 #덕분이라며 챌린지를 진행하자 이에 보건복지부는 일종의 출구전략으로 국민의 희생과 자발적 동참을 감사하는 #국민덕분에 진행

③ 코로나19 캠페인 극복 캠페인3: 코로나19 상생국민지원금, "힘내라 우리경제, 힘내라 우리국민"

- 코로나19로 소비가 위축되고 경제활동이 어려워지면서 서민 중심으로 어려움에 봉착하여 경기침체를 해소하기 위해 긴급 재난지원금 지급을 결정하여 총 2차에 걸쳐 진행
- 2020년 4월 1차로 진행된 재난지원금은 건강보험료를 중심으로 소득70% 이하 계층으로 설정해 총 270만 가구가 별도 신청이나 방문 없이 신용·체크카드, 지역사랑상품권, 선불카드 중에서 선택하여 지원금을 세대당 최대 100만 원 상당까지 받을 수 있도록 하였음
- 지원금 지급 목적을 내수경기 살리기로 하고 그 직접적 타깃을 지역소상공인으로 한정해 사용처를 거주지 지역에 소상공인으로 제한하고, 사용 기간의 한계를 두었으며 지원금 사용에 있어 고소득자에게는 자발적 기부를 유도하고 일반 국민에게는 백화점과 대형마트 사용을 제한하며 지역 내 영세 소상공인에서만 사용할 수 있도록 규정을 두었음
- 이에 정부는 합리적으로 소비하면서도 지원금 취지에 맞는 사용처를 안내하는 한편 정해진 기간 내 사용이 가능한 점을 알리는 캠페인으로 '힘내라 우리경제, 힘내라 우리국민'을 전개

커피 한 잔

코로나19 극복 '긴급재난지원금' 캠페인

코로나19 긴급재난지원금은 코로나로 지역경제가 어려워지자 소비진작을 통한 내수경기 활성화를 위해 지급되었습니다. 전 국민을 대상으로 현금성 비용이 지급되는 등 국민적 관심도가 매우 높은 사안이였지만 명칭 그대로 매우 긴급하게, 한꺼번에 진행되었기에 지급대상이 되는 소득 기준 확인, 현금이 아닌 카트 포인트를 통한 지급 방법, 사용처 제한 등에 대한 안내가 절실했으며 동시에, 지원금 지급 취지에 맞는 목적성 사용에 대한 캠페인 전개에 필요성이 높았습니다.

지급 자격을 소득 70% 수준이하만 지급한다는 자격조건을 확인하기 위한 온라인 사이트 안내부터 카드사·은행 등을 통한 지급, 작은 동네 상권에서 지원금을 사용해야 하는 사용취지까지 전 과정을 실수 없이 전국적으로 진행해야 했으며 이 과정에서 정부에 대한 신뢰성 확보가 꼭 필요했습니다.

<지자체 및 카드, 은행 등에 배포되었던 공식 홍보물 제작 양식>

<은행 및 카드사에서 활용한 홍보물 제작 사례>

커피 한 잔

코로나19 극복 '긴급재난지원금' 캠페인 <계속>

민감한 개인정보와 관련된 내용이여서 신뢰성 있는 사이트 구축 등이 필요하여 지원금 사용 취지를 잘 드러낼 수 있는 브랜드 슬로건을 제작하고, 이미지로 로고화하여 온라인 배너, 지자체 홍보물 및 민간 기업과 사용처 등에서 사용할 수 있도록 배포하였습니다.

정책명과 슬로건은 직관적인 메시지를 그대로 활용하였으며 대 한민국정부 로고와 함께 각 기관의 로고 위치 등을 유연하게 넣을 수 있도록 자리 배치한 인쇄, 온라인 홍보물, 옥외광고 및 오프라인 홍보물 등의 제작 가이드라인을 전국 행정기관과 은행권 등을 통해 배포하였습니다.

또한 정책 추진의 목적대로 지원금이 코로나로 힘든 동네 소상공인, 자영업자 중심으로 활용될 수 있도록 '긴급재난지원금 사용처 스티커' 등을 만들어 배포하고, 각종 홍보물 제작과 안내에도 주력하였습니다.

7. 사례 5: 국가적, 미래적인 아젠다 셋팅

□ 국가균형발전, 청년정책 수립, 환경보호 정책 등 정부의 정책 자체만으로는 타깃 수용자에게 어렵게 느껴져 구체적인 정책 브랜드로 발전하기 어려운 정책이 많음. 이를 구체적인 이미지로 명확히 하고 일반 대중이 공감할 수 있도록 정책 네이밍을 하고 브랜딩을 통해 정책적 지지도를 확보하면서 개인에게 돌아올 혜택이나 실천 내용을 알려주는 것이 정책 브랜드의 시작

① 246개의 지자체와 함께하는, 고향사랑기부제

- 고향사랑기부네는 저출산·고령화로 인한 지방소멸 위기 대응책으로 2023년부터 시행한 일종의 기부제도로 개인이 지방자치단체에 기부하면 세제 혜택과 함께 지역특산품을 답례로 제공하는 제도
- 기부 주체는 개인만 해당하며 거주지역을 제외한 전국 모든 지자체를 대상으로 기부 상한액은 1인당 연간 500만 원으로 제한되며 기부금의 30% 이내서 답례품을 제공함 10만 원까지 전액 세액 공제되여 기부 금액에 따른 인센티브 부여
- 이 제도는 일본의 수도권 인구 집중과 지방소멸에 대응하기 위해 2008년도 시행한 '고향납세제도'를 벤치마킹한 것이나 일본과 달리 법률에서도 '고향사랑기부금'으로 명시함으로써 명칭에서 기부의 목적을 명확히 하면서 정책 브랜드와 동시에 법률명으로서 지정하여 제도와 캠페인 명이 혼돈되거나 유사어 남용 등의 법적인 문제도 제거하였음
- 지자체에 기부금이 직접적인 수입으로 잡히기 때문에 지자체가 적극적으로 제도를 홍보하고 있으며 지자체 개별 홍보물 외에도 중앙정부 차원에서 통합 홍보물을 제작해 배포하면서 지

자체가 유연하게 사용할 수 있도록 저작권 등을 허용하였음

- ‘고향사랑기부제’ 이름을 차용하여 고양이 캐릭터를 활용하여 정보를 알리고 소통하고 있는데 특히 카카오톡, 챗봇 등의 서비스는 정책 브랜드를 의인화했다는 점에서 신선
- 고향에 기부하기 위한 종합정보시스템 이름을 국민에게 공모하여 ‘고향에 사랑을 전하고 싶은 마음을 잇겠다’라는 의미에서 ‘고향 사랑 e 음’으로 선정하고 URL도 ilovegohyang.go.kr 설정하여 고향사랑기부금에 참여하기 위한 전 과정에서 고향사랑기부제 운영 취지를 직관적으로 전달하면서 ‘고향사랑’의 감정을 감성적으로 전달하기 위한 장치를 활용
- 정책 타깃층을 (1) 지역에 관심이 많은 50대 이상의 중장년층과 (2) 세액공제와 답례품 등을 중시하는 합리적인 세대로 분류하여 홍보전략 추진. 중장년층에게는 향수를 자극하는 트롯가수, 공중파TV(가요무대, 전국노래자랑 등) 및 신문, 주민

〈그림 5-6〉 고향사랑기부제 대표 홍보물 및 캐릭터, 지자체 활용 사례

센터 및 은행창구 등과 연계하여 홍보 진행한 반면, 젊은 세대에게는 고향의 의미를 내세우기보다는 기부와 함께 세액공제가 가능한 점, 기부의 일정 부분을 품질 좋은 지역의 답례품을 강조하여 '사회적 의미도 있으면서 합리적인 기부'라는 인식을 심어주는 전략적 소통 진행

② 대한민국 청년정책

- 국가와 지방자치단체의 청년에 대한 책무에 관한 내용을 담은 법안으로 2020.8.5.일부터 '청년기본법'이 시행되면서 정부의 청년정책을 청년들에게 알리는 것과 정부 정책에 청년의 의견이 반영되도록 추진하기 위한 범부처간 정책 추진
- 주요 내용으로 청년의 범위를 19세 이상 34세 이하로 정의하되, 다른 법령과 조례에 따라 청년을 다르게 적용하는 경우 그에 따르게 했다. 또 국무총리 소속으로 청년정책조정위원회를 두고 청년정책에 관한 주요 사항을 심의·조정하며, 지자체에도 같은 기능에 지방청년정책조정위원회를 설치하도록 했다. 아울러 청년 정책 결정 과정 및 위원회 구성 시 의무적으로 청년 참여 등 청년의 권익증진을 위한 종합적인 정책 추진을 포함
- 청년정책은 국무조정실을 중심으로 고용부, 문화체육관광부, 행정안전부, 농림부 등 거의 모든 부처에 관련된 정책이나 제도가 흩어져 있어서 통합 브랜드와 슬로건 등을 마련해 청년정책을 통합적으로 전개

○ 주요 추진 사례

- 청년의 날: 매년 9월 셋째 주 토요일, 청년의 권리보장 및 청년 발전의 중요성을 알리고 청년문제애 대한 관심을 높이기 위한 법정기념일. 종합적인 청년정책 박람회 등을 개최하고 지역별로 '청년주간'을 운영
- 온라인 청년 공간: 청년포털(www.2030.go.kr), 온라인 청년

〈그림 5-7〉 정부 기관 로고와 혼합해서 사용할 수 있도록 변형 가이드라인 배포

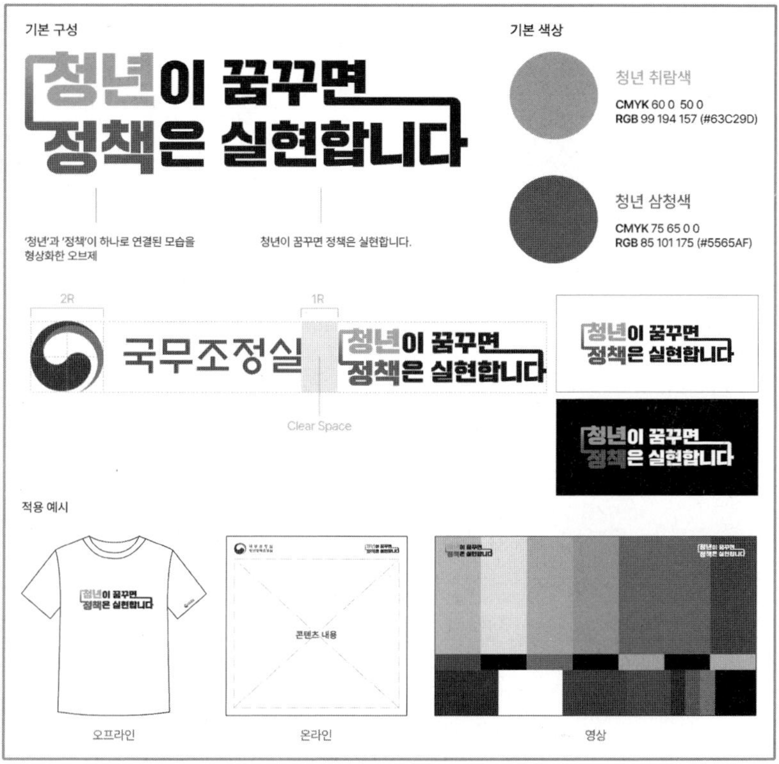

센터 '온통청년(www.youthcenter.go.kr) 등을 운영하며 청년 정책 안내와 상담, 지원 등을 하고 있음

- 부처별로 공통적으로 청년정책의 일환으로 '2030 자문단', '청년인턴', '청년보좌역' 등의 제도를 운영하며 정책 추진 전반의 청년들의 이야기를 반영하는 한편, 이들을 '청년정책의 홍보대사'로 활용하고 있음

〈그림 5-8〉 지역별 '청년의 날' 홍보 포스터

8. 사례 6: 비주얼이 곧 메시지고, 브랜드!

□ 정부 정책은 무형의 형태가 많아서 정책을 이미지 형태로 알리는 것이 쉽지 않지만 강인한 체력과 의지로 국민을 위해 봉사하는 공무원의 이미지를 안전·보안 부처의 정책 브랜드로 설정하고 이를 이미지적으로 알리는 경우가 있음

○ 비주얼로 '강함'을 브랜딩하는, 국방부·소방청 브랜딩

① 국방부, '강한국방'

- 국방부는 2017년 국군 화보 프로젝트 힘(HIM)을 시작으로 매년 '강한 국방'을 알리기 위한 화보 프로젝트를 진행하고 있음. 2017년 새정부 출범 이후 새로운 국정비전에 맞춰 군의 전문성과 유능함을 이미지로 전달하기 위해 추진되었으며 국방부가 지속적으로 추진해왔던 장병사랑 캠페인 '고마워요, 우리 국군'을 군 이미지 홍보를 위해 처음 시작

〈표 5-2〉 국방부의 '강한군' 화보 프로젝트

연도	주제	콘셉트 등
2017	유능한 안보, 튼튼한 국방	13개 보직을 소개하며 유능한 국방부 이미지 전달
2018	대한민국 국군, 닮음을 담다	임시정부 수립 100주년을 앞두고 자랑스런 독립전쟁의 역사와 현재 국군장병과의 연계성 찾기
2019	대한민국 최극강 국군	육해공군 및 해병대까지 16개 임무 장병
2020	대한민국 뉴 디펜스	국방개혁 2.0을 구현하는 신개념 국군의 모습
2021	당신은 나의 자부심, 우리 국군	특수부대 군장병의 모습 제시
2022	강한 국군	13개 부대 장병과 참전용사 후손인 주한미군 장병이 함께 국방혁신 4.0 이미지 전달
2023	이유 있는 강함	힘에 의한 평화를 지키는 장병들의 모습

〈그림 5-9〉 국방부 사례

K-컬처 스크린 영상 조감도

2022년 국군 화보 대표 사진

② 소방청, '몸짱 소방관'

- 소방청은 국민을 위해 희생하고 봉사하는 건강한 안전지킴 이의 이미지 전달을 위해 '몸짱소방관'을 선발하고 화보를 만 들어 기부 판매를 진행하고 있음. 이는 소방청 차원이 아니라 민간 기업 등과 함께하는 형태로 2015년 처음 나온 이후 2023년 10회째를 맞이 했으며 몸짱 달력을 통한 수익은 중증화상 환자를 치료하는 데 사용한다고 밝히고 있음
- 최근 국방화보 프로젝트는 인쇄용 화보는 물론이고 광화문 k-컬쳐 스크린, 옥외광고, 패션 매거진 등의 옥외미디어에서도 볼 수 있도록 통합형으로 진행

〈그림 5-10〉 소방청의 '몸짱 달력' 프로젝트

9. 사례 7: 참여와 실천형 안전정책 브랜드 캠페인

□ 안전을 주제로 하는 캠페인은 정부에서 가장 많이 진행하는 주제로, 실천을 통해 자신과 가족, 공동체의 안전을 확보하는 게 목적. 때문에 구체적인 실천 내용이 포함되며 이를 실천했을 경우 긍정적 메시지와 어겼을 경우 생명과 안전에 큰 영향을 받거나 경제적, 행정적 손해를 강조하는 형태로 진행되는 경우가 많음

- 학교 앞 어린이 안전을 위한 '스쿨존 지키기' 캠페인의 경우, 학교 앞 공간을 '스쿨존(School Zone)'으로 네이밍하고, 해당 공간을 '어린이 안전을 위해 30km 서행', '주정차 엄격 금지' 공간으로 지정하고 노란색으로 별도로 구분하였음
- '스쿨존 안전지키기'는 불법 주정차시 벌금 2배 등의 부정적인 면을 강조하기보다 '어린이 안전의 중요성' 등을 부각하는 긍정 프레임을 중심으로 브랜딩하였음
- 때문에 정부 차원의 안전캠페인은 새로운 법과 제도를 일방향적으로 알리기보다는 많은 사람들의 자발적인 참여와 정책적 지지를 통해 새로운 법과 제도가 운영되는 것이 효과적이라고 판단하여 민관 차원에서 캠페인을 추진하는 경우가 많으며 이 경우 정부는 추가적으로 필요한 제도적 개선안, 시설 정비 등에 앞장서 진행해야 정책 추진의 성공을 견인할 수 있음

① 두 손의 기적, 하트 어게인(Heart Again)

- 2022년 10.29 참사 이후, 심폐소생술에 대한 국민적 관심이 높아짐에 따라 심폐소생술에 대한 이해와 참여도를 높이기 위한 온오프 캠페인 추진
- 캠페인의 목적으로 심폐소생술의 중요성은 인지하고 있지만 실

제 심폐소생술 시행에 자신이 없어 망설이는 순간을 방지하기 위한 캠페인으로 '생명을 구할 수 있는 용기'를 가지고 생명의 골든타임을 확보할 수 있도록 교육과 인식개선에 주안점을 둠

- 캠페인 슬로건과 로고, 메시지 등을 도출하여 실제 심폐소생술을 가장 적극적으로 실시할 수 있는 대상(스포츠 활동에 적극적인 2030세대)을 타깃으로 브랜드 캠페인 운영
- 캠페인 운영을 위한 전략으로 ①심폐소생술에 가장 적극적인 계층을 2040세대로 설정하고 이 세대들이 위기 상황에서 망설임없이 생명을 살릴 수 있도록 '자부심'과 '용기' 고취 ②실제 심폐소생술로 생명을 살린 일상에 평범한 사례자들의 목소리를 통해 '누구나 용기를 가지고 실천하면 살릴 수 있다'는 메시지 전파 ③전체 캠페인 슬로건 메시지(두 손의 기적, 심폐소

〈그림 5-11〉 하트어게인, 체험형 팝업하우스 운영 사례

생술)와 로고 타입을 설정하여 단일한 이미지와 메시지 전파 ④핵심 타깃들이 선호하는 스포츠 현장(2022 군산국제마라톤대회장)과 연계하는 체험형 팝업하우스 운영 ⑤디지털 톤텐츠를 통해 교육과 감동, 재미와 의미를 전달

※ 2023디지털광고대상 공공부문 대상(한국디지털광고협회), 2023공공 브랜드 정부-혁신브랜드 부문 우수상(한국공공브랜드진흥원) 수상

② 안전의 눈높이를 맞추자, 아이레밸(Eye-Level) 캠페인

- 위기 상황에서 타깃별 눈높이에 맞추지 않는 안전대피 훈련의 중요성을 전달하며 타깃별 눈높이에 맞는 안전훈련이 필요하다는 캠페인 전개
- 캠페인 슬로건을 '아이레벨'로 설정하여 '어린아이'와 '시선(eye)'의 이중적 의미로 활용하여 어린이뿐 아니라 노인, 장애인, 성인 등 다양한 계층의 시선에서 안전시스템과 안전교육의 틀을 다시 구성하자는 의미에서 전개
- '아이레밸(Eye-Level)' 캠페인은 시리즈형으로 기획하여 위기대응 상황에서 어린이의 눈높이에서 비상구 위치, 대피 로 등을 안내하는 재난훈련의 중요성을 알려주고 궁극적으로 어린이가 쉽게 인지하고 판단할 수 있는 재난안전 시스템 구축 을 목적으로 캠페인 진행
- 시작점으로 어린아이의 '아이레벨'을 맞추기 위해 ①아이의 아이레벨에 맞는 안전대피 유도선 맞추기 ②아이 눈높이에 맞는 비상구 표지판 낮추기 ③아이레벨이 맞는 쉽고, 명확한 비상구 싸인 구성하기 등의 주제를 가지고 실험카메라 형식으로 캠페인 전개

※ 2023공공 브랜드 정부-혁신브랜드 부분 대상(한국공공브랜드진흥원), 2023광고PR실학회 공익광고 PR부문 금상 수상

커피 한 잔

실패하는 정책 브랜드의 조건은?

실패하는 정책 브랜드에는 일종의 법칙이 있습니다(물론 정책 자체가 아니라 정책 브랜드로서 성공하지 못했다는 의미입니다).

첫째, 정책명과 정책 브랜드, 슬로건이 명확하지 않고 섞여 있는 경우입니다. 어떤 것이 정책 이름이고 어떤 것이 브랜드이며, 어떤 것이 슬로건인지 명확하지 않아서 모두 다르게 쓰이는 경우가 있습니다. 특히 여러 부처가 함께 추진하는 정책인 경우, 같은 사업을 모두 다르게 표현하고 모두 다르게 사업하는 경우가 있습니다. 이런 경우, 국민에게 동일한 정책이 종합적으로 진행된다는 이미지를 심어주기 어려울 수밖에 없습니다.

두 번째는 부처별 중복사업, 중복 캠페인으로 그 정책의 주인이 누구인지 모르는 경우입니다. 물론 국민의 입장에서는 이 정책을 어느 부처가 진행하던 상관이 없을 수 있겠지만 브랜드의 주인의 마음은 그렇지 않을 수 있습니다. 차별성 없는 브랜드는 신뢰도를 확보하기 어려울 뿐입니다.

셋째, 성공하는 이름이나 신조어를 그대로 가져다 쓰는 경우입니다. 가령 인기있는 드라마를 차용해 '슬기로운 ○○○생활', '재벌집 ○○정책' 등으로 정책명을 붙인다면 한 동안은 재미있고 눈에 띄는 브랜드라고 생각될 수 있겠으나 생명력이 짧을 수 있습니다. 수년이 지난 후에도 인정받을 수 있는 브랜드라고 할 수 있을지는 의문입니다. 이와 비슷하게 이미 익숙한 정책이나 브랜드명을 차용해 재사용하는 경우가 있습니다. 가령 '정부24'가 익숙하다고 해서 '문화24', '세금24' 등으로 확장한다면 당장은 부르기 쉽겠지만 독특함을 찾아보기 어려워집니다. 마찬가지로, 1회성 행사성 캠페인, 기관장 중심의 캠페인 등은 오래 기억되기 어렵습니다.

마지막으로 민간과 차별점을 찾지 못하는 사례입니다. 민간의 사회공헌 캠페인에 비해 공공 캠페인은 공공성과 공익성을 실현

커피 한 잔

실패하는 정책 브랜드의 조건은? <계속>

하며 이를 제도적으로 바꿀 수 있다는 점에서 의미와 차별점이 있습니다. 인식전환이나 국민참여의 목적만이 아니라 사회적 가치에 맞는 제도개선과 함께 추진되는 것이 공공의 정책 브랜드 캠페인만의 차별점이라고 볼 수 있습니다.

▮참고문헌

국방부 보도자료. "청년 장병들이 화보로 보여주는 강한 국방, 2023 국군 화보 공개", 2023.10.12.

김유경,김유신,이진용,이무용,구자룡,김형남,박영숙,이현주,신호창,곽영진,강소영,이동우 (2014). (국가·지자체·공기업·정책 등을 아우르는 글로벌 시대의) 공공브랜드의 전략적 관리 = Strategic management of public brands. 한경사.

문화체육관광부 (2013). 부처별 대표 정책브랜드 관련 국민인식 조사 보고서.

보건복지부 보도자료, "덕분에 챌리지 등 2020 앤어워드 수상", 2021.1.22.

서울시 (2020). 서울, 브랜드와 통하다. 서울도서관.

윤설민 (2020). 대전의 도시브랜드 슬로건 비교와 활용방안, 대전세종연구원.

이희복 (2023). 도시브랜드 커뮤니케이션. 한울.

케빈 레인 켈러, 바니타 스와미나탄 (2022). 전략적 브랜드 관리(김가은, 김지영, 박상일, 서주호나, 송정미 역). 시그마프레스.

행정안전부 보도자료, "긴급재난지원금 신청 및 지급 방안", 2020. 5.1.

행정안전부 보도자료, "디지털 캠페인으로 국민에게 더 쉽게 정책도 알리고, 대한민국 광고상 다수 수상", 2023.12.14.

6장

공기업의 공공 브랜드 정책과 공공 브랜딩 매뉴얼 사례

김병희

김병희 kimthomas@hanmail.net

현재 서원대학교 광고홍보학과 교수교수로서, 한국공공브랜드진흥원 부원장으로 봉사하고 있다. 서울대학교를 졸업하고 한양대학교 광고홍보학과에서 광고학박사를 받았다. 한국광고학회 제24대 회장, 한국PR학회 제15대 회장, 정부광고자문위원회 초대 위원장, 서울브랜드위원회 제4대 위원장으로 봉사했다. 그동안 『공공 브랜드란 무엇인가』(2023, 공저), 『광고가 예술을 만났을 때 아트버타이징』(2021)을 비롯한 60여권의 저서를 출간했다. 또한, “광고 건전성의 구성요인과 광고 효과의 검증”(2022)을 비롯한 110여 편의 논문을 국내외 주요 학술지에 발표했다. 한국갤럽학술상 대상(2011), 제1회 제일기획학술상 저술 부문 대상(2012), 교육부·한국연구재단의 우수 연구자 50인(2017) 등을 수상했고, 정부의 정책 소통에 기여한 공로를 인정받아 대통령 표창(2019)을 받았다.

1. 한국방송광고진흥공사의 공공성 제고 배경

○ 한국방송광고진흥공사(KOBACO, 이하 공사)의 미션은 방송의 공공성과 다양성의 구현 및 방송통신 광고시장의 활성화를 통해 건강한 미디어 생태계를 조성하고, 공기업의 사회적 가치를 실현하는 것. 공사의 비전은 국민과 함께 미디어와 함께 스마트 광고 허브를 만드는 데 있음[1]

○ 공공성 제고를 위한 사업 방향성과 가치 지향점은 4가지로 나타남. ① 차세대 미디어에 대한 광고 표준체계의 확립으로 성공적인 시장 안착 지원 및 산업선도(→광고를 통한 미디어산업 성장과 글로벌 경쟁력 제고 및 일자리 창출 견인), ② 성장유망 기업의 발굴과 육성을 위한 중소기업의 광고 마케팅 지원 강화(→ 중소기업 육성으로 경제 활성화 및 광고시장 성장 유도), ③ 국내 유일의 광고 마케팅 전문 공공기관으로서 광고산업 성장을 위한 인프라 구축(→ 광고회사·광고주·제작사·협회 등 산업 주요 구성원의 성장과 발전의 토대 마련), ④ 광고 정책의 거버넌스 재편에 따른 공공커뮤니케이션의 효율적 집행 확대(→ 정부광고와 공익광고의 캠페인 효과 제고로 공동체의 안전과 발전 도모)

○ 미션에 따른 사업 범주와 가치사슬은 광고산업의 진흥과 차세대 미디어의 선도기구로 위상을 재정립하고 새로운 비전의 가치사슬을 정립하는 것으로 요약됨. 미디어의 공공성과 다양성 확보를 통한 미디어 생태계 보전, 차세대 미디어 산업 진흥을 위한 광고 표준의 정립과 시장 활성화, 방송통신 광고시장의 활성화 및 중소기업과의 동반 성장으로 공정하고 원활한 새로운 광고산업 체계를

1 이 글은 한국방송광고진흥공사(2020, 2021, 2023)의 세 가지 자료를 바탕으로 작성했음을 밝힙니다.

구축해 국가 경쟁력 증진에 기여

○ 핵심 가치는 (사회에 대한) 청렴과 신뢰, (고객에 대한) 소통과 상생, (자신에 대한) 도전과 혁신이며, CEO의 경영 방침은 혁신을 통한 미래 경영(위상), 상생을 통한 책임 경영(대외), 소통을 통한 활력 경영(대내)

○ 공사(KOBACO)의 공공성 제고를 위한 브랜딩 정책은 기관이 나

〈표 6-1〉 한국방송광고진흥공사의 중장기(2023-2027) 경영 목표와 전략 체계도

<table>
<tr><td>전략 목표</td><td colspan="2">미디어 공공성·다양성 확보</td><td colspan="2">미디어·광고산업진흥 인프라 구축</td><td>공공·민간 디지털 혁신 사업 육성</td></tr>
<tr><td>경영 목표</td><td colspan="2">광고판매액 1.1조 원 달성</td><td colspan="2">방송통신광고 시장 규모 20조 원 달성</td><td>혁신성장 지원액 2,000억 원 달성</td></tr>
<tr><td rowspan="2">전략 과제 (6개) · 세부 추진 과제 (16개)</td><td colspan="2">미디어솔루션 역량 강화
• 미디어컨설팅 활성화
• 마케팅솔루션 고도화
• 크로스 미디어 판매 기반 구축</td><td colspan="2">DNA관점 산업 활성화 기반 구축
• 미디어·광고산업 R&D 활성화
• 공공데이터 플랫폼 고도화
• 미디어다양성 증진</td><td>중소벤처기업 혁신·성장 지원
• 중소벤처기업 지원사업 강화
• 중소벤처기업 마케팅 컨설팅 확대
• 중소벤처기업 혁신투자</td></tr>
<tr><td colspan="2">중소 미디어 동반성장 지원 강화
• 중소방송사 상생협력 강화
• 지역 미디어 균형발전 견인</td><td colspan="2">데이터·ICT 신기술 기반 산업 혁신
• 광고산업 디지털 전환 추진
• 광고 관련 AI서비스 확충
• 전략적 IT인프라 구축</td><td>공공과 민간 소통전문성 강화
• 공공소통 도구로서의 공익광고 사회기여 확대
• 미디어 커뮤니케이션 산업 인재 양성</td></tr>
<tr><td colspan="6">운영 목표: 조직역량 극대화 통한 사업성과 창출</td></tr>
<tr><td>운영 과제 (경영 관리)</td><td colspan="3">운영1. 경영혁신 전략 구축
• 조직운영 효율성·생산성 강화
• 전략적 이해관계 관리
• ESG 기반 경영성과 창출</td><td colspan="2">운영2. 경영혁신 시스템 확립
• 성과 중심 인사시스템 구축
• 안전·상생 조직문화 조성
• 회계관리 시스템 고도화
• 시설인프라 활용성 제고</td></tr>
</table>

출처: 한국방송광고진흥공사 (2023).

아갈 방향을 모색하는 현실적인 필요가 반영돼 있음. 우리나라의 중앙정부나 243개의 지방자치단체는 물론 관련 학계에서 도시 브랜드 문제에 깊은 관심을 가지게 된 것도 현실적인 필요와 기대 효과 때문이었음(김병희, 2023)

2. 공공성 사업의 범주와 주요 사업

1)차세대 미디어 육성

○ 차세대 미디어 육성의 목적은 차세대 미디어 산업을 포함해 전 미디어의 산업 발전을 위한 광고 표준화 및 광고효과 측정 방안의 수립과 재원의 제공에 있음

○ 전략은 환경 변화에 대응하고 지상파 등 레거시 미디어와 차세대 미디어의 광고통합 판매전략의 개발 등 미디어 균형발전과 차세대 미디어 산업의 성공적 안착을 지원하는데 있음(현행 지상파 광고판매, 균형발전 지원, 디지털 미디어 광고 마케팅 컨설팅 제공 → 미디어 데이터 플랫폼 구축, 통합 미디어 광고효과 측정, 차세대 미디어 광고판매)

○ 차세대 미디어 육성을 위한 신규 사업 추진(미디어 관련)

① 미디어 데이터 플랫폼 구축

- 플랫폼 구축의 배경은 다국적 기업의 미디어 데이터 시장 잠식에 대비한 미디어 데이터 보호 방안 도출이 시급했기 때문
- 사업 내용은 미디어 프레임워크 전반(콘텐츠 생산자, 플랫폼 사업자, 소비자 등 참여)에 걸친 미디어 생태계 조성 및 새로운 경제 동력원 창출(통합시청률 조사 등 미디어 빅데이터 표준화 및 공인 데이터의 유통과 AI 등 신기술을 적용해 차세대 미디어 콘텐츠 아카이브 구축)
- 추진 계획은 미디어 프레임워크를 구축하기 위한 민관합동추진위원회 구성해 실현 가능성과 타당성 검토 후 미디어 데이터 플랫폼을 구축하고 운용

② 차세대 미디어 효과 측정 및 표준화

- 효과 측정 및 표준화의 배경은 인터넷 매체사별 영업 전략의

〈그림 6-1〉 한국방송광고진흥공사의 공공성 사업 범주와 주요 사업

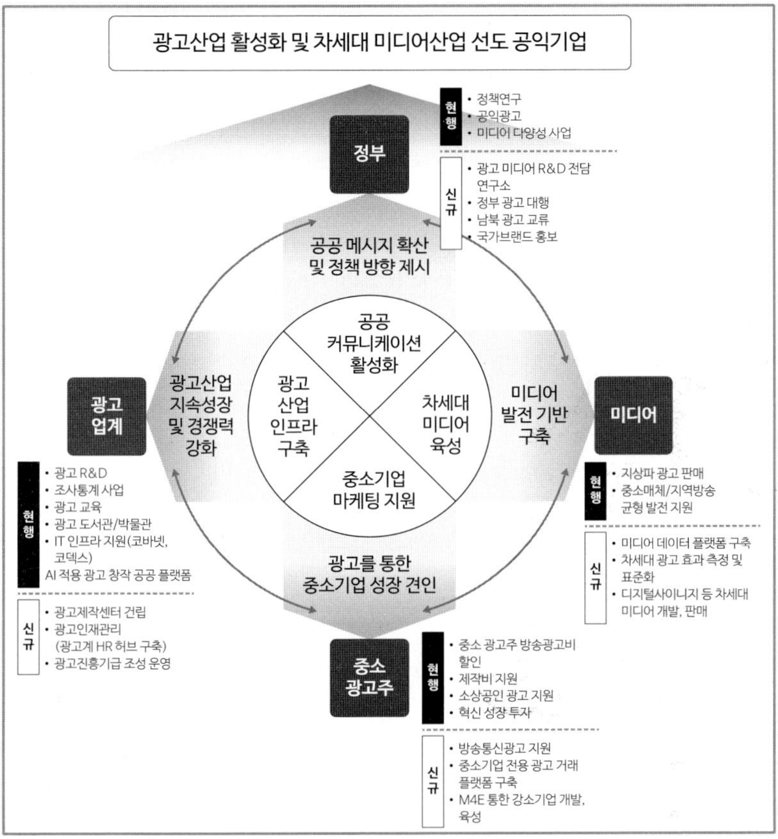

출처: 한국방송광고진흥공사 (2020. 6. 1.).

이유로 불투명하고 상이하게 적용되는 효과 지표와 광고산업의 용어·유형·거래체계 등 복잡한 기준의 정비 필요

- 사업 내용은 통합 마케팅 전략 수립 및 과학적인 미디어 집행을 위해 통합 효과 측정 사업의 수행, 광고산업 내에서 통용되는 기준들을 표준화하여 국내 광고산업의 경쟁력 강화
- 추진 계획은 미디어의 특성을 고려한 표준화된 효과 지표를

개발하고, 자료의 신뢰도 제고 및 현행화를 위해 산·학 연계 조사 지원체계 구축

③ 차세대 미디어 광고 개발 및 판매

- 광고 개발 및 판매의 배경은 차세대 미디어가 등장함에 따라 최적화된 신유형 광고기술 및 기법이 필요하지만 초기 시장의 불안한 수익성으로 민간 개발 저조 우려
- 사업 내용은 차세대 미디어 광고 관련 광고유형, 광고기법, 효과측정 시스템에 대한 개발을 주도하여 차세대 미디어 시장의 활성화를 유도하고 국제 표준을 제시하고 업계 선도
- 추진 계획은 차세대 미디어 광고 제작·광고통계 및 판매 시스템 구축, 기업과 제휴한 신기술 체험장의 마련, 학계와 연계한 차세대 미디어 연구개발(R&D)

2)중소기업 마케팅 지원

○ 중소기업 마케팅 지원의 목적은 중소기업 육성으로 신산업을 활성화하고 광고시장의 성장을 견인하는 데 있음

○ 전략은 국내 사업체 중 99%, 전체 근로자 중 88%를 차지하는 중소기업의 광고 마케팅 지원으로 중소기업의 매출 상승, 중견기업으로의 성장 도약 발판 제공(현행 중소기업 방송광고 지원, 효과분석 자료 제공 → 방송통신광고 지원, M4E 자금지원, 중소기업 전용 플랫폼(중소기업-중소제작사-중소 광고회사 간 광고 마케팅 거래정보 공유 및 중개 플랫폼) 구축

○ 중소기업 마케팅 지원을 위한 신규 사업 추진 (중소광고주 관련)

① 중소기업 방송통신 광고 지원

- 광고 지원의 배경은 중소·혁신기업의 신제품·서비스의 시장 수요 개척을 위한 통신 영역 마케팅의 수요 확대 및 신규 광고주

영입을 통한 광고시장 성장의 동력 필요

- 사업 내용은 지상파 이외의 디지털 미디어 등 전 미디어 영역에서 중소기업 지원하는 미디어 확대와 시장진단 분석, 광고 제작 집행, 효과조사 등 광고 마케팅 분야에 원스톱 서비스 제공
- 추진 계획은 통신 분야 판매를 위한 미디어렙법의 개정, 디지털 분야 전문가 및 미디어 플래닝 전문가의 양성 및 확보

② M4E를 통한 자금지원 및 강소기업 육성

- 자금지원 및 강소기업 육성의 배경은 광고 마케팅 비용의 할인 등 간접 지원 서비스를 넘어 자금의 직접 투자를 통해 중소기업의 실질적 성장 요인의 제공과 중소기업 육성에 관련된 정부정책 달성에 기여
- 사업 내용은 직접 투자금의 일부를 마케팅 비용으로 집행하고, 공사는 마케팅 컨설팅을 통해 기업과 제품의 성공적인 시장 안착과 투자 수익 창출
- 추진 계획은 이미 결성돼 운용하고 있는 M4E 펀드(컴퍼니케이 고성장 투자조합)를 통한 BP창출과 미디어사와 공동으로 추가 펀드의 결성 및 투자

③ 중소기업 전용 플랫폼 구축

- 전용 플랫폼 구축의 배경은 중소기업의 광고 마케팅 지원사업의 지속가능성과 성장성 확보를 위한 전용 거래 시스템의 구축 필요
- 사업 내용은 중소기업-중소제작사-중소광고회사 간 광고 마케팅 거래 정보의 공유와 상호 매칭 중개 시스템 및 미디어 플래닝 시스템 구현
- 추진 계획은 전용 시스템 구축을 위한 중소기업 협의체의 구

성과 참여자별 정보 제공 및 공개(광고주: 타깃 고객, 예산 등, 광고회사: 캠페인 수행 사례 등)

3)광고산업의 인프라 구축

○ 인프라 구축의 목적은 미디어 융합으로 급변하는 광고산업의 환경 변화에 대응하고 광고산업을 활성화시키는데 있음

○ 전략은 국내 광고산업의 활성화와 국제 경쟁력 확보를 위해 일관된 전략과 실질적인 방향성을 갖춘 시스템과 인프라의 구축 추진(현행 광고연구소, 광고도서관, 박물관, 창작공간AD, 광고교육원 운영 → 광고업계 공용·공익 인프라 '차세대 미디어 광고허브' 조성, 광고제작센터 설립, 광고인재관리(경력관리 DB구축), 광고진흥기금 운영)

○ 광고산업 인프라 구축을 위한 신규 사업 추진 (광고업계 관련)

① 광고 제작센터 설립

- 제작센터 설립의 배경은 중소 광고회사 제작비와 제작인력의 부족, 열악한 제작 환경을 개선하는데 있음
- 사업 내용은 저렴한 비용 또는 무상으로 차세대 미디어 광고를 위한 공용 제작 환경 제공
- 추진 계획은 사업 타당성 조사 및 기본 계획 수립, 광고업계의 의견 수렴, 재원과 센터 부지 확보 후 센터 구축

② 광고계 HR허브 구축

- 인적자원 허브 구축의 배경은 미디어 환경 변화에 따른 상시 구조 조정과 인력감축 문제가 상존해 광고인 전문 인력의 수급과 양성, 전문가 관리 등 인력관리 시급
- 사업 내용은 예비 광고인(대학생) 및 광고 경력 사원 등 통합정보 시스템 운용을 통한 광고인 맞춤형 정보 제공과 인재 활용

의 극대화(인사 관련자 및 광고인에게 정성·정량적 정보 제공)

- 추진 계획은 광고업계와 광고학계가 참여하는 협의체를 구성해 광고산업 분야별로 경력 정보, 개별 직무 및 기술 표준 마련 후 최종 DB 구축

③ 광고진흥기금의 조성 및 운영

- 광고진흥기금의 조성과 운영의 배경은 중소 프로덕션, 디자인 및 컨설팅 회사 등 자생 환경이 미비한 상황을 개선하는데 있음
- 사업 내용은 중소형 광고회사의 성장을 위한 적합한 환경 조성(정부광고·차세대 미디어 광고 판매수익 통한 기금 조성, 창업 담보 대출 및 지급보증 사업 등 진흥기금 운용)
- 추진 계획은 광고진흥기구가 수행해야 하는 제반 업무와 규제 영역을 포함한 광고기본법 제정 이후, 차세대 미디어 광고 판매 수익을 재원으로 금융지원 및 공제조합 등 다양한 활용처 발굴

4)공공 커뮤니케이션 활성화

○ 공공 커뮤니케이션 활성화의 목적은 공공 부문의 효율적 광고 집행을 통한 광고산업의 선순환 구조를 창출하는데 있음

○ 전략은 공공 커뮤니케이션 영역을 비상업적 공익광고와 정부광고로 구분, 공동체의 안정과 이익을 위한 공공적 역할을 수행하는 전문기관의 역할 수행(현행 방송 공익광고 제작 및 집행 → 방송통신 정부광고 대행, 남북 광고교류, 국가브랜드 홍보)

○ 공공 커뮤니케이션 활성화를 위한 사업 추진 (정부 관련)

① 남북 간 광고 교류

- 남북 간 광고 교류의 배경은 북한 시장화에 따라 광고수요가

증가세인 상황에서, 상호이해 증진을 위한 문화교류의 일환으로 광고 교류 추진

- 사업 내용은 남북 간 문화적 동질성을 제고하고 통일 시대를 대비하고 사회통합에 기여하기 위해, 광고 분야의 교류 협력을 위한 중장기 전략을 수립하고, 상호 인식 제고를 위한 공익광고의 공동 제작, 광고인 교류, 광고 아카이브 구축 등 추진
- 추진 계획은 국정과제 및 소관부처의 남북협력 관련 과제와 연계하여 사업계획을 수립해 추진 동력의 확보

② 국가 브랜드 홍보

- 국가 브랜드 홍보의 배경은 정부기관과 기업이 해외 시장에서 활용할 수 있는 중요한 행동 자료로 국가 브랜드가 체계적으로 관리되어야 하나, 현재는 국가 이미지 제고를 위한 체계적인 정책 개발이 미흡하고 지속성 결여(예: 국가이미지위원회, 국가브랜드위원회)
- 사업 내용은 광고산업 진흥기관으로서 해외 및 국내 광고시장에서 국가 브랜드의 위상과 관계된 정보를 수집하고 DB로 관리함으로써 광고산업의 기능을 강화하고 국가 브랜드 이미지 제고의 근거로 활용
- 추진 계획은 국가 이미지 지표의 조사 및 DB 관리, 국제 행사 개최 시에 해당 이슈에 대한 국가 이미지 제고 사업 수행 및 마케팅 활동의 지원

3. 공공성 관련 3대 전략 방향과 핵심 과제 6개

1) 전략 방향성과 핵심 과제

○ 부문별 전략의 추진 목표는 공사의 핵심역량 기반 사업영역 확대를 통해 '미디어 활성화 및 다양성을 구현하는 공익기관'으로 위상을 재정립하는데 있음

○ 3대 전략 방향성과 6개의 핵심 과제

- 미디어 활성화와 다양성을 구현하는 공영 크로스 미디어렙 (① 크로스 미디어 마케팅 컨설턴트)
- 지속가능한 산업성장을 이끄는 미디어·광고산업 혁신성장 선도 기관 (② 미디어·광고 R&D 강화 ③ 미디어·광고산업 동반성장 생태계 조성 ④ 미디어·광고데이터 통합 활용체계 구축)
- 공공 정책의 효과적인 소통을 위한 공공 마케팅 전문기관 (⑤ 중소기업·소상공인 토탈 마케팅 서비스 제공, ⑥ 공공 정책 소통 활성화)

〈그림 6-2〉 3대 전략 방향 및 주요사업의 추진 체계도

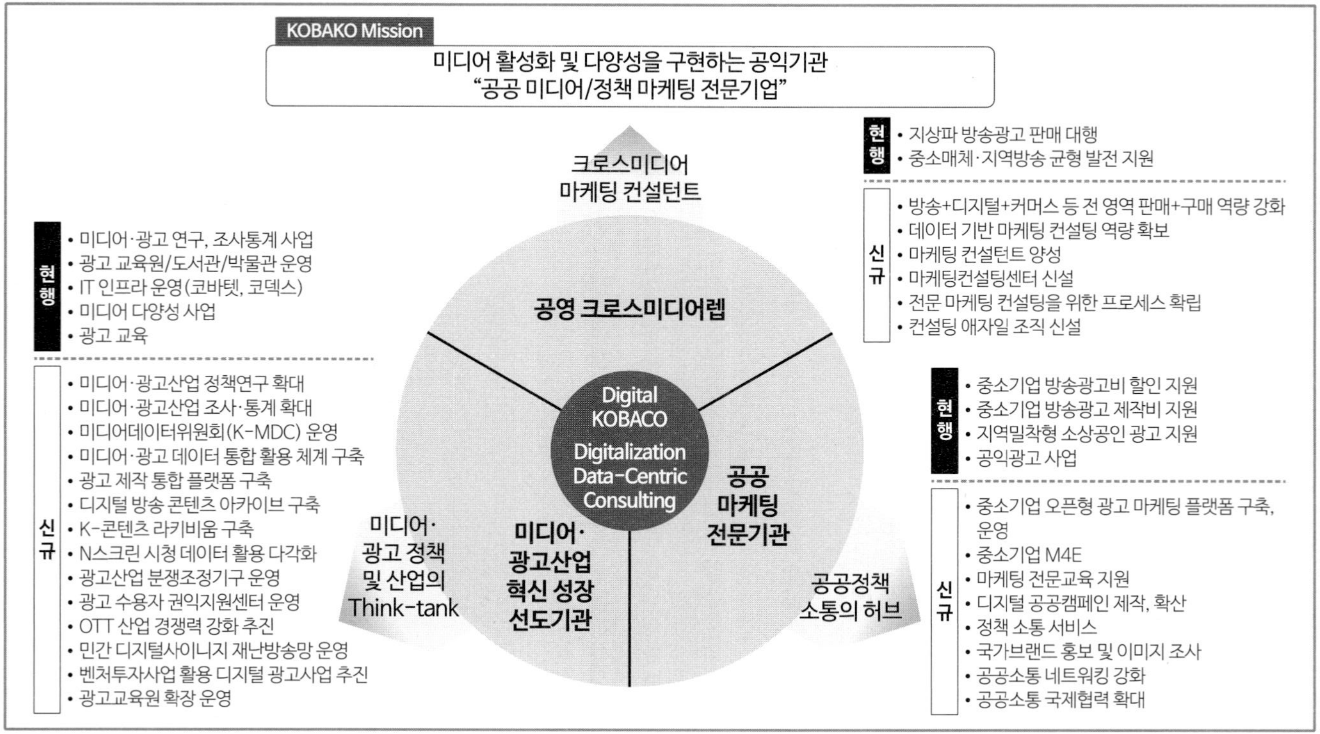

출처: 한국방송광고진흥공사 (2021. 10. 1.)

〈그림 6-3〉 부문별 전략 방향 및 핵심 과제 체계도

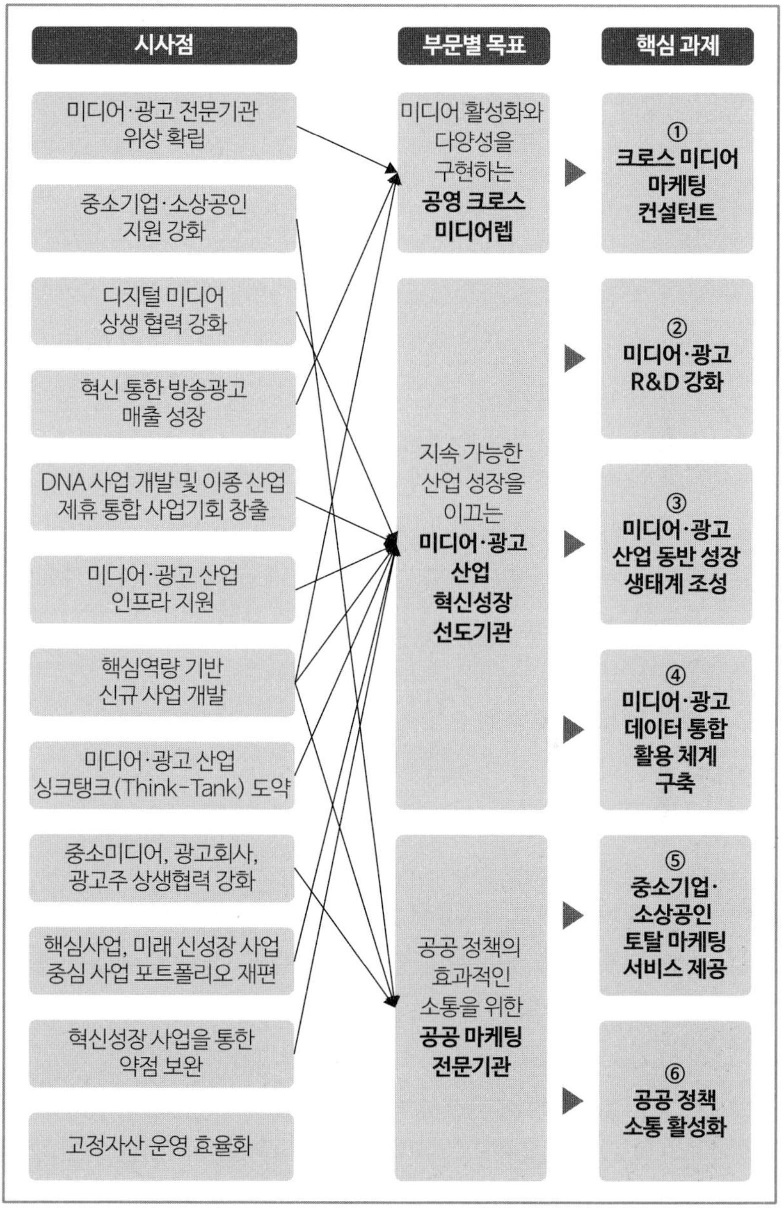

출처: 한국방송광고진흥공사 (2021. 10. 1.)

2)핵심 과제의 세부 내용

① 크로스 미디어 마케팅 컨설턴트

○ 렙BM(판매 기능)과 에이전시BM(구매 기능)을 병행하는 방향의 영업 프로세스 개선 (→ 전 매체를 아우르는 통합 컨설팅 및 판매 기능을 수행하는 역량 있는 인재들로 구성된 공영 크로스 미디어렙)

- 사업 배경은 광고 시장의 급격한 디지털화 및 대내외 경영환경 변화에 맞춘 영업 프로세스의 혁신적 개선방안 마련 필요
- 사업 내용은 렙(Rep) BM과 에이전시(Agency) BM을 병행함으로써 역량 강화와 동시에 소수 애자일 조직 운영을 통한 혁신적 변화 시도, 장기적으로 공공 부문의 컨설팅 참여 기회 가능성(영업 BM 확대 및 마케팅에서부터 판매까지 통합적으로 총괄하는 고유 데이터 확보, 통합 마케팅 컨설팅 기능 수행이 가능한 컨설턴트 내부 양성 및 외부로부터 영입을 통한 기업 경쟁력 강화)
- 추진 계획은 기존 영업 기능의 재 정렬을 통한 에이전시 기능을 수행할 애자일 조직의 구성 및 컨설팅 인재 영입·양성 기반 구축
- 실행 계획은 양손잡이 경영으로 본진 역량 강화와 동시에 소수를 통한 새로운 변화 시도(BM 확대 및 마케팅에서 판매까지 총괄하는 고유 데이터 확보, 컨설턴트 양성 및 영입을 통한 기업 경쟁력 강화)
- 방향성은 마케팅 컨설팅 기능 강화를 통한 영업 고도화로 고객의 기대 충족, 에이전시 모델 정착을 위한 조직과 인력 프로세스의 정비, 공공 부문의 협업과 데이터 축적 및 활용을 통한 새로운 업무 영역의 확보
- 세부 사업은 렙BM과 에이전시BM의 병행 및 애자일 조직 도

입, 마케팅 컨설팅 프로세스의 도출과 조직의 캐스케이딩,[2] 공공 부문의 컨설팅 참여(3단계 장기 모델), 커머스 및 데이터 중심의 마케팅 역량 강화

- 단계별 로드맵은 다음과 같음. 기존 영업기능 재 정렬을 통한 에이전시 조직 구성으로 프로세스 확장(세일즈와 컨설팅 기능 결합), 애자일 조직 구성 및 혁신 프로세스 고안을 통한 가능성 및 업무량점검, 영업국 내에서 지원받아 애자일 구성 또는 본부 간 인력 믹스로 팀 구성 → 원론적 마케팅 프로세스 중 공사 수행 가능 영역모색, 마케팅 컨설팅 조직으로의 점진적 전환을 위한 조직 재정렬 방안 모색 → 컨설팅 인재 영입·양성 기반 구축(외부전문가 영입 및 경험확산, 내부전문가 양성 위한 교육 강화, 경영지도사 자격취득 지원) → 완숙기 이후 관련 기관과의 제휴를 통한 플래닝 또는 컨설팅 업무수행(재단이 구매 기능, 공사가 AE 또는 플래너 서비스 제공, 공적 역할 확대 및 IPC로의 확장), e-커머스 협업 및 마케팅 데이터 세트의 구축(커머스 협업 추진을 통한 데이터 확보 및 데이터 관리·분석 솔루션 구축)

② 미디어·광고 연구개발(R&D) 강화

○ 광고연구소의 확대 운영 및 관련 정책 연구, 통계 조사업무 등 싱크탱크 역할 수행(→ 국내 유일의 미디어·광고 연구개발(R&D) 전문 공기관으로서의 위상 확립 및 신뢰 구축)

- 사업 배경은 미디어·광고산업 환경이 급변함에 따라 새로운 정책기조 수립에 대한 연구 필요성에 따라 방통위 산하의 미디

---

2 캐스케이딩(Cascading)이란 수립한 성과 목표 달성 방안을 제대로 실행하기 위해 연간 최종 목표를 분기나 월간 단위로 나눠 과정 목표와 결과물을 잘게 나누어 세분화하는 방법이다.

어·광고산업 연구개발 전문기관 필요성 증대

- 사업 내용은 공사의 연구개발 임무와 운영체계의 재설계와 광고연구소의 확대 운영으로 국내 유일 광고전문 공기관으로서의 전문성 및 신뢰도 제고
- 추진 계획은 미디어·광고산업 정책연구 및 관련 산업 통계·조사업무 수행을 위한 분야별 전문 연구인력 확대, 미디어데이터위원회(K-MDC) 운영을 통한 데이터 인검증 업무수행 등 미디어·광고 정책과 광고산업 싱크탱크의 위상 확립
- 실행 계획은 현재 공사의 연구개발(R&D) 임무와 운영체계의 재설계를 통한 미디어·광고연구 센터 확대 운영으로 광고전문 공기관으로서의 전문성 및 신뢰도 제고
- 방향성은 연구와 조사통계 및 데이터 분야의 미디어·광고 R&D 강화, 미디어·광고산업 발전에 있어 공사의 공적 역할 제고를 통해 사회적 가치와 경제적 가치를 확보하여 미디어·광고 정책 및 광고산업의 싱크탱크 역할 수행
- 세부 사업은 미디어·광고산업 정책연구 확대(분야별 연구인력 확대 및 업무 확장, 신규 연구사업 수행 및 대외 네트워크 확대를 통한 외부 입지 강화, 미디어·광고 정책 및 광고산업의 싱크탱크 위상 확립), 미디어·광고산업 조사·통계 확대(온라인 미디어 플랫폼 시장 및 이용현황 조사, 광고산업 공정 환경 조성을 위한 실태조사), 미디어데이터위원회(K-MDC) 운영(미디어데이터위원회 운영, 미디어데이터 실무협의체 운영, 미디어조사 최소기준 및 가이드라인마련, 미디어 데이터 인검증 수행)
- 단계별 로드맵은 다음과 같음. 분야별 전문 연구인력의 확대, 미디어·광고산업 실태 시범조사, 미디어 데이터 검증 사전연구 수행 및 검증 기술 개발 → 연구인력, 역할 확대를 통한 외부 입지 강화, 미디어·광고산업 실태조사 확대·정례화, 사업별 예

산확보 및 추진사업 기금증액 → 미디어·광고 정책 및 광고산업 싱크탱크의 위상 확립, 실태조사 지표개선 수정 및 보완, 미디어데이터 인검증 체계의 구축과 운영

③ 미디어·광고산업 동반성장 생태계 조성

○ 미디어·광고 진흥 및 광고산업 공영 인프라 구축을 위한 신규 사업 기획·발굴(→ 미디어·광고산업 전반 참여자들의 동반성장을 지원하는 든든한 조력자 역할과 광고 전문 국가인재 양성 기관)

- 미디어·광고 진흥의 사업 배경은 미디어·광고산업 환경의 급격한 변화에 따른 기존 광고제작 시장의 위기 심화와 관련 산업 진흥의 확대 필요성이 고조됐기 때문(광고시장 선도하는 광고 진흥 공공기관으로서 미디어 산업 인프라 구축 기회)
- 사업 내용은 광고제작 통합 플랫폼 구축, 광고 전문 인력 양성을 위한 광고교육의 확대, 광고 분쟁 조정기구의 운영, 광고 수용자의 권익지원센터 운영, 국내 OTT산업의 경쟁력 강화 추진, 디지털 사이니지 확장 운영으로 관련 산업 전반의 진흥 강화
- 추진 계획은 신규 사업의 타당성 진단을 통한 기금확보 노력, 청년 교육과 취업 및 창업 관련 교육 등 신규 교육 과정의 개발
- 실행 계획은 미디어·광고산업 진흥 및 창의적 인재 양성을 위한 교육원 확대와 광고산업 분쟁 및 수용자 권익향상을 위한 분쟁조정 및 권익지원 센터 등 공적기구 운영
- 방향성은 광고 리터러시 교육, 광고 전문 인력 양성, 동반 성장 커뮤니케이션 교육 등 교육원 기능 확대(신위상 관련 중소기업 성장지원 마케팅 교육 및 공공기관 대상 교육 연계 강화), 광고산업 내 모든 분쟁의 조정을 담당하는 광고산업 총괄기구로서의 역할 수행, 광고 모니터링과 광고 수용자의 불만 접수와 광고 리터러시 사업 등 '광고산업 전체'의 외부 건전성 확보(김병

희, 성윤택, 이희복, 양승광, 김지혜, 2022).

- 세부 사업은 광고 전문 인력의 양성 등 광고교육원의 기능 확대(광고 리터러시 교육, 광고 전문 인력의 양성, 동반성장 커뮤니케이션 교육, 온라인 교육), 광고산업 분쟁 조정기구 운영(표준계약서 및 가이드라인 제정, 조정위원회 구성, 광고산업분쟁 전담 조정), 광고수용자 권익향상지원센터 운영(광고 모니터링, 광고수용자 불만 접수 및 조사, 광고리터러시 사업 수행)
- 단계별 로드맵은 다음과 같음. 교육 신규과정 개발, 신규 사업 타당성 진단 및 기금 확보, 광고산업 건전성 제고를 위한 연구 보고서 발간 → 청년교육 및 취업·창업 관련 교육 확대, 동반성장 연계 및 온라인 광고교육 집중, 추가 신규 사업 타당성 진단 → 동반성장 커뮤니케이션 교육 확대, 광고산업 분쟁조정위원회 설립 및 운영, 광고수용자 권익향상지원센터 설립 및 운영
- 광고산업 공영인프라 구축의 사업 배경은 광고제작 시장에서 양질의 정보와 공정거래 조성을 위한 광고제작 통합 플랫폼 구축, 공영방송사 보유 콘텐츠 활용도 제고 및 제작 활용을 위한 공영 디지털 방송 콘텐츠 아카이브 구축·운영, N스크린 시청데이터 활용 다각화를 통한 방송 콘텐츠 관련 데이터의 공공화
- 방향성은 광고제작 시장 활성화 및 이를 통한 신규 광고주 유입 도모, 보편적 시청권 강화 및 방송 콘텐츠, 광고영상 관련 데이터 구축 영역 확대, 시청 데이터 활용을 통한 공공데이터 기반 마련 및 업계 내 데이터 주도권 확보
- 세부 사업은 광고제작 통합 플랫폼 구축(광고제작사-중소광고주 표준화된 거래 시스템 마련, 광고업계 구인구직 시스템 개발, 국내·외 최신광고 정보 제공), 방송 콘텐츠 아카이브 구축(방송사 위탁 아카이빙 시스템 구축, 공영방송 위주로 주요 공공성 콘텐츠의 보전, 콘텐츠의 고품질 디지털화, 광고 영상

의 아카이빙), N스크린 시청 데이터 활용 다각화(DB 구축 및 공공 데이터 포털 공개 통한 데이터 활용성 제고, 통합 시청지표의 개발 지원, 방송 콘텐츠 시청 데이터 시스템 구축)

- 단계별 로드맵은 다음과 같음. 광고제작 통합 플랫폼 설계, 예산 확보를 통한 시범아카이브 구축, 시청점유율 조사 원시 데이터 공개 → 플랫폼 구축 및 회원 모집, 아카이브 보존 대상 확대, 시청점유율 조사 데이터 웹DB 구축 → 플랫폼 안정화 및 서비스 확대(플랫폼 확장으로 광고제작+광고거래), 방송 콘텐츠 아카이브 본격 운영, 시청점유율 통합 시청지표 개발, 시청점유율 데이터 시스템의 구축

④ 미디어·광고 데이터 통합 활용체계 구축

○ 데이터 통합 관리를 위한 포털 및 분석·활용 플랫폼 구축, 데이터에 대한 국민 신뢰도 제고를 위한 인검증 기능 수행 등(→ 미디어·광고 관련 데이터 컨트롤타워로서 신뢰받는 공기업 위상 확보

- 사업 배경은 데이터 기반 미디어·광고 산업 변화 흐름 속 새로운 비즈니스 창출을 통한 공사 경쟁력 강화 및 글로벌 미디어에 대응할 국내 관련 산업 발전 기여
- 사업 내용은 동영상광고 ID·방송 콘텐츠 ID 표준화/유통추적(워터마크), 공사의 데이터 포털 및 분석활용 플랫폼 구축, 데이터 인검증 체계의 구축 등 미디어·광고 데이터 중심 공적 기구로서의 위상 정립
- 추진 계획은 사업 타당성 검토 및 초기 사업 추진 예산 자체 확보, 관련 데이터 사업 수행을 위한 최소 국 단위 조직 구성 및 인력 투여
- 실행 계획은 미디어·광고 데이터를 핵심 축으로 데이터의 구축·결합·개방·분석·활용 및 인검증에 이르기까지 신규 사업 추진과 기존사업의 확대·개편을 통해 공사의 디지털 전환 전략

추진

- 방향성은 데이터 기반의 미디어·광고산업 변화 흐름 속에서 공사의 경쟁력 강화, 데이터 시대에 데이터 기반의 새로운 비즈니스 창출을 통해 글로벌 미디어에 대응할 국내 미디어·광고산업 경쟁력 강화에 기여, 미디어·광고 데이터를 중심으로 공적기구로서의 위상 정립
- 세부사업은 동영상광고ID 및 방송 콘텐츠ID 표준화와 유통 추적 워터마크(KODEX 개편을 통한 광고 영상물 통합 유통 관리 시스템 구축, 광고ID 및 방송 콘텐츠ID 표준화, 방송 콘텐츠ID 데이터 시스템 구축), 공사의 데이터 포털 구축 및 분석·활용 플랫폼 구축(공공데이터 구축 및 데이터 품질 평가, 미디어·광고 데이터 유통 플랫폼화), 데이터 인검증 체계 구축(미디어 데이터 인검증 가이드라인 마련, 미디어데이터 협의체 구성·운영, 데이터 인검증 수행)
- 단계별 로드맵은 다음과 같음. 초기 사업 추진 예산 확보, 각 사업별 타당성 검토, 대외협의체 운영 및 시범사업 수행, 공공데이터 구축체계 확립, 플랫폼 구축전략 수립, 데이터 인검증 가이드라인 마련 → 워터마크 기술개발, 유통관리 시스템 및 데이터 시스템 구축, 지표개발, 공공데이터의 구축 및 품질 평가, 플랫폼 구축 및 데이터 활용 시범 사업 수행, 미디어데이터 협의체 운영 → 이종데이터 간 결합을 통한 신규 사업 발굴, 데이터 분석·활용 플랫폼을 통해 외부 데이터와 결합, 미디어·광고 데이터 유통 플랫폼화, 데이터 인검증 수행

⑤ 중소기업 소상공인 토탈 마케팅 서비스 제공

○ 전 영역에 걸쳐 중소기업의 원스톱 마케팅 지원 및 M4E 중소기업 지원 펀드 추진(→ 중소기업 판로 지원법 명시를 통한 공사 법적 위상 확보 및 사회적 약자기업 판로 지원 공적 역할 수행

- 사업 배경은 중소·혁신기업의 판로 지원을 위한 마케팅 니즈 충족 필요성 고조 및 방송광고 시장 내 신규 광고주 영입을 통한 시장 성장 동력 필요
- 사업 내용은 지상파 이외에 디지털 미디어 등 전 미디어 영역에 대한 중소기업 지원 미디어 확대 및 시장진단 분석, 광고제작 집행, 광고효과 조사 등 광고 마케팅 분야 원스톱 서비스 제공(외부사업자 오픈 플랫폼을 통한 중소기업 전용 광고거래소 구축·운영)
- 추진 계획은 중소기업 판로 지원법 상 마케팅 지원기관 법적 위상 확보 및 전문적 업무 수행을 위한 역량 및 시스템 구축 및 M4E 중소기업지원 펀드로 재원 확보, 디지털 포함 전 분야 컨설팅이 가능한 역량을 갖춘 전문가의 양성과 확보)
- 실행 계획은 국내 최고의 중소기업 마케팅 지원 전문 공공기관 목표(범정부 500억 원 이상 기금확보, 중소기업 마케팅 전 분야의 지원 역량 강화와 시스템 확보)
- 방향성은 법적·제도적 사업자 역할 확정을 통한 사업 지속가능성 확보, 중소기업 마케팅 지원 전문 공공기관으로 변환(전담 본부 조직화)
- 세부 사업은 중소기업 마케팅 지원기관 위상 확보, 중소기업 M4E 추진 통한 재원확보, 법률상 중소기업 지원기관 위상 확보), 중소기업 마케팅 지원 시스템 구축(중소기업 마케팅 지원 플랫폼 구축, 광고산업 이해 관계자의 관리 및 대내외 파트너십 강화), 전사적 지원 역량 확대(중소기업 마케팅 지원 사업의 추진 조직을 실국 단위에서 본부로 격상, 전문 인력 양성 등 사내 지원 역량의 제고)
- 단계별 로드맵은 다음과 같음. 판로 지원법 상 전문 광고 지원기관 선정 및 사업 재원 확보(중소기업 지원기관 법적위상 확

보, M4E 중소기업지원 펀드 구성 출범), 중소기업지원국 기능 조정 → 외부사업자 오픈플랫폼 통한 중소기업(전용 광고거래소 구축 및 운영(원스톱 광고거래, 계약체결 지원), 중소기업 지원 본부의 확장(전문 인력 확보, 관련 교육 과정 개발) → 플랫폼 기반 토탈 마케팅 지원 조직의 완성(플랫폼 운용 및 광고거래 데이터 활용 위한 경력직 채용(지사 내 중소기업 지원조직화)

⑥ 공공 정책 소통 활성화

○ 과거의 국가브랜드위원회 기능 승계, 공공캠페인 등 다양한 정부소통 서비스 제공(→ 공공소통, 국가브랜드 및 정책홍보 등 정부소통을 위한 통합 기관 위상 확립)

- 사업 배경은 초지역성 및 초다양성 네트워크 사회 도래에 따른 소통의 중요성 증대 및 열린 정부 필요성 대두, 해외 선진국과 달리 국내에는 국가브랜드위원회 폐지(2013년) 이후 공공 소통의 컨트롤타워 부재한 상황
- 사업 내용은 공공 캠페인의 확산, 전략실행 및 사후평가 컨설팅을 포함한 정부 소통 서비스 제공, 국가브랜드위원회 구성·운영, 공공소통 네트워킹 및 국제협력 강화 등
- 추진 계획은 소통 목표 달성을 위한 연간 목표, 소통 전략, 실행, 평가 과정에 교육과 네트워크 및 협업과 상호작용하며 최종 소통 목표를 달성하는 프로세스 수립 및 수행
- 실행 계획은 공익광고 및 공사가 수행했던 광고영업, 광고 진흥 역량을 강화하고 확대해 국가 차원의 공공소통 활성화, 국정운영 관련 정책 수립과 수행 등 공공 커뮤니케이션 분야에서 공적기관 역할 수행
- 방향성은 공공소통 활성화를 통해 사회통합, 긍정적인 국가 이미지 형성, 국민 자긍심 함양을 위한 서비스 제공, 공공소통

연계 산업 성장에 기여하고 공공소통 영역의 일관성·통합성·지속성 강화

- 세부 사업은 공익광고 포함한 공공 캠페인의 확산(장단기 공공 캠페인 병행 운영, 미디어 환경을 반영한 전 방위의 공공 캠페인 집행, 공공 캠페인 담당자 교육), 공공 캠페인 플랫폼 운영(공공 캠페인 플랫폼 운영 DB 등, 관련 DB 아카이빙), 정부소통 서비스 강화(정부소통 전략·실행 컨설팅, 정부소통 사후 평가 컨설팅, 국가브랜드위원회 관련 운영, 공공소통협의회 운영)
- 단계별 로드맵은 다음과 같음. 공공 캠페인 관련 사전 연구·조사 및 수요조사 등 우선 수행, 플랫폼 구축 관련 ISP 선행, 정부소통 서비스 프로세스 구체화 연구의 사전 수행, 시범사업 추진(컨설팅 시범사업) → 공익광고협의회를 '공공캠페인협의회'로 확장(공공 캠페인 플랫폼 구축·운영, 국가브랜드위원회 구성 및 컨설팅 시범 운영, 공공소통협의회 시범 운영) → 장·단기 공공 캠페인의 안정화, 위원회 및 협의회 운영의 안정화, 산·학·연 협력 구축, 공공 커뮤니케이션 전문 기관으로 자리매김

4. 결론

○ 디지털 미디어 시대에 방송광고 판매 시장이 갈수록 약화되는 상황에서 한국방송광고진흥공사(KOBACO)의 공공성을 구현하기 위한 정책들은 기관이 앞으로 나아갈 방향성을 모색하는 동시에 기관의 공공 브랜드 가치 제공에 크게 기여할 것으로 기대됨

○ 공사에서 선정한 3대 전략 방향성(미디어 활성화와 다양성을 구현하는 공영 크로스 미디어렙, 지속가능한 산업성장을 이끄는 미디어·광고산업 혁신성장 선도 기관, 공공 정책의 효과적인 소통을 위한 공공 마케팅 전문기관)과 6개의 핵심 과제는 앞으로 한국방송광고진흥공사의 공공 브랜드 전략을 현실화시킬 추진 동력이 될 것임

○ 한국방송광고진흥공사의 공공성 제고를 위한 브랜딩 정책은 우리나라의 공기업을 비롯한 정부 기관과 공공분야에서 정책 브랜드 캠페인을 전개할 때 현실적으로 적용 가능성이 높은 유용한 통찰력을 제시할 것으로 예상됨

참고문헌

김병희 (2023). “도시 브랜드 전략의 이해.”. 김유경, 김유신, 김태환, 이준호, 임대근, 김주호, 김은용, 조재형, 박재항, 구자룡, 김병희, 이희복 (2023). 『공공 브랜드란 무엇인가』 (한국공공브랜드진흥원 총서1). 서울: 한경사. 361-393.

김병희, 성윤택, 이희복, 양승광, 김지혜 (2022). “광고 건전성의 구성요인과 광고 효과의 검증.” 광고연구, 132, 39-68.

한국방송광고진흥공사 (2020. 6. 1.). “코바코 신위상 수립 보고서.” 서울: 한국방송광고진흥공사.

한국방송광고진흥공사 (2021. 10. 1.). “코바코 신위상 전략 보고서.” 서울: 한국방송광고진흥공사.

한국방송광고진흥공사 (2023. 9. 7.). “2024-2028 중장기 경영전략 수립 워크숍 자료.” 서울: 한국방송광고진흥공사.

7장

주요 공기업별 브랜드 캠페인 사례

신명희

신명희 auntfive@daum.net

경희대학교에서 언론학 석사·박사를 취득했다. 연구분야로 광고PR의 소비자 효과, 커뮤니케이션의 정보전달력, 미디어교육 등에 관한 다수의 논문을 게재하였으며, 대학에서 뉴미디어 광고, 멀티미디어 콘텐츠 제작, 사회조사방법론 등을 강의했다. 저역서로는 『수사학 이론』(2008년 대한민국학술원 우수도서), 『현대사회와 언론』, 『조직커뮤니케이션』, 『광고활용교육의 이해』, 『광고활용교육과 창의력』(2009년 문화관광부 우수학술도서) 등이 있다. 서울시 국제교류복합지구 홍보자문위원, CTS 부활절 퍼레이드 홍보자문위원, 서울시 중구청 홍보자문위원 및 중구광장 편집자문위원을 맡아 활동했다. 에이엠피알 M&C연구소, 국토교통부 대변인실, 서울시 뉴미디어담당관을 거쳐, 현재는 KPR에서 공공PR 전문부서인 KPR 퍼블릭 본부를 이끌고 있다.

1. 여행객을 놀라게 한 인천공항에서의 뜻밖의 즐거움 — 인천공항공사 "뜻밖에 대한민국을 만나다"

□VR로 본 가상이 현실이 되다 – 공항에서 경험하는 대한민국

○ 인천공항을 이용하는 여행객이 공항 로비에 세워진 VR존에서 가상현실을 보여주는 VR 기기를 착용하고 한국의 다양한 문화를 VR로 체험하는 이벤트 진행(2016년 10월)

○ VR영상은 'K-Food', 'K-Taekwondo', 'K-Fashion', '왕가의 산책'의 4가지 테마로 대한민국을 소개

○ 여행객들이 호기심을 느끼며 영상을 보는 순간 VR 영상 속 출연자들이 VR 기기를 벗어보라는 손짓을 보내고, 여행객들이 VR 기기를 벗는 순간 태권도 시범단이 등장하기도 하고, 한국의 음

〈그림 7-1〉 인천공항 VR 이벤트 영상 타이틀

출처: 인천공항 유튜브

〈그림 7-2〉 인천공항 VR 이벤트 「Experience the Wonders of Korea」 중 'K-Food'

출처: 인천공항 유튜브.

식, 뷰티, 조선시대 왕 행차대 등이 등장, VR 영상 속 장면이 현실이 돼 눈앞에 나타남

○ 영상 속에서 봤던 요리사는 비빔밥을 들고 눈앞에 서있고, 태권도 시범을 보였던 도복 차림의 선수들이 손을 흔들며 서있음

○ 여행객들은 깜짝 놀라기도 하고, 당황하기도 하지만 이내 함께 어울리며 비빔밥도 만들어서 먹고, 태권도 격파도 직접 해 보며 눈앞에 펼쳐진 현실을 즐김

○ '왕가의 산책'은 외국 여행객을 위한 이벤트로, VR 영상 시청과 더불어 왕과 왕비의 복장을 입고 왕의 행차대와 함께 공항 로비를 걷는 체험 프로그램으로 진행

○ 공항에서 뜻밖의 즐거움을 경험한 사람들은 물론, 영상을 본 사람들도 "외국 공항에서 이런 이벤트를 받는다고 생각해보면 정말. 평생 잊지 못할 추억이 될 듯", "와 이벤트 진짜 좋다 이런 이벤트

〈그림 7-3〉 인천공항 VR 이벤트 「Experience the Wonders of Korea」 중 '왕가의 산책'

출처: 인천공항 유튜브.

자주자주 해도 좋을 거 같아요!" 등의 반응을 보였으며, 외국인들은 한국 여행에 대한 기대감과 문화에 대한 관심을 보임

□ 공항, 비행기를 타기 위해 잠깐 머무는 공간이 아닌 강렬한 추억을 경험하는 장소가 되다

○ 저비용항공사 확대와 여행객 증가에 따라 공항의 수가 전 세계적으로 증가하고 있어 공항 이용을 늘리기 위한 서비스 경쟁이 치열

○ 이런 상황에서 '공항'은 '비행기를 타기 위해 잠깐 머무는 공간이

아닌, 여행의 즐거움을 처음 만나는 곳'이라는 경험을 제공한 이벤트로 인천공항의 차별화된 브랜드 이미지를 확실하게 보여 줌

○ 특히 현실과 온라인 공간을 연결하여 브랜드를 경험하게 한 커뮤니케이션 방식의 활용은 인천공항에 대한 긍정적 이미지를 형성은 물론 디지털 미디어를 통한 효과적인 인천공항 브랜드 전략으로 높이 평가

2. 가장 한국적이고 가장 현대적인 리듬과 춤 — 한국관광공사 "Feel the Rhythm of KOREA"

□ 한국의 다양한 관광명소는 배경, 흥겨운 춤과 리듬으로 한국을 알리다

○ 포스트 코로나19 시대에 대비해 한국의 매력을 해외에 알리고 코로나19 이후의 방한을 유도하기 위해 바이럴 캠페인 진행(2020년 8월)

○ 대한민국 거점도시 6곳(서울, 부산, 전주, 안동, 목포, 강릉)을 배경으로 국악 베이스의 노래와 댄스가 어우러지면 '흥'을 자극할 것이라는 측면에서 접근

○ 영상 공개 4개월 만에 유튜브 및 SNS 조회 수 약 6억뷰 이상을 달

〈그림 7-4〉 Feel the Rhythm of KOREA 중 서울 편의 청와대 장면

출처: 한국관광공사 유튜브.

성, '범 내려온다' 신드롬을 일으키며 영상 속 신명나는 가락과 중독성 있는 춤사위가 한국적인 멋을 뽐내며 국내외적으로 폭발적인 반응

○ "한국이 보여주고자 하는 것을 매우 상징적으로 잘 드러낸 익살스러운 춤과 흥겨운 음악이 한국의 아름다운 풍경과 어울려 좋은 결과를 만들어 냈다"는 평가(스파이크스 아시아(Spikes Asia) 뮤직부문 은상 수상 심사평)

□ 관광명소에 주목하는 홍보영상 아닌 독립된 콘텐츠로 소비되는 영상

○ 진부한 관광지 홍보영상에서 벗어나 독립된 문화 콘텐츠로서의 크리에이티비티가 돋보였다는 점도 홍보영상 흥행의 비결

○ 유명한 K팝 스타가 나와서 '대한민국에 놀러 오세요~'라는 방식의 기존 관광 홍보 콘텐츠에서 탈피, 한국의 일상과 작은 골목 등

〈그림 7-5〉 Feel the Rhythm of KOREA 중 부산 편의 감천문화마을

출처: 한국관광공사 유튜브.

을 한국의 흥과 연계하여 보여주는 영상으로 기획함으로써 홍보 영상을 넘어 독립된 콘텐츠로 소비될 수 있는 힘을 가진 점도 흥행요인으로 작용

○ 배경으로 등장하는 장소들은 유명 관광지 보다는 일상과 더 가깝고 미디어 등을 통해 이미 친숙한 곳을 선택, 예를 들면 부산 감천마을, 보수동 책방 골목, 영화 〈기생충〉에 등장한 자하문 터널, BTS 뮤직비디오에 나온 버스정류장 등을 장소로 선정하여 영상을 보는 또 다른 재미를 줌

□ 좋게 만들어서 다르게 보이는 것 VS. 다르게 만들어서 좋게 보이는 것

○ 브랜드가 제시한 과제(한국 관광 유입)를 직접적으로 해결하기 위한 접근이 아닌 문화 콘텐츠 소비 트렌드를 반영한 접근이 공공기관 홍보영상으로서 이례적으로 국내외의 관심과 흥행을 기록할 수 있었던 배경

○ 홍보영상의 인기는 한국관광공사의 인지도와 더불어 여러 측면에서 의미있는 성과를 기록

○ 다만 한국의 관광지 보다 음악과 춤이 더 흥행한 점이 뱀파이어 효과를 불러 일으켰다는 우려

○ 한국 문화콘텐츠의 힘과 흥행이라는 요소가 상대적으로 더 큰 비중을 차지하면서 관광 브랜드로서 대한민국의 명소를 알리는 측면에 대한 주목이 상대적으로 부족한 것은 아니었는지에 대한 아쉬움도 있음

3. 코로나19 극복과 기관 핵심사업을 연계 — 한국국토정보공사의 마스크 바로쓰기 "서로위로 챌린지"

□ 코로나19 확산 시기 방역을 위한 마스크 바로쓰기 챌린지 진행

○ 한국국토정보공사가(LX)가 안전하고 행복한 국토를 위해 코로나19 극복 프로젝트 일환으로 #서로위로챌린지 진행(2020년 10월)

○ 코로나19로 힘든 시간을 보내고 있는 국민에게 ① 방역수칙을 잘 지키려는 노력이 '서로' 를 위한 '위로'가 된다는 의미와 더불어 ② '서로서로' 마스크를 '위로' 쓰는 수칙을 잘 지켜야 한다는 의미를 전달하고자 '서로위로 챌린지' 진행

○ 가장 쉬우면서도 강력한 예방수단인 마스크 착용, 서로를 위해 마스크 바로쓰기를 실천하는 모습을 인증하고, 친구를 소환하여 SNS에 공유하는 방식으로 진행

〈그림 7-6〉 서로위로 챌린지

출처: 한국국토정보공사 SNS 및 유튜브.

〈그림 7-7〉 서로위로 챌린지 참여 방법

출처: 한국국토정보공사 블로그.

○ '코로나19 방역수칙 지키기'라는 국가적·국민적 관심사항을 이슈로 챌린지를 진행한 점에서 시의성을 잘 살리면서도 공익성을 기관 이미지로 강화할 수 있는 전략적 접근이라는 점에서 높이 평가

□ 참여 현황을 지도로 표시 – 지역별 참여 경쟁과 기관 성격 관련성을 부여하기 위한 노력

○ 개인의 참여 현황을 바탕으로 매주 지역별 참여 현황을 모아 '#함께해낼지도' 로 만들어 공개

〈그림 7-8〉 함께해낼지도

출처: 한국국토정보공사 블로그.

○ '함께해낼지도!'는 ① 코로나19 방역을 '함께 해낼 수 있다'는 의미와 더불어 ② '참여 현황 지도'로 만드는 두 가지 의미를 포함

○ 지도를 통한 참여자 현황 공개는 ① 지역별 참여 현황 공개 통한 챌린지 참여자 확대 효과, ② 지적측량과 공간정보사업을 통해 국토정보 서비스를 제공하는 기관의 성격과 연계, 한국국토정보공사만의 특성을 담은 챌린지 의미 강화

▮참고문헌

더피알 (2016.1.19.) 설현의, 설현에 의한, 설현을 위한 광고들. https://www.the-pr.co.kr/news/articleView.html?idxno=14156

매드타임스 (2020.11.2.) 한국국토정보공사 "서로 위로챌린지". https://www.madtimes.org/news/articleView.html?idxno=5954

매드타임스 (2021.1.14.) 전세계를 들썩인 한국의 리듬. Feel the Rhythm of KOREA. https://www.madtimes.org/news/articleView.html?idxno=6671

브랜드브리프 (2021.3.8.) 한국관광공사 'Feel the Rhythm of KOREA' 캠페인, 스파이크스 아시아 은상 수상. https://www.brandbrief.co.kr/news/articleView.html?idxno=3995

소비자평가 (2019.11.4.) 디지털 마케팅 시대, '공항'도 피할 수 없다! http://www.iconsumer.or.kr/news/articleView.html?idxno=10370

8장

주요 준정부, 공공기관 브랜드 캠페인 사례

최일도

최일도 muse21@empas.com

현 한국언론진흥재단 책임연구위원이다. 서울시립대에서 수학을 전공하고 한국외국어 대학교에서 광고학 전공으로 석사, 박사 학위를 받았다. 1995년부터 여러 광고회사를 거치며 카피라이터로 일했고, 〈정부기관 및 공공법인 등의 광고시행에 관한 법률〉 제정에 참여하여 현행 정부광고 제도 정착에 기여했다. 『알기 쉬운 정부광고법 해설』, 『정책 브랜딩』 등 정부광고와 정책브랜딩 관련 20여 권의 저서와 30여 편의 논문이 있다.

1. 준정부·공공기관의 브랜드와 브랜드 캠페인에 대한 인식과 한계

□ 준정부·공공기관의 민간 접점 확대와 이미지 개선의 필요성 인식

○ 준정부·공공기관의 경영목표와 시행전략은 기획재정부 또는 주무부처에서 시행하는 '공공기관경영실적평가(재정·인사관리·청렴성 등)'에 중점을 두고 있어, 브랜드 전략과 브랜드 캠페인에 대한 이해가 부족했던 상황

○ 경영평가 항목별 계량지표에 대한 달성률이 평준화되면서 준정부·공공기관 평가의 변별력 감소 → 대국민 인식 중심의 평판과 이미지가 경영평가 실적을 좌우하는 요소로 등장

○ 2020년 이후 공공 브랜드에 대한 인식 개선에도 불구하고, 아직 민간 영역과 비교할 때 브랜딩과 브랜드 캠페인 전략에 대한 이해 부족

□ 준정부·공공기관 위계의 구조적 문제와 브랜드 캠페인 시행의 한계

○ 기관 내 최고의사결정권자와 임원의 임기가 2~3년에 불과하고, 브랜드 캠페인에 소요되는 광고홍보비를 주무부처와 기획재정부에 이중 통제받는 구조이므로 원활한 브랜드 캠페인 전략 구상 불가능

○ 대다수 준정부·공공기관의 기관명과 서비스 등이 관련 법령에 명시되어 있어, CI나 BI를 확장하는 과정에 근본적 한계가 존재

○ 지방자치단체와 준정부·공공기관은 최고의사결정권자의 법적 권한 구조와 위계에서부터 커다란 차이가 존재하므로 일반적인 민

간 브랜드 전략을 구가하기 어려움

□ **브랜드 전략과 브랜드 캠페인 필요성에 대한 준정부·공공기관의 인식 변화를 전략적 시행으로 연계할 수 있는 제안과 지속적 소통 요구**

○ 경영평가를 최우선하는 준정부·공공기관에게 브랜드 캠페인을 통해 상대적 평가우위를 점할 수 있는 논리와 혜택 제공

○ 고객만족도 향상에 영향을 줄 수 있는 브랜드 캠페인의 사례와 이미지 개선 구조(인지도, 충성도, 개성 등)에 대한 근거 공유

○ 정부에서 추후 경영평가 항목에 '공공 브랜드 관리' 항목을 추가할 수 있도록 공공 영역에서의 브랜드 가치와 중요성을 인식시키고 공유할 수 있는 학술적 차원의 제안과 노력 필요

2. 난해한 이슈를 풀어가는 공공기관 브랜딩과 캠페인 사례

□ 국가 '보훈'의 개념 재정립을 위한 브랜딩 노력과 배경

○ 한국보훈복지의료공단의 당면 과제 해결을 위한 브랜딩과 브랜드 전략

- 2023년 6월 5일, 대한민국 국가보훈처가 '국가보훈부'로 승격되며 새로운 시대의 국가 보훈의 개념과 정체성 재정립 필요
- 6·25 전쟁과 베트남 전쟁 참전 유공자의 숫자가 급격히 감소하고, 국가를 위해 헌신한 소방, 경찰, 공무 등의 유공자 숫자가 한정적인 상황에서 '처(處)'를 '부(部)'로 승격시킨 의미와 가치 확산 요구
- 국가 보훈의 개념과 사회적 가치를 미국 등 보훈 선진국 수준으로 격상시켜, 공공의 가치가 증대되는 미래사회의 이데올로기에 대비해야 하는 이슈 발생

〈그림 8-1〉 국가 보훈의 신개념 및 정체성 정립 필요성

출처: 한국언론진흥재단·브랜드메이저(2023). 한국보훈복지의료재단 보훈 브랜드 개발.

- 제복의 가치 확산과 정부의 노력을 심리적 혜택으로까지 연계해야 하는 전략적 과제 발생

○ 법령으로 명시된 한국보훈복지의료공단의 명칭 활용 제한과 보훈에 대한 통념의 한계를 극복하는 전략 구상

□ 보훈 브랜드 슬로건 개발

○ 한국보훈복지의료공단과 보훈의 과제 및 이슈 점검으로 국가 보훈의 미래상 정립

〈그림 8-2〉 국가 보훈의 당면 과제와 이슈

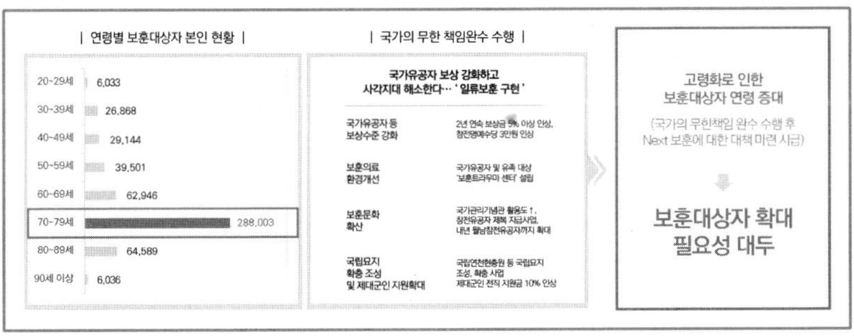

출처: 한국언론진흥재단·브랜드메이저(2023). 한국보훈복지의료재단 보훈 브랜드 개발.

- 국가 보훈은 모든 국민과 사회의 문화로 인식할 수 있도록 상징 체계를 정비, 개발하고 확산할 수 있는 캠페인 시행으로 정리

- 1차적으로 기존 브랜드 구조와 상징 체계를 점검하고, 달라진 국민 의식과 내부종사자 인식 등에 대한 분석 시행

〈그림 8-3〉 국가 보훈의 본질 정리

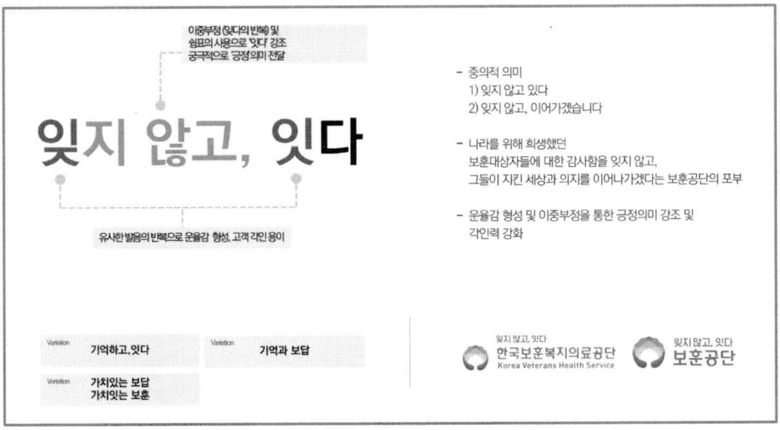

출처: 한국언론진흥재단·브랜드메이저(2023). 한국보훈복지의료재단 보훈 브랜드 개발.

〈그림 8-4〉 국가 보훈 브랜드 슬로건 개발 시안

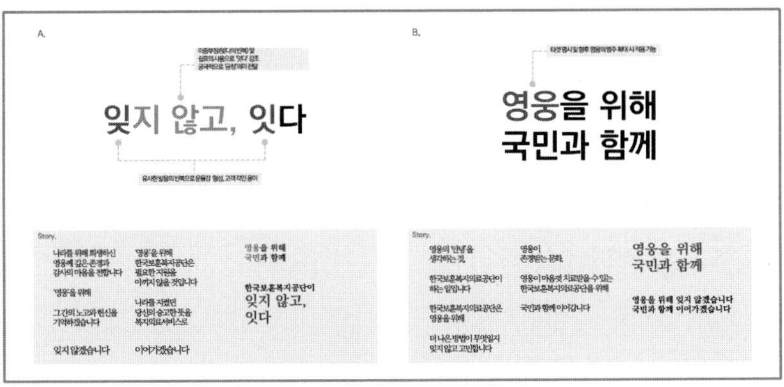

출처: 한국언론진흥재단·브랜드메이저(2023). 한국보훈복지의료재단 보훈 브랜드 개발.

〈그림 8-5〉 국가 보훈 브랜드 슬로건 사례

출처: 한국언론진흥재단·브랜드메이저(2023). 한국보훈복지의료재단 보훈 브랜드 개발.

○ 달라진 보훈의 개념과 인식 변화 확산을 위한 브랜드 슬로건 개발

- 보훈의 실질적 혜택과 영웅에 대한 존경을 이어가겠다는 국가 차원의 의지를 표현하는 시안 개발

○ 사회적으로 난해한 이슈를 정리하고 미래상을 구축하기 위한 브랜드 구축과 개발 과정

〈그림 8-6〉 국가 보훈 브랜드 슬로건 개발 과정

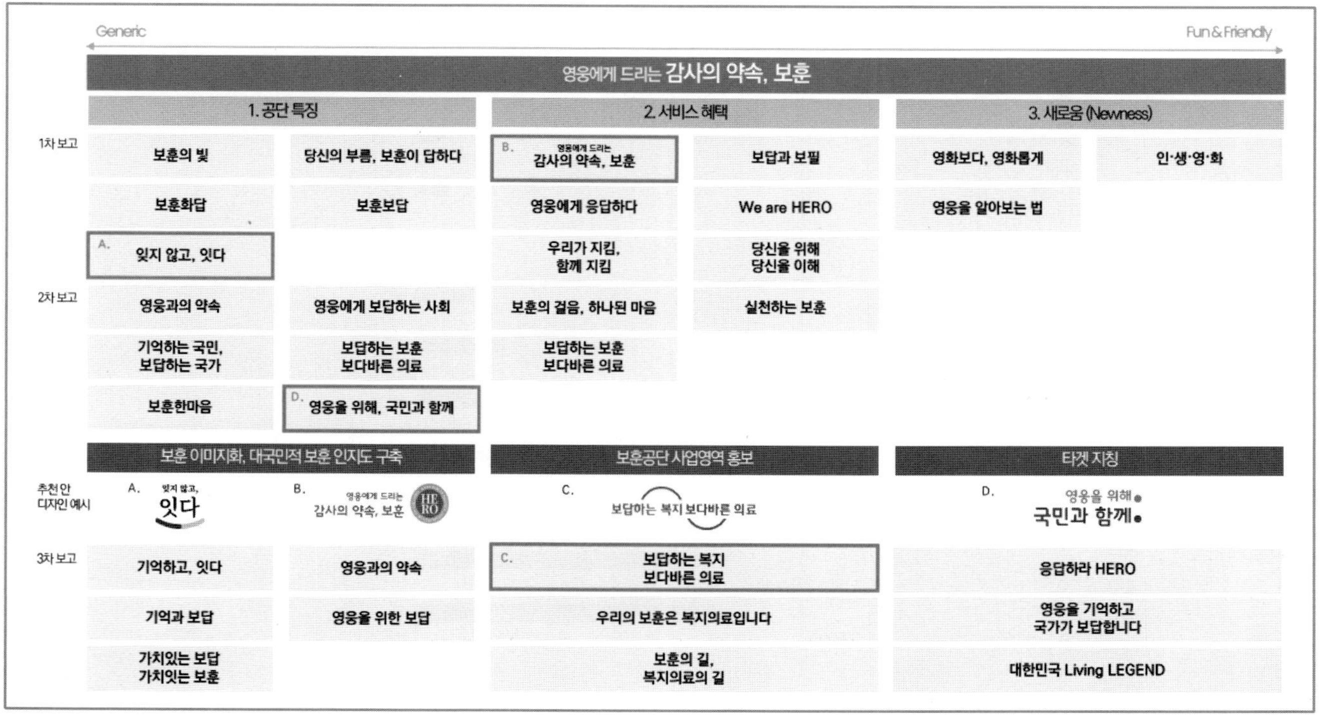

출처: 한국언론진흥재단·브랜드메이저(2023). 한국보훈복지의료재단 보훈 브랜드 개발.

3. 구축한 브랜드 상징 체계의 성공적 이미지 개선을 위한 캠페인 전략

□ 접촉점 확대를 위한 매체 활용 전략

○ 공공캠페인 관련 매체접촉률(2023년 9월) 분석 결과: 1위 지상파TV(71%), 2위 디지털 온라인 동영상(68%), 3위 케이블TV(58%), 4위 SNS(53%), 5위 옥외광고(28%)

〈그림 8-7〉 매체접촉률 현황

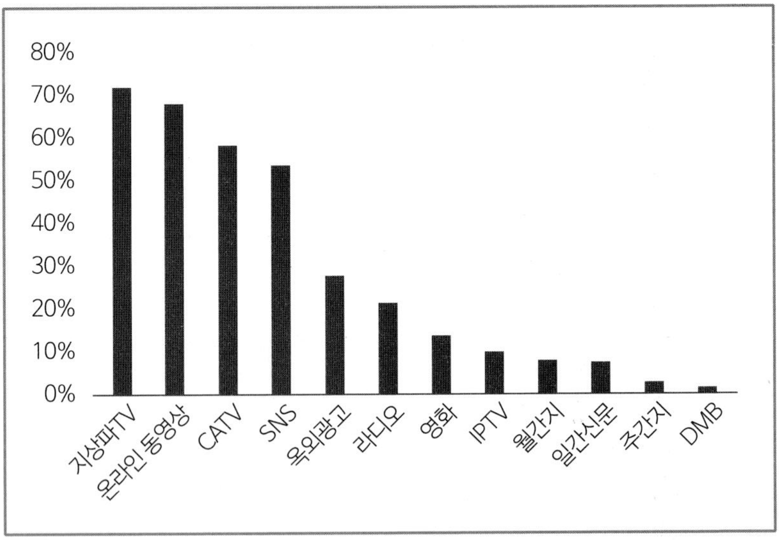

〈그림 8-8〉 디지털 매체별 광고비 집행 추이

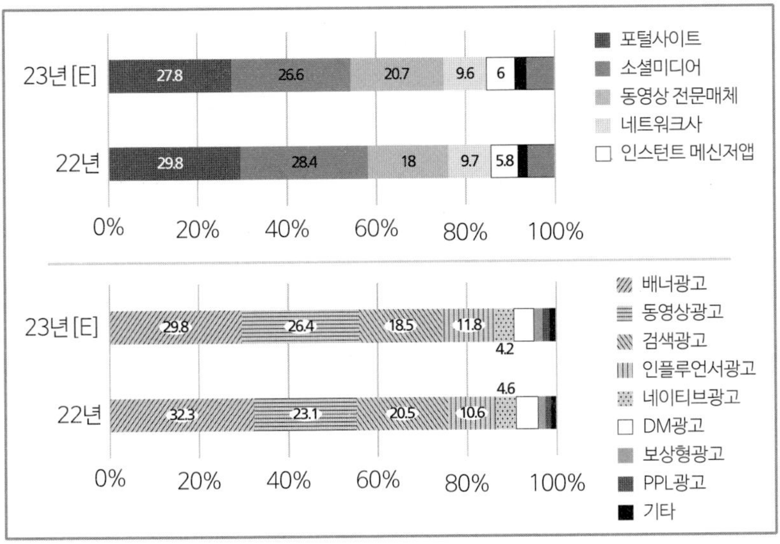

- 공공기관의 특성과 기대효과를 감안한 매체 전략 제안
- 매체접촉률 높은 TV, 디지털 동영상 플랫폼을 통한 보훈공단 집중 홍보 전략 수립
- SNS, 숏폼·인플루언서 마케팅 적극 활용/옥외, DOOH 등 최근 주목도 높은 매체 권장

○ 준정부·공공기관에서 선호하는 매체 특성을 고려한 제안

- 「정부기관 및 공공법인 등의 광고시행에 관한 법률」에 따라 집행되는 정부광고는 재원이 국민의 세금이기 때문에 광고 노출 기대 효과만을 목표로 할 수 없고, 매체 또는 프로그램의 성격까지 고려
- 사회에서 회자되는 플랫폼이나 프로그램이 있더라도 여러 제한요건(예: 미성년자관람제한 프로그램 등)이 존재하므로 공공성을 극대화한 미디어 플래닝 필요

□준정부·공공기관 브랜드 캠페인 확산 성과와 사례

○ 2023년 집행한 매체 영역별 노출 기대효과 우수 사례와 플래닝 내용을 보면 기본적으로 디지털 매체에 집중되어 있지만 매체 자체의 안정성도 검증된 매체에 집중되고 있음

○ 특히, 플랫폼의 사회적 평가와 안정성이 부족한 매체에 공공캠페인을 집행할 경우 '공공의 역할 부족', '예산낭비' 등의 외부 지적이 빈번함에 따라 안정적 매체 운용을 제안할 수밖에 없는 상황

□준정부·공공기관 브랜드 캠페인 성공을 위한 전제 조건

○ 브랜드 캠페인이 성공하기 위해선 전략적이고 장기적인 접근이 필요하지만 민간 기업과 달리 단기적 지휘체계가 가동되는 공공영역에서는 연속성을 유지하기 어려우며, 예산의 연속성 또한 보장할 수 없는 현실

○ 공공 브랜드 캠페인 등 공공커뮤니케이션에 소요되는 광고비용

〈표 8-1〉 매체별 광고집행 트렌드와 노출 효과

구분	광고 트렌드	사례
방송	① 실시간 타깃팅 가능한 '어드레서블 TV' 광고 ② 인터넷·OTT 연결 스마트 TV(CTV) 광고	① 저출산고령사회위원회 출산장려 어드레서블 TV 광고 • 가족·출산 관심 오디언스 타깃팅(조회 수 193만) ② 우정사업본부 '우체국금융' CTV 광고 • SMR CTV 광고 진행(조회 수 300만)
디지털	① Youtube 필두로 동영상 광고 중심 집행 ② 숏폼(쇼츠, 릴스 등) 광고 집행비율 상승	① 기업은행 하반기 기업PR 광고 • Youtube 연령대별 타깃팅(조회 수 179만) ② 보건복지부 '노담 매드온챌린지' 숏폼 광고 • Youtube 쇼츠 포함 광고 진행(조회 수 56만)
옥외	① 중심부 대형 전광판(사이니지) 광고 ② 타깃팅 가능한 디지털 옥외(DOOH) 증가	① 문체부 탄소중립 캠페인(코엑스 파르나스) • 대형전광판 크리에이티브 적용한 3D소재 집행 ② 2030부산엑스포 '실사단 방문' 택시 타깃팅 광고 • 실사단 방문 장소/시간 대에 인근 택시 운행

의 수혜자는 국민이어야 하는데, 일각에서는 매체지원금으로 곡해하는 경우가 있으므로 효율적 집행에 문제가 발생

○ 민간 기업에 비해 예산 규모가 부족한 상황에서 집중 효과가 저해되면 성공적인 공공 브랜드 캠페인 효과를 기대할 수 없으며, 중장기적 브랜드 개발과 활용 전략을 시행할 수 없음

○ 학계, 업계 등에서 공공 브랜드 캠페인이 시행되는 과정과 내부 인식을 정확히 파악하고 문제점을 개선할 수 있는 공식적 방안을 확산시켜 사회적 저변을 확대하는 노력 필요

▮참고문헌

한국언론진흥재단·브랜드메이저(2023). 한국보훈복지의료재단 보훈 브랜드 개발 프로젝트 보고서.

한국언론진흥재단 정부광고 매체분석(2023). 광고주 서비스용 분석자료.

9장

공공 브랜드 사례 1: 정부광고 혁신

최지혜

최지혜 jeehyedata@gmail.com

현재 정부광고 수탁기관인 한국언론진흥재단에서 정부광고 제도 및 정책 담당 연구위원으로 재직 중이다. 정부기관과 공공법인 등의 광고홍보 분야 연구 및 컨설팅, 교육을 담당하고 있다. 한국외국어대학교에서 광고학 전공으로 박사 학위를 받았다. 그동안 『알기 쉬운 정부광고법 해설』(공저, 2023)을 비롯해 정부광고와 브랜드에 대한 다수의 저서를 출간했다. 또한 「정책브랜드 평가가 정책 주체에 대한 태도에 미치는 영향에 관한 연구」(2021)등 공공브랜드에 관한 다수의 논문을 주요 학술지에 발표했다. 현재 정부광고와 공공커뮤니케이션 현상에 대한 관심을 가지고 지속적인 연구 활동을 해 오고 있다.

1. 공공 브랜드와 정부광고

□ 공공 브랜드: 공적 영역에서 활동하는 공공재와 공공기관을 비롯해 그들의 활동에 대한 총체적 인식

○ 공적 영역의 공공재와 공공기관의 브랜드가 되는 대상은 주로 정책: 라인베리(Lineberry, 1977)는 정책을 "정부가 국민들을 위하여 국민들에게 행한 것과 행하지 않은 것"으로 정의

○ 일반 사적 기업의 브랜드 관리가 기업 브랜드 및 제품 브랜드에 대한 소비자의 인식을 관리하는 과정이라 한다면, 공공 브랜드 관리의 인식 관리 대상이 되는 것은 결국 '정책'이라 볼 수 있음

○ 공공 브랜드의 대상은 개별 정책이 될 수도 있고, 정부 및 공공기관 등 정책을 시행하는 주체에 대한 브랜드 관리가 될 수 있음: 정부 자체가 공공 브랜드 관리 대상이 된다면 정부 이미지, 정부 태도, 정부 충성도 등 브랜드 자산에 대한 소비자 인식을 관리하는 전반적 과정을 일컬을 수 있음

○ 다만, 기관의 브랜드 인식에 있어 '지각된 품질'을 평가하는 데 직접적 영향을 미치는 것은 기관이 시행하는 '정책'에 있다는 점에서 공공 브랜드 관리는 정책 브랜드에 대한 전반적 인식이 상승함에 따라 기관브랜드 인식을 관리할 수 있는 인과적 특성을 지니고 있음

○ 사적 영역의 기업브랜드 역시 브랜드 자체에 대한 이미지를 형성하는 데 있어 기본적으로 브랜드가 제공하는 상품 및 서비스 등에 대한 지각된 품질, 이미지, 태도 등의 실체가 뒷받침되어야 함

○ 결론적으로, 공공 브랜드 관리는 정책 브랜드에 대한 인식 관리와 전반적인 기관브랜드에 대한 인식 관리를 유기적으로 관리하는 장기적 안목이 필요함

□ 공공 브랜드 관리 수단으로서 커뮤니케이션: 정책 또는 기관을 공공 브랜드로서 관리하여 보편적 국민들 인식 속에 합의를 도출하기 위해 필요한 것은 바로 공공커뮤니케이션 전략임

○ 공공 브랜드가 어떠한 공적 정체성을 기반으로 국민들의 인식 속에 차별적으로 자리잡게 될 것인지를 결정하고 이를 적극적으로 공유하려는 노력이 필요함

○ 커뮤니케이션: 커뮤니케이션(communication)은 의미를 공유하는 것을 뜻함. 공통되는(common)과 공유하는(share)의 의미를 지닌 라틴어 communis에서 유래

○ 공공커뮤니케이션: 정부 및 기관의 관점에서 국민에게 연상시키려는 브랜드에 대한 정체성, 연상, 의미 등을 전달하고 그 것이 국민들로 하여금 동일하게 인식시키기 위한 과정을 의미함

○ 공공 브랜드커뮤니케이션의 수단: 전략적으로 공공 브랜드를 국민들에게 알리기 위한 커뮤니케이션의 도구는 기본적으로 국민이 공공커뮤니케이션에 노출될 수 있는 모든 접점을 전제로 함

○ 마케팅 커뮤니케이션은 전통적으로 광고, 판매촉진, 홍보/PR, 인

〈그림 9-1〉 공공 브랜드아이덴티티와 공공 브랜드 이미지

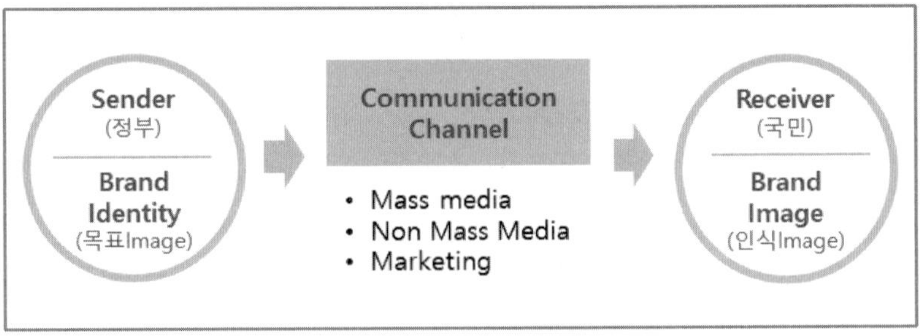

출처: 통합적정책커뮤니케이션을 통한 정책브랜딩방안(한국언론진흥재단, 2020).

적판매의 네 가지 요소를 기본으로 하나 공공 브랜드의 경우 판매 등 이윤을 목적으로 하지 않으므로 광고, 홍보/PR을 주로 활용함

○ 공공커뮤니케이션의 접점

- 정책 주체가 창출하는 접점: 광고가 큰 비중을 차지. 방송매체, 인쇄매체, 온라인/인터렉티브 매체, 옥외매체, SNS 등 매체를 통해 메시지를 기획하고 광고를 통해 전달
- 고객주도적 접점: 국민이 정책 주체와 직/간접적으로 접촉할 때 발생하는 상호작용. 정책과 관련한 정보를 얻기 위해 해당 부서에 직접 연결하는 전화 등의 민원, 콜 센터, 이메일, 웹사이트 및 정책 주체가 보유한 SNS 채널 등
- 예상 밖의 접점: 정책 주체의 통제 범위를 벗어난 정보 등. 구전 메시지 등을 포함하며 온라인 상에 나타나는 정책 관련 담론 등을 모니터링하고 관리할 필요

○ 정부광고는 정책 브랜드, 정책을 집행하는 주체가 창출하는 접점으로 정책에 대하여 국민에게 공유하고 싶은 이미지 및 연상, 정보 등을 전달하는 계획된 설득커뮤니케이션이며 정부광고주의 통제 하에 전략적 메시지를 전달할 수 있다는 장점을 지니고 있음

○ 정부광고는 매체를 통해 집행되는 불특정 다수 일반 국민에 도달할 가능성이 높아 공공 브랜드커뮤니케이션의 수단으로 활용되는 비중이 크다고 할 수 있음

□ 정부광고

○ 광고(advertising): 명시된 광고주가 조직, 제품, 서비스 또는 아이디어에 관하여 유료로 행해지는 모든 비인적 커뮤니케이션 형태

○ 일반적으로 광고주가 광고 메시지를 위한 공간이나 시간 등에 대

해 돈을 지급하고 미디어를 통해 소비자를 대상으로 집행

○ 정부광고: 정부기관 또는 공공법인이 국내외의 홍보매체에 광고, 홍보, 계도 및 공고 등을 하기 위한 모든 유료고지 행위(정부광고법 제2조 제3호)

○ 정부광고란 이윤을 추구하는 상업광고와 달리 정책 홍보, 공고, 공공봉사 등을 목적으로 시행되는 커뮤니케이션 활동으로 정부기관 등이 매체를 통해 유료로 국민들에 메시지를 전달하는 커뮤니케이션 행위를 의미함

○ 정부광고는 다수의 국민을 대상으로 침투력이 우수하므로 가장 폭넓게 활용되는 공공커뮤니케이션의 도구이며, 브랜드 인지도 구축 및 광고메시지를 전달하기 위한 효과적 수단으로 평가됨

○ 특히, 정책의 경우 최대한 많은 국민들에 혜택 등 정보를 알리는 것이 중요하고(인지도 향상), 정책의 수혜 대상 등 다양한 이해집단을 수반하고 있으므로 전반적인 정책 태도 및 이미지 향상을 통해 사회적 합의를 이끌어내는 것이 중요함

○ 광고에 대한 소비자의 피로도와 회피도가 높아짐에 따라 과거와 달리 새로운 방식으로 국민들에게 메시지를 전달할 수 있는 전략적 방안이 함께 요구되는 상황임

2. 정부광고 혁신 사례

□ 정부광고와 공공 브랜드 자산 구축

○ 공공 브랜드 커뮤니케이션의 목적은 결국 국민의 공공 브랜드에 대한 무형적 인식을 향상시키는 데 있으므로, 정부광고의 효과는 공공 브랜드 자산의 어떠한 영역을 효과적으로 상승시켰는지에 있음

○ 커뮤니케이션 효과 측정에 사용되는 변인들은 소비자 구매결정 모델에 따라 크게 인지적 단계, 감정적 단계, 행동적 단계에서 각각 측정됨

○ 정부광고를 기획함에 있어 인지적 단계에 해당하는 브랜드 인지 또는 브랜드 지식, 이해 등을 높일 것인지, 감정적 단계에 해당하는 브랜드 태도 및 이미지, 행동적 단계에 해당하는 브랜드 충성도, 행동의도 등의 자산을 향상시킬지를 고려하여 목표를 설정하게 됨

○ 정부광고의 효과를 평가하기 위해서는 공공 브랜드 자산을 향상시킬 목적으로 적절하게 기획되었는지를 살펴봐야 함

○ 공공 브랜드 자산 영역에 따른 정부광고 혁신 사례 카테고리

- 브랜드 인지도(Awareness): 정책 및 주체(기관)에 대한 인지, 회상을 높이기 위한 목적으로 집행된 광고 사례
  → 인지적 정보처리 단계에 관여
- 브랜드 지식(Knowledge): 정책에 대한 혜택 및 정보, 기관의 정체성 등에 대한 이해도를 높이기 위해 집행된 광고 사례
  → 인지적 정보처리 단계에 관여
- 브랜드 태도(Attitude): 정책 및 기관에 대한 감정적 선호, 태도 등을 향상시키기 위해 집행된 광고 사례

〈표 9-1〉 커뮤니케이션 효과 측정에 사용되는 변인

정보처리 단계	종속 변인
인지적(Cognitive)	광고 인지(awareness, recognition), 이해(comprehension), 회상(recall)
감정적(Affective)	제품에 대한 태도(attitude)나 좋아함(liking), 브랜드에 대한 태도, 선호(preference), 확신(conviction) 등의 감정적 변인
행동적(Conative)	구매 의도, 실제적 구매 등의 행동적 변인

출처: 국민 인식 기반 정부광고 소통지수 연구(2021).

→ 감정적 정보처리 단계에 관여

- 브랜드 충성도(Loyalty): 실질적 정책 참여, 추천 의도 등 행동을 유도하기 위한 행동적 충성도를 위해 집행된 광고 사례
  → 행동적 정보처리 단계에 관여

□공공 브랜드 자산 영역 별 혁신 정부광고 사례 탐구

1) 브랜드 인지도

● 한국관광공사 'Feel the rhythm of Korea'

○ 정부광고의 혁신 사례에서 빠질 수 없는 한국관광공사의 'Feel the rhythm of Korea' 광고 캠페인

○ 2021년 유튜브에서 가장 성공적 광고 캠페인을 선정하는 'YouTube Works Korea'시상식에서 인지 제고 부문 최고상을 수상

○ 공공 영역에서의 광고 캠페인이 상업 광고를 제치고 화제성 부문에서 수상을 한 이례적 사례

○ 서울과 한국의 관광 거점 도시 6곳에서 퓨전 판소리 가락에 맞춰 춤사위를 펼치는 뮤직비디오 시리즈로 제작

○ 누적 조회 수 5억 6천회 이상, 30만개가 넘는 댓글, 80%의 높은

평균 지속 시청시간 기록

○ 혁신 포인트

- 기존 정부광고 캠페인의 틀과 고정관념을 깬 크리에이티브
- 코로나 이후 다시 여행이 자유로워 졌을 때 대한민국을 회상할 수 있도록 하기 위한 홍보 아이디어: 소비자의 고려상품군에 속할 수 있는 브랜드 재인과 회상에 목적
- 바이럴을 목표로 저예산으로 만든 서브캠페인
- 유튜브의 매체 특성을 명확히 이해하고 활용: 낯선 음악과 춤이지만 따라하기 쉽고 중독성이 있는 멜로디. 낯선 것을 거부감없이 받아들일 수 있는 유튜브의 특성과 익숙한 관광 홍보 배경영상이 결합됨
- 소비자의 자발적인 공유와 확산, 재생산을 유도
- 정부광고주의 명확한 목표의식: 앤데믹 이후의 브랜드 인지도를 광고의 목표로 메시지, 크리에이티브, 형식 등에 대한 제약을 두지 않고 광고를 기획하는 대행사의 전략적 판단을 지지

〈그림 9-2〉 한국관광공사 'Feel The Rhythm of Korea'

● 보건복지부 '담배는 노답, 나는 노담'

○ 새로운 광고 캠페인 슬로건이 도출되었을 경우, 슬로건 자체에 대한 인지도를 높이기 위한 광고가 주로 집행됨

○ '노담'이라는 신조어를 광고 슬로건으로 활용했으며, 이에 대한 인지도를 높이기 위해 '노담:담배 안피움'의 의미에 대해 주로 노출하는 광고 캠페인 시리즈를 제작

○ 노담의 브랜드화를 위한 첫 캠페인으로 2020년 이후 현재까지 지속적으로 캠페인 슬로건을 활용하는 중. 단발성 캠페인에 그치는 것이 아니라 장기적으로 콘셉트를 유지함으로써 특히 잠재적 흡연자로 발전할 가능성이 있는 청소년을 타깃으로 꾸준히 국민의 인식속에 자리잡고 있음

○ 광고와의 인과관계를 명확히 밝히긴 어렵지만, 노담캠페인 시작 이후 청소년 흡연률이 큰 폭(전체 평균 6.5% → 4.4%)으로 감소

○ 혁신포인트

- 소구 방법의 변경: 기존에는 '흡연'에 대한 공포소구가 금연캠페인의 주를 이루었으나 2019년을 기점으로 '금연'의 긍정적 효과를 전달하는 것으로 방향을 전환
- 2020년부터는 청소년을 타깃으로 '노담' 캠페인 실시

〈표 9-2〉 보건복지부의 주요 금연 캠페인 슬로건

연도	슬로건	목적
2015-2020	'흡연은 질병, 치료는 금연'	흡연은 치료가 필요한 중독 질병
2016	'이제 담배의 진실과 마주하세요'	담배의 폐해 전달
2017	'담배 오늘 끊지 않으면 내일은 없습니다'	금연의 직접적인 동기부여
2018	'흡연, 스스로를 죽이고 타인도 죽음에 이르게 합니다'	사회적 문제인식 고취
2019	'깨우세요. 우리안의 금연본능'	금연의 긍정적인 효과 전달
2020	'담배는 노답, 나는 노담'	청소년의 자발적인 금연 선택 응원
2021	'나는 네가 노담이면 좋겠어'	청소년의 자발적인 금연문화 확산
2022	'우리는 대한민국 첫 번째 노담 세대, 노담 멤버스'	비흡연 청소년의 자부심
2023	'노담 사피엔스'	

〈그림 9-3〉 보건복지부 '담배는 노답, 나는 노담'

● 소상공인시장진흥공단 '내 카드에 충전하는 온누리'

○ 신규 상품권에 대한 인지도 확보를 목표로 제작

○ 새로운 정책이나 서비스, 상품 등이 출시되었을 때 브랜드 인지도 제고를 목표로 광고 집행

○ 혁신 포인트

- 매체 전략: TV는 지상파를 메인으로 보도, 종편, 주요 케이블 매체 집행, 라디오는 출퇴근 시간대 포함 청취율 높은 채널과 프로그램 위주로 집행, 유튜브 매체를 메인으로 설정, 광고를 보고 검색하여 홈페이지로 유입시키기 위해 네이버 브랜드 검색 광고 함께 진행. 서울 시내 전광판, 지하철 내 미디어보드, 와이드 칼라, 스크린도어, 전국 엘리베이터 미디어보드, 서울행 시외버스 터미널 등 다양한 접점 집행

- 중독성 있는 트로트 CM송을 활용하여 메시지 전달 효과 높임

- 트로트가수 나태주 이름 활용하여 새롭게 출시된 카드에 대한

〈그림 9-4〉 소상공인시장진흥공단 '내 카드에 충전하는 온누리'

메시지 전달 '나 새롭게 태어났네: 나태온': 4050세대를 유인할 수 있는 효과적 전략이 필요했고 4050세대가 즐겨 시청하는 프로그램에 출연한 인지도 높은 모델을 선정

2) 브랜드 지식

● 문화체육관광부 '누구나 알기 쉬운 국정과제'

○ 캠페인 목표: 정부의 다양한 정책에 대한 이해도 고취

○ 혁신 포인트

- 스토리텔링 기법을 통해 정부가 추진하는 정책이 무엇이고 어떤 효과를 기대할 수 있는 지에 대한 정보를 친근하게 전달
- 국민의 구체적 생활밀착형 에피소드로 구성
- 온라인 동영상 플랫폼 유튜브, 페이스북, 인스타그램을 통한 확산에 집중: 방송매체는 도달에 용이하다는 장점이 있으나 특정 연령대 이용이 높으므로 다양한 연령과 관심사를 가진

〈그림 9-5〉 문화체육관광부 '누구나 알기 쉬운 국정과제'

모든 국민에 정보를 제공하기 어렵다고 판단. 매체 특성상 짧은 시간 안에 메시지를 함축적으로 담는 데 한계

- 온라인 동영상 플랫폼 매체 특성 활용: 광고 소재 길이의 제한이 적고 리타깃팅을 통한 선별적 노출 전략이 가능
- 시리즈 리타깃팅 전략: 스토리텔링 방식을 취함으로써 한번만 시청하더라도 내용을 쉽게 인지하고 이해될 수 있도록 하여 불필요한 중복노출보다는 각 소재별 1회 노출을 기본 전략으로 채택. 1회 노출된 타깃에게는 다른 소재가 재차 노출될 수 있는 리타켓팅 적용
- 전래동화의 희극적 요소 활용

● 농림수산식품교육문화정보원 '당신이 찾던 갓생 농업, 농촌에서 겟생하라'

○ 농림수산식품교육문화정보원(이하 농정원)은 2020년부터 농업 농촌 가치확산 캠페인 진행

○ 2018~2020년간 연평균 약 8%씩 농업/농촌의 공익적 기능에 대한 국민적 공감이 저하되었기 때문

○ 2022년 대국민 인지 캠페인을 위한 농촌 '갓생'캠페인 진행

○ 단순히 브랜드 인지를 높이는 것을 넘어 직업을 테마로 농업, 농촌의 경제적 혜택과 삶의 보람 등을 메시지로 담아냄. 미래성장동력으로써의 농업, 농촌, 일자리 제공 등 공익적 가치를 이해할 수 있도록 제작

○ 혁신 포인트

- 광고 주요 타깃층: MZ 세대 – 농업 및 농촌 분야에 관계 인식이 낮은 MZ세대를 대상으로 단순 이해를 넘어 행동 변화까지 이끌어낼 수 있도록 캠페인 기획
- 광고 슬로건: '갓생 겟생'은 노력하는 삶을 통해 원하는 것을

얻는다는 의미를 함축적으로 나타내고 있음

- 21년 캠페인은 일상 속 농업, 농촌 가치 체감을 통해 거리감을 낮추는 데 집중했다면 22년 캠페인에서는 농업 농촌의 경제적 가치(일자리, 비즈니스의 기회)를 알리는 데 집중
- MZ 세대들이 관심을 가질 수 있는 직업 요소를 선정: 단순히 농업 하면 연상되는 '농부'가 아닌 스마트팜 구축가, 식물유전공학자, 종자품질관리사, 팜핑디렉터 등 새로운 가능성을 보여줄 수 있는 직업들을 알리기 위해 제작
- 스마트팜 구축가, 종자품질관리사, 생태농부 등 직업군들을 각각 '스마트한 농업 농촌', '힘 있는 농업 농촌', '매력있는 농업 농촌'이라는 테마로 유튜브를 통해 노출, 편당 200만회 이상 조회 수 확보
- 인스타그램 등 적극 활용: 광고의 톤앤매너에 맞게 채널 리뉴얼하고 농업 농촌 직업 소개 콘텐츠 등 다양한 이벤트 진행
- 온라인 커뮤니케이션 강화를 위해 네이버 해피빈 매체 협업, 인플루언서 활용, 브랜디드 컨텐츠 제작 등 시도
- 오프라인 프로모션: 반포한강공원 등지에서 '갓생빵빵' 차량 프로모션 운영

〈그림 9-6〉 농정원 '당신이 찾던 갓생 농업, 농촌에서 겟생하라'

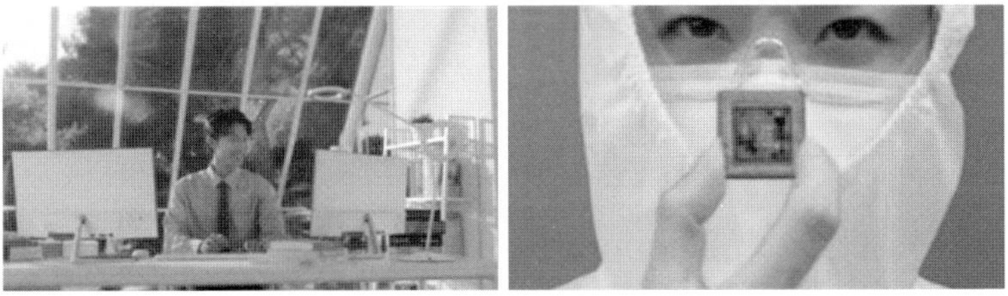

● 한국주택금융공사 '안심전환대출'

○ '안심전환대출'은 한국주택금융공사에서 고금리 속 국민들의 이자 부담을 줄이기 위해 개발된 상품 중 하나로 2015년부터 광고 캠페인을 진행중

○ 안심전환대출의 정책적 중요 혜택 중 하나인 '고정금리'를 그래프를 통해 쉽게 이해할 수 있도록 표현해 상품에 대한 이해도를 높이고자함

○ 혁신 포인트

- 가장 중요한 정책 정체성인 '고정금리'에 집중하여 혜택인식을 높이고자 함. '금리 고정! 행복 고정!'이라는 슬로건을 활용
- 광고 주 타깃층: 주택담보대출을 받은 사람들, 4억원 이하 주택을 소유한 사람들
- 4억 원 이하 주택의 경우 비수도권에 많이 분포해 있으므로 크게 수도권과 비수도권으로 타깃을 분류, DMP타깃팅을 활용해 핵심 타깃에 집중적으로 노출될 수 있도록 온라인 매체 운영
- '구해줘 홈즈'콘텐츠 타깃팅, 네이버 부동산 매체도 병행해 관여도 높은 타깃을 대상으로 직접적 메시지 전달
- 생활접점 옥외매체 활용: 편의점, 영화관, 지역 지하철 매체 등
- 명절 기간 매체 전략: 이동량 증가하는 기간임을 고려해 KTX, SRT, 용산역, 극장 매체 선정, 추석 명절 기간 TV 매체 편성 집중

〈그림 9-7〉 한국주택금융공사 '안심전환대출로 금리고정! 행복고정'

● 콘텐츠 콜라보레이션을 통한 정부광고 혁신 사례

○ 정부광고의 경우 일반 기업과 달리 단순히 광고 소재로만 설명할 수 없는 특성: 정책에 대한 브랜드 지식을 높이기 위한 정보를 설명해야 하는 사례가 많기 때문

○ 이에 콘텐츠 콜라보레이션 형식을 통해 광고메시지를 자연스럽게 콘텐츠과 플랫폼에 노출시켜 국민들로 하여금 거부감없이 정책에 대한 정보를 습득할 수 있도록 유도

○ 플랫폼의 역할을 접목시켜 메시지의 효과성을 높이거나 콘텐츠와 결합하여 스토리로써 메시지의 이해도를 높임

○ 전통적으로 정부광고 콘텐츠 협업은 방송 프로그램 또는 기사 협찬 등 전통적 매체에 노출하는 형태가 잦았으나, 최근 유튜브, OTT시장의 활성화, 디지털 결합 플랫폼 등장 등 시장의 변화와 함께 다양한 방식의 디지털 콘텐츠 협업이 진행됨

○ 콘텐츠 형식뿐 아니라 이종매체 간 결합 노출, 온/오프라인 통합

제작 등 협업의 방식은 다양해지고 있음

○ 콘텐츠 콜라보레이션의 장점: 방송광고시장 진입이 어려웠던 소액 정부광고주에 좋은 기회가 될 수 있음. 접근성이 높아지고, 플랫폼 다분화를 통해 송출의 효과성과 노출 극대화를 노릴 수 있음

○ 고용노동부 사례

- 방송사 보유 유튜브 채널과 협업을 진행: '워크맨'채널과 한 편의 별도 브랜디드 콘텐츠 제작. 알고리즘을 통한 2차 확산을 통해 일주일만에 110만 이상의 조회를 확보
- 인플루언서를 통한 콘텐츠 협업
- 인스타그램 웹툰 협업 진행: 인스타그램 '감자'작가와 취업감자라는 인스타툰을 제작, 각 회당 평균 17만 이상의 도달과 함께 전체 53만 이상 노출(중복 포함)의 결과를 얻음

○ 농수산물유통공사(AT센터) 사례

- GS SHOP 앱 내 라이브커머스 협찬 활용: 김치품평회 및 우수 로컬김치 선발대회 입상업체 중 6개소 소개
- 전국 김치자랑을 콘셉트로 선발대회 입상제품 1시간 특집 방송 및 브랜드 제품 방송을 각각 30분씩 제작,편성함

〈그림 9-8〉 고용노동부 콘텐츠 콜라보레이션 사례

유튜브 채널 '워크맨' 협찬 사례 / 인스타툰 '감자' 작가 연재 사례

- 5일간 진행된 라이브 커머스는 약 6만 8천 명 시청, 총 800만 원 이상 매출

3) 브랜드 태도

● 국민체육진흥공단 '서울 올림픽레거시포럼'

○ 2022년 10월 개최한 '서울올림픽레거시포럼'홍보를 위해 암벽여제 김자인의 도전을 광고 영상에 담음

○ 2020도쿄 올림픽을 앞두고 부상을 당해 출전을 포기해야 했던 김자인 선수를 광고 모델로 선정: '일상의 스포츠'라는 콘셉트로 보다 빠르게, 보다 높게, 보다 강하게 어린시절부터 끝없이 자신의 능력에 한계를 두지 않고 도전을 거듭한 김자인선수를 응원한다는 카피를 전달

○ 네이버 광고상품인 '카타르 월드컵 생중계 패키지'매체 집행을 통해 국민체육진흥공단 홈페이지로 유입되면서 목표 전환률 400% 이상을 달성

〈그림 9-9〉 국민체육진흥공단 '다시 도전할 수 있는 이유는 일상에 있으니까'

○ 혁신 포인트

- 국민체육진흥공단 기관 이미지 제고를 위해 서울 올림픽 레거시 포럼 홍보에 초점을 둔 유튜브 영상 광고용 콘텐츠로 제작되어 포럼 종료 후에는 추가 송출 계획이 없었으나, 포럼 종료 후에도 월드컵이라는 빅 이벤트와 연계하여 집행할 것을 제안
- 네이버 카타르 월드컵 생중계 패키지를 활용하여 월드컵 기간 중 생중계 전, 중간 광고 집행
- '올림픽은 더 이상 선수들만의 경기가 아니야. 올림픽 정신을 이어가는 KSPO가 #나만의 올림픽을 응원할거야'라는 메시지를 통해 국민체육진흥공단(KSPO)가 지닌 기관의 정체성을 전파하고 기관에 대한 태도를 높일 수 있도록 유도함

● 저출산고령사회위원회 '지금 아빠는 육아휴직 시대'

○ 남성육아휴직에 대한 사회 인식 및 태도를 개선하기 위한 광고 캠페인

○ 2022년 1월 중순 '아빠 육아'에 관한 캠페인 진행

○ 최근 아빠 육아 관련 콘텐츠, '100인의 아빠단'등 남성 육아에 대한 사회적 요구 증대

○ 아빠 육아 증진을 위한 광고 캠페인 스케줄링과 커뮤니케이션 전략 개발

○ 혁신 포인트

- 광고 캠페인 전략 방향성: 아빠의 육아를 응원한다는 전략적 방향성을 설정하고 실제 아빠들의 육아 활동 사례 확산을 목표로 제작
- 메인타깃인 아빠의 자부심을 고취하는 데 집중, 남성 육아에 대한 인식 개선에 초점
- 광고 캠페인 슬로건: 아빠 육아휴직 시대

– 매체 전략

- 온라인이벤트 참여유도 캠페인: 2-3월 진행, 가장 사용자가 많은 네이버 포털 주요 지면 활용. 성별 타깃팅, 육아관심사 타깃팅을 통해 관여도 높은 참여자 유입
  매체별 개별 소재 전략(Multi Source, Multi Use)활용: 1일 1개 소재 집행으로 매일 다른 소재 노출. PC와 모바일을 차별적으로 운영하여 PC의 경우 가장 주목도가 높은 '첫 페이지 메인 화면 지면 확보', 모바일의 경우 세분화된 타깃 그룹을 만들어 운영하는 '지면별 광고 집행 전략 도입'
- 라디오 광고: 온라인 매체 보완 성격이 강하므로 광고접촉점을 다양화하고자 청취율 상위 5개 내 타임블록 전략을 적용하여 청취율 높은 출근 시간대 위주 광고 노출

〈그림 9-10〉 저출산고령사회위원회 '지금 아빠는 육아휴직 시대'

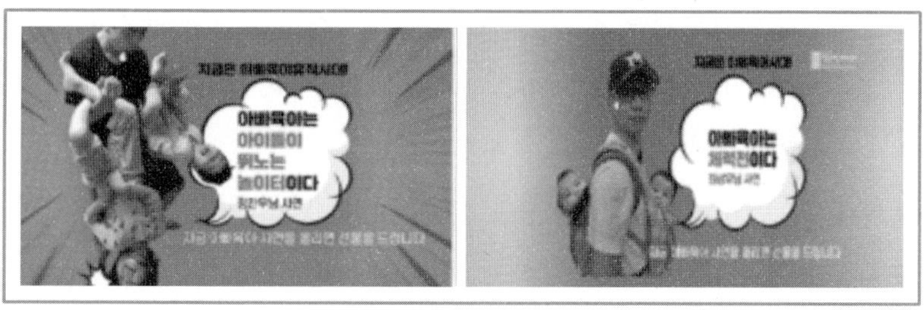

4) 브랜드 충성도

● 문화체육관광부 '지구의 운명은 1도에 달려있습니다' 2050 탄소중립캠페인

○ 탄소중립을 위한 행동유발에 초점을 맞추어 기후 위기에 대한 경각심을 심어줄 수 있는 커뮤니케이션 전략 수립

○ 탄소중립에 대한 대국민 인지도와 공감도는 개선되었으나, 공감도 대비 실천률이 낮은 상황: '국민들은 기후 위기를 막연하게 느끼고 있다'는 인사이트에서 출발

○ 혁신 포인트

- 국민들이 직접적으로 체감할 수 있는 키메시지 도출: 지구의 운명은 1도에 달렸습니다
- 구체적인 행동 유발을 광고 목표로 설정: 경각심을 심어줄 수 있는 전략
- 직관적 비주얼과 사운드 활용한 애니메이션 형태 활용: 지구 온난화로 인한 위기 상황을 라인 드로잉과 베토벤 교향곡 '운명'을 활용해 간결하고 묵직하게 표현
- 옥외용 3D 특수 영상소재 제작 및 송출: 최근 각광받고 있는 3D 디지털 사이니지에서 활용할 수 있도록 특수 영상으로 제작. 지구온난화가 전개된 극단적 상황을 설정하여 한 눈에 보더라도 경각심을 느낄 수 있도록 CG 강조한 것이 특징
- 방송매체를 중심으로 3D 특수영상소재가 집행 가능한 특수 옥외매체까지 다양한 매체를 믹스

〈그림 9-11〉 문화체육관광부 '지구의 운명은 1도에 달렸습니다'

TV/디지털/극장 송출 광고

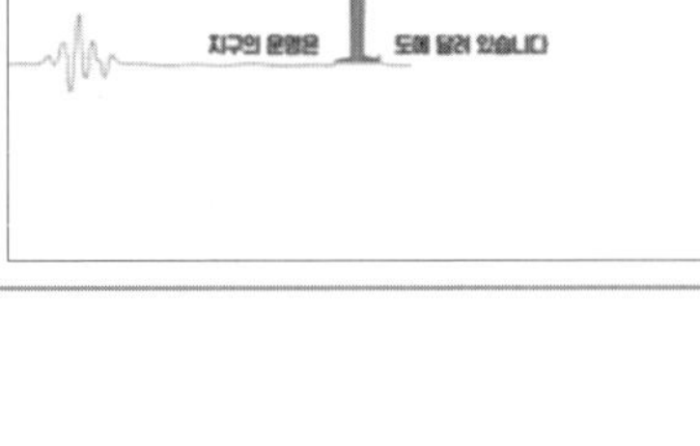

삼성 KPOP 스퀘어 송출 광고

● 식품의약품안전처 '그건 마약이라는 덫입니다'

○ 마약류 심각성에 대한 국민인식도는 증가추세이나 그 증가폭이 높지 않고, 저연령대까지 확대되고 있는 마약 사용 심각성을 알리기 위한 목표

○ 이전의 콘셉트는 마약 자체에 대한 인지도를 높이는 방식이었다면 이제는 마약에 대한 경각심을 높임으로써 직접적 행동에 대한 방지 효과를 가져오고자 함

○ 혁신 포인트

- 이전 캠페인 슬로건보다 강력한 Key 콘셉트 도출이 필요: '멈

〈그림 9-12〉 식품의약품안전처 '그건 마약이라는 덫입니다'

취야 할 것은 마약입니다. 마약, 끝은 같습니다'라는 전년도 슬로건에서 단 한번 만으로도 모든 것을 잃게 된다는 암시를 함축적으로 표현하고자 함

- 타깃별 크리에이티브 수립: 성인타깃을 대상으로 '마약이 당신을 무너뜨리는 건 단 한번이면 충분합니다'라는 메시지를, 10대 커뮤니케이션을 위한 메시지로 '단 한번의 호기심도 허락하지마세요'를 도출
- 매체 전략: 전 국민 인식 제고를 위해 1차적으로 TV를 통한 확산을 메인으로 집행했으며 방송매체 타깃 도달률 보완을 위해 KTX, SRT 활용 옥외매체도 병행 집행

3. 장기적 공공 브랜드 관리를 위한 정부광고 혁신 방안

□ 정부광고 혁신 사례를 통한 방안 모색

○ 정부광고 혁신 사례들을 통해 도출할 수 있는 정부광고 품질 향상 방안

- 광고 목표에 따른 콘셉트 명확화: 공공 브랜드의 본질적 정체성을 확인하고 어떠한 브랜드 자산을 상승시키는 것이 현시점에 중요한지를 파악함으로써 광고캠페인의 목표를 공고히 해야 함

- Single concept: 광고 목표에 따라 콘셉트를 명확하게 도출했다면 그 메시지에만 집중해야 함. 다른 메시지나 정책의 부가적 혜택 등 너무 많은 정보를 전달하기보다 각각의 광고 캠페인에 집중할 필요

- 매체 크리에이티브와 유연성: 전통적 매체에만 의존할 것이 아니라 디지털 매체의 특성을 확인하고 이를 활용할 필요성(전달한 정책 정보가 많을 경우 스토리 텔링 방식을 선택한다거나, 새로운 캠페인의 런칭으로 공유 및 확산이 중요할 경우 이러한 매체 전략을 집중적으로 선택해야 함)

- 장기적 안목 필요: 단발성 광고캠페인에 그치는 것이 아니라 지속적으로 국민에게 동일 메시지 및 가치를 전달하여 확고한 인식 속에 자리잡도록 노력해야 함

- 정부광고주의 역량과 결단: 명확한 목표와 전략이 세워졌다면 기존의 틀에 박힌 사고방식에서 벗어날 필요가 있음. 정부광고주에 대한 광고 동향 및 전략 등의 교육이 필요할 것으로 보임.

□ 연구 사례를 통한 방안 모색

○ 효율적인 정부광고 기획과 대국민 소통 전략(2022)

- 2022년 6월 24일부터 7월 1일까지 실시한 광고 관련 전문가 초점집단인터뷰 결과, 정부광고가 과거에 비해 품질이 좋아졌다는 평가를 받고 있음(이희복, 홍문기, 2022)
- 연구 결과, 정부의 정책 메시지는 기존 매스미디어 영역에서 디지털 미디어로 확대되며 형식 뿐 아니라 캠페인 내용 및 크리에이티브가 향상되었다는 긍정적 평가
- 다만, 정부광고의 질적 향상을 위해서 통합적 마케티 커뮤니케이션에 대한 노력이 필요하며, 정부광고주는 광고의 기획과 크리에이티브 등 결정 권한을 갖고 있는 만큼 광고주의 역할에 주목하고 효율성과 효과성을 높일 방안을 찾아야 한다고 주장
- 전략적 메시지 개발 및 매체 크리에이티브를 강화하고, 이를 가능하게 하기 위한 광고주 역량 강화를 함께 모색해야 할 것으로 평가됨

○ 통합적 정책커뮤니케이션을 통한 정책브랜딩 방안

- 국내외 정책 브랜드 커뮤니케이션 사례를 종합하여 살펴본 결과 다섯가지의 성공적 정책커뮤니케이션 유형이 도출됨
  - 정책참여 플랫폼의 일원화: 하나의 통합된 정책 브랜드 참여 플랫폼을 활용하면 각각의 기관별 홈페이지를 통해 정책 참여 및 정보 탐색을 했던 불편함을 줄여주고, 비슷한 니즈를 가진 정책 참여자들을 하나의 플랫폼에 모일 수 있도록 담론 형성의 장을 만들어 줌. 유사 정책을 통합하여 정책적 정보를 전달하고 이미지를 구축할 수 있는 엄브렐라브랜드(umbrella brand)를 개발하는 방법.
  - 동영상 적극 활용: 동영상은 파급효과가 크고 영상의 특성상 국민들이 쉽게 정보를 받아들일 수 있는 장점이 있음. 댓

〈표 9-3〉 정부광고 관련 초점집단면접 주요 의견 요약

질의 주제	발현 주제	주요 의견
정부광고에 대한 일반적인 평가	정부광고의 전반적인 평가	정부광고 품질의 향상, 중소 광고회사들의 참여 기회 확대, 소통과 메시지의 개선 필요
	정부광고 제도의 변화	수수료의 징수와 사용, 10억 이하 AOR 적용, 광고산업 발전과 진흥을 위한 노력 요청
정부광고와 민간 광고 업무의 비교	정부광고와 민간 광고의 공통점과 차이점	프레젠테이션 수주 방식의 유사성, 공정성이 주가 되는 심사 과정, 효율성과 크리에이티브 차이점
	정부광고의 장점과 단점 비교	정부광고의 공정성, 민간 광고의 효과성, 캠페인 지속성 부족, 저가 입찰로 인한 폐해
민간 광고 업무를 반영한 정부광고 개선 방안	민간 광고와 비교한 바람직한 개선 방안	가격점수제 폐지 또는 축소, 수수료의 현실화, 실무자 권한 강화, 매체 유연성 확보, 효과성과 효율성 우선
	정부광고의 효율성과 효과성 담보 방안	대행 장기계약 인센티브, 크리에이티브 예산 확보, 민간 광고의 장점 벤치마킹
효율적인 정부 관고 대국민 소통전략 방안	효율적인 정부 관고 전략	통합마케팅커뮤니케이션 노력, 캠페인 마인드의 도입, 정부광고주의 전문성과 권한, 대행사 파트너십, 합리적 보상
	정부광고주 교육 프로그램	미디어 환경 변화 고려, 수준별 맞춤 교육과 지원, 캠페인 사례 미디어 퍼포먼스 트렌드 교육(대행사 수준), 현장 경험 제공
	영국 GCS 사례 도입	GCS 사례 도입에 긍정적, 자원과 인력의 네트워크 구축, 커뮤니티 형성과 지원, 국정 호보처와 차별화 필요성
기타 정부광고 관련 의견	정부광고 실무 역량 강화를 위한 제언	변화하는 미디어 환경 이해와 활용, 통합마케팅커뮤니케이션, 캠페인 기획과 실행, 광고산업 생태계, 지속 가능한 소통
	정부광고주 교육 프로그램과 소통 전략	트렌드와 미디어, 성공사례 아카이브 제공, 정부광고주 지원 시스템 필요, 민간 전문가 참여, 수요자 중심 교육 프로그램

출처: 이희복, 홍문기 (2022).

글, 조회 수, 공유횟수 등 상호작용의 효과 또한 크므로 정책 참여 및 충성도로 이어질 수 있는 장점을 지니고 있음

- 감각적 브랜드 디자인: 로고 및 캐릭터를 활용하여 쉽게 정책 브랜드를 인지할 수 있도록 도와줌. 특히 브랜드 로고 등 감각적 요소를 개발하면 '브랜드 인지'를 높일 수 있는 광고 전략이 필수적임.
- 오프라인 프로모션 활용: 오프라인을 통한 커뮤니케이션 접점을 활용하면 직접적으로 정책에 대한 체감도를 향상시킬 수 있음. 오프라인 프로모션과 광고를 연계하여 통합적으로 실시하면 효과가 높아질 수 있음
- 다양한 형태의 콘텐츠 재가공: 일반 국민들이 텍스트 형태의 정보 이외에도 쉽게 이해할 수 있도록 동영상, 카드 뉴스, 인포그래픽스 등 다양한 형태로 가공된 콘텐츠를 제공. 다만, 각각의 콘텐츠는 매체의 특성에 따라 재구성되어야 하며 정체성을 담고 있는 핵심 메시지에는 변함이 없어야 함.

□ 통합적 공공 브랜드커뮤니케이션

○ 통합적 공공 브랜드 커뮤니케이션(IPC: Integrated Public brand Communication): 통합적 마케팅 커뮤니케이션(IMC:Integrated Marketing Communication)을 공공 브랜드에 적용하는 방안을 의미함.

○ 성공적 IPC의 전제 조건

- 공공 브랜드 아이덴티티 발굴
- 국민의 니즈 반영
- 공공 브랜드 아이덴티티가 반영된 핵심 메시지 발굴
- 매체 믹스: 동일한 메시지를 매체 특성에 맞는 콘텐츠로 재가공

〈그림 9-13〉 성공적 IPC의 특징

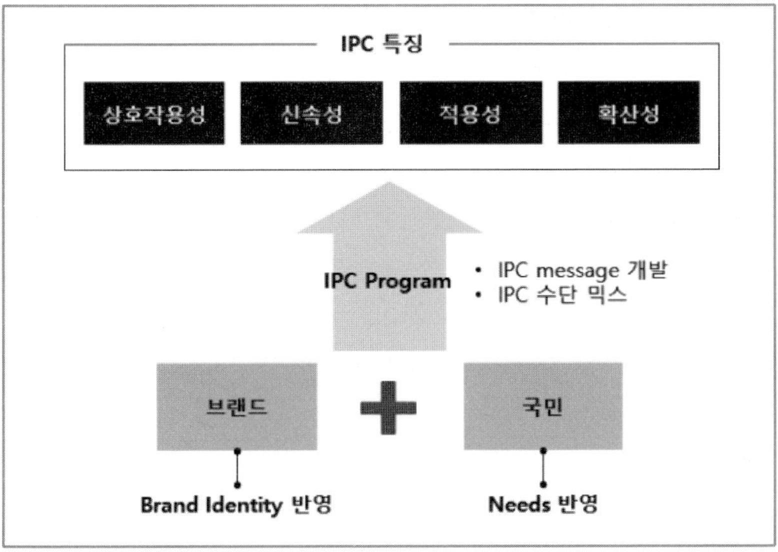

- 각각의 커뮤니케이션 간의 시너지 효과

○ 성공적인 통합적 공공 브랜드커뮤니케이션을 위해서는 단순히 광고 예산을 투입하여 광고를 전달하는 형식에서 벗어나야 함

○ 일방향적 정책 정보 전달에 그치는 광고 등을 지양하고, 양방향의 홍보활동과 정책 사각 지대의 맹점을 보완함으로써 IPC 수단 간 시너지 효과가 발생할 수 있도록 해야 함

□ 통합적 공공 브랜드 커뮤니케이션을 위한 정부광고주 역량 강화

○ 정부광고 품질 향상의 핵심은 담당 정부광고주의 역량에 있으므로 역량 강화 지원을 확대할 필요성

○ 정부광고주 교육 프로그램 및 광고 실무 체험을 위한 인턴십 제도 및 방문 연구 등 도입 필요

○ 정부광고주의 순환 보직 특성을 고려했을 때, 광고 및 홍보 업무를 담당하게 되었을 때 참고할 수 있는 지식 체계, 즉 아카이브가 필요할 것으로 보임

○ 캠페인 사례, 크리에이티브 및 매체 활용 사례 등을 참고할 수 있는 정부광고 아카이브를 구축할 필요

○ 한국언론진흥재단의 광고컨설팅 기능 강화 필요: 통합적 공공 브랜드 커뮤니케이션의 중요한 요소인 매체 믹스 등을 적극적으로 컨설팅하고, 정책 브랜드 컨설팅 등을 통해 핵심 메시지를 발굴할 수 있도록 하는 등 역할 대폭 강화할 필요

▌참고문헌

이희복, 홍문기(2022). 효율적인 정부광고 기획과 대국민 소통전략. 한국언론진흥재단.

최지혜, 최일도, 심성욱(2020). 통합적 정책커뮤니케이션을 통한 정책브랜딩 방안. 한국언론진흥재단 광고총서 2020-1.

최지혜, 최일도, 김해영, 김병희(2021). 국민 인식 기반 정부광고 소통지수 연구. 한국언론진흥재단 광고총서 2021-2.

Lineberry, R. L. (1977). Equality and urban policy: The distribution of municipal public services. (No Title).

10장

공공 브랜드 사례 2: 대학 브랜드 혁신

강소영

강소영 172023@sdu.ac.kr

현재 서울디지털대학교 미디어영상학과 교수로 재직 중이다. 이화여대 사회학과, 한국외대 신문방송학·글로벌문화콘텐츠학 복수 박사 학위를 취득했고 글로벌문화콘텐츠학회, 다큐멘터리학회의 회장직을 역임하며 봉사 중이다. 코리아헤럴드 기자, 중앙썬데이 객원기자, 여성 잡지 〈마담피가로〉 프리랜서 기자 등으로 언론사 생활을 했으며, 아리랑방송 라디오에서 〈Fad in Korea, with Kang Soyoung〉을 진행하기도 했다. 또한 경영자로서 광고·홍보 회사인 HPN 커뮤니케이션과 다문화 까페 회사인 까페 마미야를 운영하기도 했다. 그 외 언론중재위원회 위원, 방송통신위원회 지역발전방송위원, 부산국제광고제 집행위원 등의 미디어 관련 공공 기관에서 활동했다. 수상으로는 2019년 글로벌 신한국인 대상 '미디어연구발전기여' 부문 상, 2022년 광고홍보학회 추계학술대회에서 우수 논문상 등을 받은 바 있다.

1. 한국 대학 혁신의 필요성

1) 한국 대학 혁신의 방향 재설정과 다양성 제고[1]

□ **입시지옥과 맞물려 대학 위기의 일상화 현상으로 혁신의 필요성 대두. 특히 정부 주도의 점수 매기기 시험인 수능과 수도권 집중 현상, 사회 변화와 유리된 대학교육이라는 삼중고 직면 중**

○ 관 주도 입시 제도인 수능과 수능성적이라는 획일화는 오히려 사교육 시장 성장이라는 역설을 낳았음

○ 사교육 영역에서 특히 부모의 돈과 지위, 인맥과 네트워크에 따른 자녀들의 스펙 쌓기는 교육의 기회 창출과 세습 형태로 이루어지고 있는데, 이런 반교육적인 기이한 현상이 일어나고 있는 중

○ 덕(德), 체(體)는 전혀 고려하지 않는 지(智)에만 쏠린 '머리만 큰 인간상'을 만드는 사교육이라는 문제점

○ 교육 투자는 거의 하지 않으면서 엄격한 규제 유지만 함. 교육의 공익적 특성이라는 것을 내세워 권위주의 시대의 규제 틀에서 벗어나지 못하고 형국

○ 특히 한국의 학생 1인당 고등교육 공교육비의 정부 부담 공공재원 투입액이 경제협력개발기구(OECD) 38개국 중 32위 수준에 불과한 것으로 나타났음

○ 한국대학교육협의회(이하 대교협)는 이 같은 내용이 담긴 '국제지표를 통해 본 고등교육재정 투자현황'을 분석해 발표. 해당 보고서에 따르면 한국의 교육단계별 정부 부담 공공 재원 투자에서

1 "교육개혁의 방향을 재설정 하자 … 핵심은 다양성이다", 교수신문 2023.12.04.

고등교육 부문 재정 투자 규모는 매우 낮은 것으로 나타났고, 그것도 주로 초·중등 교육에 편중된 것으로 집계된 것으로 확인됨[2]

○ 2023년 IMD(International Institute for Management Development; 스위스 국제경영개발대학원)의 국가경쟁력 평가 결과, 국가경쟁력을 4개의 영역(경제적 성과/정부행정의 효율성/기업경영의 효율성/인프라)으로 구분하여 평가하고 있으며, 교육경쟁력은 인프라 영역에 포함되어 있음. 한국의 국가경쟁력은 63개국 중 28위 기록해 전년 대비 1단계 하락. 교육경쟁력은 296위, 대학교육경쟁력은 46위를 기록함[3]

〈그림 10-1〉 한국의 IMD 국가경쟁력 순위 추이

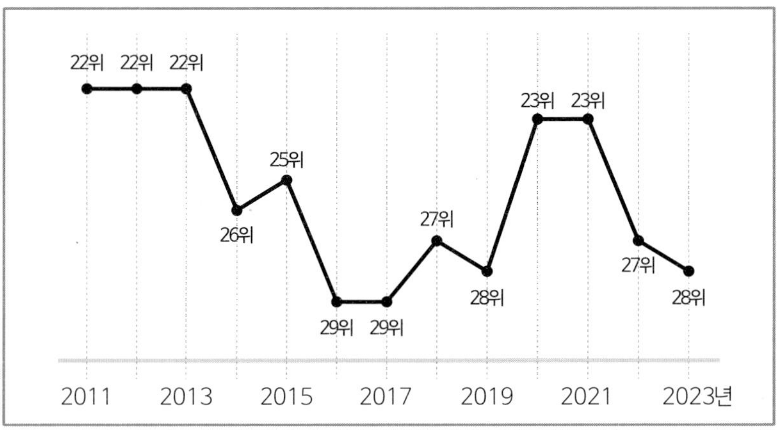

출처: 기획재정부. 뉴스 1 제공.

2 “교육개혁의 방향을 재설정 하자 … 핵심은 다양성이다”, 교수신문, 2023.12.04.

3 교육 통계 서비스, https://kess.kedi.re.kr/kessTheme/zipyo?itemCode=03&uppCd1=030205&menuID=m_02_03_01

〈표 10-1〉 IMD의 한국 국가 경쟁과 교육 경쟁력 비교

연도	한국 순위	
	국가 경쟁력	교육 경쟁력
2019	28	30
2020	23	27
2021	23	30
2022	27	29
2023	28	26

출처: KDI 정보센터.

○ 전경련은 '한국대학 경쟁력 국제비교' 보고서를 통해 한국의 대학경쟁력 강화를 위한 방안으로 ▲대학의 연구역량 강화 ▲4차 산업혁명 관련 학문 육성 ▲대학 기부문화 활성화 등을 통한 대학재정 강화 등을 주장했음[4]

○ 궁극적으로 교육개혁 해법은 한국 공교육의 정상화에 있음을 알아야 함. 이에 유치원부터 대학까지 교육의 내용적·비용적 공공성을 강화하는 것이 선결 요건임

□ 대학교육과 사회 요구와의 심각한 부조화

○ 대학 졸업생의 30%이상, 대학에서 공부한 것과 직장 일이 전혀 관련 없다고 지적. 나머지 70%도 일부 관련이 있다고 해도 크게 쓸모가 없다고 답변[5]

○ 높은 대학진학률에도 불구, 취업률은 매우 낮아 구조적 부조화가 심각

---

4 G5·중국보다 낮은 한국 대학 경쟁력 … "대학교육 강화해야" GBN 뉴스 2021.12.02.

5 "교육개혁의 방향을 재설정하자 … 핵심은 다양성이다", 교수신문, 2023.12.04.

○ 한국은 경제협력개발기구(OECD) 회원국 중 유일하게 70%대의 대학진학률 기록 중. 선진복지국가들과 비교컨대 이들 국가들의 대학진학률은 훨씬 낮음. 예를 들어 2020년을 기준으로 노르웨이 34%, 오스트리아 32%, 독일 30%, 핀란드 25%, 아이슬란드 24%, 스위스 23%, 스웨덴 22%, 덴마크 17% 기록함[6]

○ 심지어 이들 국가에서는 학비가 무료임. 한국과는 정반대로 70%대의 청년들이 대학을 가지 않고도 복지국가 국민의 삶을 영위할 수 있다는 것

○ 모든 교육 불평등의 근원은 공교육의 해체와 사교육의 만연임. 즉 경제력 차이가 사교육 기회의 차이를 만들고 있으며 결과적으로 수능점수 격차라는 불평등의 악순환으로 연결됨

○ 아울러 교육부는 교육 행정적인 면에서 대학 자체적으로 정원 조정과 등록금에 대한 '자율화'를 하도록 하는 사회 대타협을 이끌어내야 함

□ 대학 교육의 다양성 제고

○ 다양성은 아이디어의 창의성, 혁신성, 직무 만족도와 상관관계를 보이며 이들 모두 역시 현대 사회가 필요로 하는 자질들임. 사회적 요구에 응답하고 지식 발전을 이루기 위해 대학 내 다양성이 매우 중요한 시점임. 특히 필요한 것을 가르쳐주지도 않고 '알아서 하라'며 학생들을 사회로 내보내는 건 무책임함을 알아야 함

○ 대학 교육의 다양성이라는 입장에서는 '특목고에서 수능성적이 좋은 학생이 들어오는 것보다 지역 고등학교에서 사교육의 영향을 덜 받은 상위권 학생이 들어오는 게' 더 좋음. 이로써 사교육

---

6 "대한민국의 길을 묻다. 학력별 임금·노동시간 격차 해소가 교육개혁 열쇠다", 경향신문, 2023.06.01.

병폐가 조금이나마 불식될 수 있기를 기대해 봄[7]

○ 교육의 목표와 교육 과정 자체가 다양하지 못한 것이 문제. 대학이 독자적인 프로그램을 가지고 경쟁력을 갖추지 않으면 악순환이 해결되지는 않을 것임

○ 대학사회에서 역량 중심 교육, 연구개발 사업화 체제로의 유도, 학과 간 벽 허물기 등이 필요. 이로써 창의성과 다양성을 유지하는 교육으로 지향 가능

○ 사립대는 수요자 중심으로 가야하고, 국립대는 세금으로 지원하고 있기 때문에 공급자 중심으로 가야 함. 국립대는 기초 연구, 중장기적인 과제 연구라는 분명한 임무를 줘야 함

2)한국 대학 혁신 사례

□ 새로운 대학 형태인 태재대학교 2023년 3월 개교[8] – 고등교육 개혁의 척후병 역할 기대

○ 한샘 창업주인 조창걸 명예회장이 사재 3,000억 원을 출연해 설립한 '한국판 미네르바 대학교'인 태재대학교 2022년 하반기 첫 신입생 모집

○ 도서관·체육관 등 캠퍼스가 없는 혁신적인 형태의 원격. 온라인 대학교. 서울에서 3학기 마친 뒤 도쿄, 뉴욕, 홍콩, 모스크바에서 각각 1학기씩 살면서 학업 수행한 뒤 마지막 학기에는 다시 서울로 돌아와 학업 마무리. 각 도시별 글로벌 순환 수업은 학생들이 글로벌 현장 감각을 키우면서 각 도시에서 사회경제적 문제 선정해 연구 조사 및 해결하는 실천적 프로젝트 수행해야 함

---

7 "고등교육의 미래를 여는 첫 단추 '다양성'", 고대신문, 2019.11.23.

8 태재대학교 홈페이지, https://www.taejae.ac.kr

○ 소수정예 운영 원칙에 따라 매년 신입생 200명까지만 선별해서 한국인 100명, 외국인 100명씩으로 뽑음. 교수는 국내·외에서 약 40명을 채용해 전임 40명, 겸임 60명으로 구성. 그중 하버드, 예일, 시카고 등 해외 유수의 대학 교수들을 겸임교수진으로 갖추고 있음. 교수들 역시 전 세계로 흩어져 학생들을 가르치게 됨

○ 수업은 영어로 진행. 그 외 4년간 제2외국어 2개와 컴퓨터 언어 익힘. 학비는 국내 사립대학과 비슷한 수준인 연간 1,000만원 안팎. 그러나 재학생 절반 이상이 장학금 혜택

○ 신입생 선발 단계에선 3단계 심층면접 통해 문제 해결 능력 등 평가함. 이와 함께 학생의 영어실력 향상을 위한 프로그램, 리더십 및 경력개발 프로그램 등이 마련돼 있으며, 학생 전원에게 실리콘밸리 현장학습 및 유럽문명사 그랜드투어를 무료로 보내줄 예정

○ 모든 수업은 19명 정원으로 온라인 토론 및 프로젝트 형식으로 진행. 수업 전에 학생들은 미리 제시된 사전 공부 하고 와서 토론과 질의응답 또는 프로젝트 수행으로 진행됨. 그리고 평가는 중간

〈그림 10-2〉 서울시 종로구에 위치한 태재대학교 서울 캠퍼스 모습

출처: 사진 태재대 제공.

고사나 기말고사 대신 프로젝트와 에세이로 받게 됨. 수업은 녹화되며 학교는 녹화 본을 끊임없이 분석 평가해 학생들에게 지속적인 피드백을 제공함

2. 해외 대학 혁신의 사례

1)미국 대학의 혁신 교육 사례

□ 미래 혁신 교육의 산실, 미네르바스쿨 (Minerva School)

○ 미네르바스쿨의 설립자는 스냅피시 창업자인 벤 넬슨(Ben Nelson). 물리적 캠퍼스가 존재하지 않는 온라인 기반 이 글로벌 대학은 2019년에 첫 졸업생을 배출. 신생 대학이지만 이미 미래 혁신 교육의 본보기로 세계적인 주목을 받고 있음

○ 6개의 나라에 거점을 두고, 샌프란시스코에 본 캠퍼스를 둔 미래형 교육 대학. 신입생은 샌프란시스코에서 1년을 보내고 2학년은 서울과 인도 하이데라바드, 3학년은 독일 베를린과 아르헨티나 부에노스아이레스, 4학년 은 영국 런던과 대만 등에서 공부하면서, 4년간 7개 도시를 옮겨 다니며 공부하게 됨. 따라서 해당 도시가 마주한 문제를 해결하고, 글로벌적 관점에서의 문제 해결 능력을 익히게 됨

○ 2021년 설립 10년 만에 180개국에서 2만5000명 지원해, 평균 100대 1이 넘는 높은 '입학 경쟁률인 1.9%' 자랑. 이에 '하버드(4.6%)보다 들어가기 어려운 학교'로 유명세로 알려짐. 이 학교에 도전하는 한국 학생도 꾸준히 늘고 있고 전체 약 600명 재학생 중 10명에 달하고 있음

○ 이 대학 주도의 교육 혁신은 자체 개발한 온라인 강의 플랫폼 '포럼'이 있었기에 가능. 모든 수업은 정원 20명 미만 소규모 세미나 형식으로 진행 중. 이 플랫폼을 통해 세계 각지에 흩어진 학생들이 서로 얼굴을 보며 실시간 토론할 수 있음. 교수는 학생 의견을 즉시 취합해 피드백을 하고, 발표량이 적어 빨간색으로 표시된 학생에게는 추가 질문 던지기도 함. 모든 수업이 녹화되어 있으며 교

〈그림 10-3〉 미네르바 스쿨 자체 개발한 '포럼(Forum)' 통한 수업 장면 — 학생 참여도가 빨강, 노랑, 초록으로 구분되어 참여도 낮은 학생에게 참여 유도할 수 있는 형태

美 미네르바대학

설립연도	2012년
위치	미국 샌프란시스코
설립자	벤 넬슨(벤처기업가)
입학생 모집	2014년부터
입학생수 (2016년)	306명(경쟁률 52.6 대 1)
특징	-100% 온라인으로 세미나 방식 수업 -세계 7개 도시를 6개월씩 돌며 기숙사 생활 -등록금은 미국 사립대의 절반 수준

출처: 미네르바 스쿨 현황(왼쪽)과 미네르바 스쿨 사진(오른쪽). 미네르바 스쿨 제공.

수는 수업을 마친 후라도 자세한 피드백을 줄 수 있는 형태임

○ 다양한 국적과 소득, 관심사, 배경을 가진 학생들이 모여 있는데, '다양성을 어떻게 담보할 것인가' 하는 문제가 중요. 모두 적극적이고 동기부여가 강하며, 4년간 함께 세계 각국을 다니며 끈끈한 밀착관계 형성 중

□ 애리조나주립대 (ASU; Arizona State University), 새로운 대학 모델 선도하는 혁신 '1번지'[9]

○ 5년 연속 US 뉴스 앤드 월드 리포트(US News&World Report)가 선정하는 '가장 혁신적인 대학(The most innovative schools)' 1위를 차지함

○ 2,002년부터 마이클 크로(Michael Crow) 총장의 강력한 리더십 아래 대학 구조 개혁 시행. 'New American University'라는 비전

9 [해외대학으로부터 배운다 ASU ①] 새로운 대학모델 선도 … 혁신 '1번지' 애리조나주립대, 한국대학신문, 2018.10.24.

을 바탕으로 조직·교육·강의 등 대학 전반에 변화와 혁신을 주는 것이 목표임

○ 기존 학과들은 통폐합되어 새로운 학과나 단과대학으로 새로 구조화했고, 신규 학위과정을 설립해기도 했음. 그 과정에서 필요한 인력들은 활발히 채용. 그중 5명의 노벨상 수상자와 퓰리처상 수상자 등 세계적으로 이름 있는 연구자들이 현재 이 대학에서 교육을 펼치고 있음

○ 이 과정에서 기업들과의 협약을 통해 새로운 교육 프로그램 도입하고 무크 (MOOC)를 폭넓게 활용하며 창업 중심 교육 과정을 마련하는 등 혁신의 바람 불러일으켰음. 특히, 창업 중심의 교육 과정/커리큘럼은 타 대학들은 생각조차 하지 못했던 일

○ 현재 이 대학의 모든 학생들은 학습-참여-창업의 3단계 교육 과정 따르고 있음. 개별강의를 수강하고 학위 취득하는 학습 단계 이후로는 기업에서 채용 인턴십 등의 실제적 경험을 체험하는 참여를 함. 마지막 단계인 창업에서는 창업입문 과목 등을 수강함으로써 창업 관련 관심을 극대화함. 최대 2만 달러의 상금을 받고 창업 공간도 제공받는 이 우수한 프로그램을 통해 실제 창업으로 이어지는 경우가 자주 일어나고 있음

○ 이 대학은 뉴턴(Knewton), 맥그로힐에듀케이션(McGraw Hill Education), 코그북스(CogBooks) 등 기업들이 개발한 프로그램 통해 강점, 약점과 학습능력을 모두 측정함으로써 학생들에게 보다 나은 학습 방법을 제공하고 있음

○ 이런 적응적 학습 프로그램이 거둔 성과는 가시적임. 이 프로그램 도입 이후 대학기초수학 과목을 통과하는 학생 비율이 64%에서 75%로 증가함. 예들 들어 중도 포기 학생 비율은 16%에서 7%로 낮아졌음. 평균 성적은 28% 향상. 학생 개개인의 역량을 정확히 측정하고, 그에 맞는 학습방향을 제시한 것만으로도 부진한 학생들의 비율이 크게 줄어든 셈

〈그림 10-4〉 애리조나주립대 캠퍼스 전경

출처: 사진 애리조나주립대 제공.

○ 특히 AI를 기반으로 하는 적응 학습 프로그램, 무크(MOOC) 플랫폼 활용을 통한 입학 프로그램 제공 등 디지털화된 정보화 시대에 발맞춘 변화도 다양하게 적용

○ 이 대학은 같은 기술을 활용해 '융통성 있는 학사운영'도 운영 중. 강의에서 요구하는 수준에 도달한 학생들을 학기가 끝나기 전 다음 단계로 이동시키는 방식이 특히 눈길을 끌고 있음. 이는 '학생들에게 동기 부여하고 시간 낭비 막는다는 점에서 또 다른 혁신으로 기록될 전망. 이는 경직된 강의시수와 시간 등에만 천착되어 있는 국내외의 대학들도 향후 배워야 할 점임

2)아시아, 유럽 대학의 혁신 교육 사례

□ 리츠메이칸 아시아태평양대학교(APU), 학령인구 감소로 글로벌 혁신교육에서 미래 교육 해답을 찾음[10]

○ 2,000년 개교한 이래 20여 년 만에 일본 톱 글로벌 대학교로 이름을 굳힌 리츠메이칸 아시아태평양대학교(APU)의 성공 비결은 '세계화'와 '다양성'. 전 세계 각 지역에서 모인 학생이 절반을 차지하는 초글로벌 대학으로 급부상한 이 대학에는 현재 6000여 명이 재학 중이며 그중 3000여명이 외국인 유학생임

○ 이 대학은 우수 인재를 확보하기 위해 학교 설립 전 382개 기업과 그 외 개인으로부터 41억 엔(한화 426억 원 정도)의 장학기금부터 조성. 이 대학의 개교 이념을 지지하는 Adversary Committee(AC)를 조성하기 위해 기업을 방문하며 돌아다녔음. 기업들을 AC에 등록시킨 이후 이를 후원금으로 이어지게 하는 효과를. 냈음. 결과적으로 기부금과 후원금은 고스란히 학생에게 투자되었음

○ 자유, 평화, 휴머니즘을 대학의 기본 이념으로 학생 반수를 세계에서 모집하는, 세계에서도 매우 드문 콘셉트로 만들어진 대학임. 즉 설립 목적 자체가 '글로벌화'가 목표인 셈

○ 대부분 과목은 일본어와 영어의 2개 국어로 수업으로 진행됨. 유학생은 일본어로 능숙하지 않아도 영어가 되면 입학할 수 있고, 졸업할 때까지 일본어를 익혀 일본 현지에서 취업도 가능. 그리고 교수와 강사도 절반이 외국인임

○ 2014년에는 일본 문부과학성이 선발한 '슈퍼 글로벌대학'에 교토

---

10 [해외대학으로부터 배운다 ASU ①] 새로운 대학모델 선도 … 혁신 '1번지' 애리조나주립대, 한국대학신문, 2018.10.24.

대학, 고베대학 등의 유명 대학을 제치고 당당히 이름을 떨쳤음. 일본에서도 대학원이 아닌 학부에서 체계적인 글로벌화 교육시스템을 갖추고 있는 거의 유일한 대학이고 이게 전 세계 60여 개국에서 3,000여 명 유학생이 운집하여 재학하고 있는 비결이 됨

○ 강의실에서 일방적인 수업은 이뤄지지 않음. 대신 우수한 선배학생들을 TA(Teaching Assistant) 양성해 수업운영에 참가하게 하고 학생들끼리 서로 가르치면서 배우는 시스템을 도입

○ 또한 신입생들의 적응력을 키우기 위해 신입생을 위한 2가지 '방법을 제시' 하는 중. 즉 1학년 전원이 이수해야 하는 1년 차 교육과목인 '워크숍Ⅰ'과 '워크숍Ⅱ'가 있음. 특정 전문분야를 배우기 위한 수업이 아닌 '공부하는 법'을 배우는 과정임. 이를 통해 학생들은 리포트 작성법이나 문헌을 조사하는 방법 등을 익혀 리포트와 논문을 자신의 사고와 언어로서 정리를 할 수 있는 능력 배양

○ 이 대학의 교육목표는 '2가지 100'. 1. 100은 신입생 교육기숙사 100%. 다문화·이문화 체험 등 교육효과가 높은 국제 교육기숙사 AP하우스를 유학생뿐만 아니라 일본인 학생을 포함한 전 신입생들이 활용할 수 있는 기숙사로 활용. AP하우스에서는 2인 1실의 방에 각기 다른 국적의 학생이 서로 룸메이트를 하며 다른 문화를 자연스럽게 배우는 구조로 다문화를 피부로 배울 수 있는 현장을 마련함

○ 2. 100은 다문화 환경을 활용한 수업에서의 협동학습 실천 100%. 이 대학의 다문화 교육환경을 활용해 학생 참여형으로 유학생과 일본인 학생이 서로 배우고 합동학습을 하는 과목을 100%까지 확대. 이를 위해 세계에서 활약하는 졸업생의 전문분야, 경험, 네트워크 등이 활용되기도 함

□ 독일 드레스덴 공대(TU Dresden), 학제 간 융합 연구와 지역

인프라 와 연결을 통한 시너지대학[11]

○ 드레스덴 공대(Technische Universität Dresden, TU Dresden, TUD)는 2012년 독일 정부가 뽑은 최우수대학 중 하나로 선정되어 독일 최고의 연구. 교육 기관으로 손꼽히고 있음. 2023년 QS 대학평가 공학 및 기술 분야에서 독일 내 4위에 랭크되어 있음[12]

○ 이 대학은 독일의 작센주 드레스덴 시에 위치한 공립 대학으로 뮌헨공대, 베를린공대 등과 함께 독일 명문 9개 공과대학 연합체인 'TU9'의 멤버로 등록돼 있음 1828년에 설립돼 독일에서 가장 오래된 대학 가운데 한 곳이기도 함. 규모는 학생수 3만7000명, 교수 520명에 달해 독일의 10대 대형대학임[13]

○ 세계적인 우수 공과대학이라는 정체성이 이 대학의 기반임. 아울러 공학, 자연과학, 의학, 인문 사회 과학 등 4개 주요 과학 분야를 융합하며 연구중심 대학으로 도약하기 위한 혁신 도모하고 있음

○ 이 대학은 지역사회 연계를 강조한 시너지(synergy)전략과 학제 간 융합 연구와 교육의 특성화 작업으로 글로벌한 주목 받고 있음. 특히. 대학기관 전략 목표를 시너지 대학(The Synergetic University)으로 선정하여 지역 사회 연계를 위한 조직 협력을 강조하고 있음

○ 드레스덴시에 위치한 국립 연구소, 기업 산하 연구기관, 문화 단체 등과 연구와 교육의 협력을 강조하기 위해 연구, 교육, 인프라, 행정 등 대학 구조 개선하고, 이를 적극적으로 대학기관의 발전

---

11 '공학교육 혁신을 위한 논의, 세계 대학의 혁신 사례를 중심으로', 이영태, 공학교육, 25(4), 19.

12 QS 랭킹, https://www.topuniversities.com/university-subject-rankings/engineering-technology/2022

13 '朴대통령 연설하는 드레스덴공대는 어떤 대학', 한국대학신문, 2014.03.22.

전략으로 삼고 있음

○ 이를 위해 이 대학은 드레스덴 시와 기업체가 운영하는 산업 연구소와 과학기술 연구소를 유치하여 드레시덴 시와 협력을 이뤄냄으로써 사/기업의 전폭적인 지원 받고 있음. 이는 대학-지역사회 연계협력의 대표적인 시너지 효과로서 드레스덴 공대 졸업생의 취업 문제의 해결뿐만 아니라 지역경제 성장의 대표적인 우수사례로 알려져 있음

○ 또한, 드레스덴 공대는 독일의 우수 대학 육성 정책에 따라 학제 간 융합 연구 환경을 구축하기 위한 우선 연구 분야(Research Priority Areas) 선정하고 우수 클러스터 분야의 센터와 대학원을 설립하여 운영하고 있음

○ 특히 학제 간 융합 연구를 장려하기 위한 드레스덴 공대의 대표적인 혁신사례는 지식 설계 연구소(Wissensarchitekur. Laboratory of Knowledge Architecture)의 설립임

○ 이 연구소는 드레스덴 공대의 수월성 교육을 기획, 운영 및 관리하는 조직으로써 학제 간 융합 연구에 대한 설계와 컨설팅을 담당하는 학제 간 융합 씽크 탱크임. 지식 설계 연구소(Wissensarchitekur)는 우리사회가 직면한 문제를 학제 간 융합 연구 방식으로 해결하기 위한 학술대회, 세미나 등을 활발히 홍보하고 있음

○ 이 연구소는 학제 간의 연결점을 탐구하기 위한 전문적인 트레이닝 과정과 학과 교육을 전담하고 있음

○ 2023년, 드레스덴시와 드레스덴 공대는 함께 대만 반도체 제조회사(TSMC)의 지원을 받는 반도체 교육 프로그램에 개설했음. 세계 최고의 반도체 파운드리 업체인 TSMC가 이 지역에 상당한 투자 하는 덕택으로 만들어짐 프로그램임. 30명 정원에 불과한 이 프로그램에 124명이 지원해서 프로그램에 관심도가 높음을

반증

○ 선발된 학생들은 3월부터 대만으로 건너가 대만의 한 대학에서 반도체 이론에 대한 기초 공부 시작하면서, 6월에는 TSMC의 자체 교육 시설에서 2달간 실무 경험을 쌓는 실질적인 교육이 이어짐[14]

〈그림 10-5〉 독일의 대표 명문공대로 손꼽히는 드레스덴 공대 캠퍼스 전경

출처: 한국대학신문과 드레스덴 공대 홈페이지 제공.

14 '드레스덴 공과대학의 TSMC 반도체 교육 프로그램 정원이 초과되었습니다', vesting.com, 2023.11.20.

참고문헌

교육혁명공동행동 (2016). 대한민국 교육혁명, 살림터.

한성민, 민인식, 김진영, 정완교 (2023). 교육혁신과 인적자본 형성에 관한 연구, 한국개발연구원.

11장

공공 브랜드 사례 3: 중앙정부 부처의 유튜브 활용 현황 및 브랜드 구축

김응표

김응표 0822.kim@gmail.com

서울특별시에서 도시 브랜딩, 관광 마케팅 등의 업무를 하였으며 보건복지부·방송통신위원회에서 소셜미디어 활용 정책 홍보 업무를 하였다. 유튜브 정부PR로 미디어커뮤케이션 박사 학위를 받은 정부PR·브래드 마케팅 분야의 전문가로,『Place Branding』(공저, 2009) 등의 저서와 모바일 커머스 서비스 특성이 만족도와 재구매의도에 미치는 영향 연구 등의 논문이 있다.

1. 정부 소셜 미디어

□ 소셜 미디어

○ 소셜 미디어(SNS)는 온라인 플랫폼 내에서 이용자들 간의 연결을 기반으로 이용자 사이, 이용자와 조직 간 상호작용 등을 지원함

○ 이용자·조직 등의 상호작용을 바탕으로 다수의 기업이 마케팅 수단을 활용하기 시작하였고, SNS를 기반으로 지속적인 커뮤니케이션을 통해 브랜드 개발과 긍정적 관계를 정립하고자 활발하게 활용함

○ SNS의 원천은 과거 PC통신에서 찾을 수 있음

- 최초의 소셜 미디어는 1985년에 미국에서 서비스 된 '더 웰(The Well)'로 보고 있음
- 국내는 1988년에 한국경제신문에서 만든 '케텔'을 시작으로 보고 있으며 그 후 하이텔, 천리안, 나우누리 등 PC 통신을 바탕으로 한 커뮤니티 중심의 서비스들이 확산되었음

○ 1990년대 이후 World Wide Web 서비스가 확산되면서 소셜 미디어는 확대되고 대중화가 되었음

- 국내에서는 1999년에 아이러브스쿨, 싸이월드 등이 등장하면서 SNS가 활성화가 되었음
- 본격적인 대중화는 2004년에 설립된 페이스북과 2006년에 설립된 트위터 등이 2009년 이후에 사용자가 확대되면서 대중화가 됨

○ 소셜 미디어는 크게 관계형 소셜 미디어와 정보형 소셜 미디어로 분류를 할 수 있음

- 관계형 소셜 미디어는 사람들 간의 관계를 형성하고 소통하는 데 중점을 둔 소셜 미디어로 대표적으로는 페이스북, 트위터, 인스타그램, 밴드, 카카오톡 등이 있음
- 정보형 소셜 미디어는 사람들에게 정보를 제공하고 공유하는 데 중점을 둔 소셜 미디어로 대표적으로는 유튜브, 네이버 블로그, 다음 카페, 티스토리 등이 있음

□ 정부 소셜 미디어

○ 1993년 김영삼 문민정부가 PC 통신과 홈페이지를 도입함으로써 정부의 온라인 소통이 시작되었으며, 김대중 국민정부 시기에는 정부의 홈페이지를 개설하고 국민들에게 정부의 다양한 사업, 정책, 행사 등에 대한 정보를 제공하였음

○ 노무현 참여정부는 정책 포털을 통해 다양한 정보 서비스를 제공하는 동시에, 대통령의 댓글 방식을 도입하여 양방향 소통의 중요성을 강조하였음. 더불어 정부 부처는 각각의 소통 채널을 구축하여 국민과의 소통을 강화하는 노력을 시작함

○ 본격적으로 소셜 미디어를 활용한 정부·정책 홍보는 2009년 청와대에 온라인 여론을 모니터링하고 관리하는 '뉴미디어 비서관'제를 도입하고 이어 대통령의 소셜 미디어 홍보를 전담하는 '온라인 대변인'제를 신설하면서 부터라고 할 수 있음

- 이후 2011년 10월에 각 부처별로 온라인 홍보를 전담하게 하는 온라인 대변인 제도를 도입함

○ 2010년 전후, 정부 부처들은 소셜 미디어가 국민과 소통에 필수적인 채널로 인식되면서, 소셜 미디어의 접근성과 관계성을 기반으로 국민에게 정책 정보를 제공하는 역할을 부여받음

○ 이후 정부 부처별 블로그, 트위터, 페이스북, 유튜브 등 다양한 소셜 미디어 채널을 개설하고, 소셜 미디어 플랫폼을 활용한 정책 홍보가 확산됨

〈표 11-1〉 역대정부 온라인 소통의 특징과 변화

시기	주요 이슈	상세 내용	온라인 환경
김영삼 정부	홈페이지 개설	• PC통신 시절 청와대 큰마당으로 시작 • 1995년 최초 인터넷 홈페이지 개설	• PC 통신 • 인터넷 사용
김대중 정부	본격 홈페이지	• 정식 인터넷 홈페이지 개설 • 대통령, 청와대 소식 등 소개	• 초고속 인터넷 • 닷컴 열풍
노무현 정부	최초 뉴스레터	• 대국민 소통을 위해 정책 포털, 뉴스레터 도입 • 최초의 대통령 댓글	• 웹2.0 • 전자정부
이명박 정부	네티즌과 트위터	• 최초의 뉴미디어비서관, 온라인대변인 등 도입 • 네티즌과 직접 트위터 대화 시도 • 정부 SNS 채널(페이스북, 트위터, 유튜브 등) 개설	• 모바일혁명 • SNS 시대
박근혜 정부	뉴미디어 홍보 강화	• 청와대 뉴미디어정책비서관 신설 • 뉴미디어 공동 캠페인 추진	• 실시간 검색어 • 인터넷 방송
문재인 정부	대국민 직접소통 확대	• 디지털소통센터를 통한 직접 소통 • 정부 디지털소통팀 개설로 소셜 미디어 기능 및 국민소통 확대 • 국민청원제도 구축	• 유튜브 성장 • 커뮤니티 강화

출처: 이경원(2022) 논문 재구성.

2. 정부 유튜브

□ 유튜브의 성장

○ 유튜브는 페이팔(Pay Pal) 직원이었던 자베드 카림(Jawed Karim), 스티브 첸(Steve Chen), 채드 헐리(Chad Hurley)가 2005년에 설립한 동영상 플랫폼으로 사용자가 영상 콘텐츠를 업로드하거나 시청, 공유할 수 있는 서비스를 제공함

○ 유튜브는 스마트폰 출시와 더불어 빠른 성장세를 보였음

- 유튜브 동영상 업로드 개수는 2006년말 일일 6만 5천 개의 동영상들이 업로드 되고 일일 영상 시청수도 1억 건을 넘었음
- Statista 등 조사기관에 따르면 2023년 기준 유튜브 이용자는 27억 명을 기록하고 있으며, 매일 27만 시간의 영상이 업로드되고 있고 시청자들이 매일 10억 시간을 시청하고 있음
- 국내에서는 유튜브가 2008년부터 서비스를 시작하였으며, 2022년 기준 국내에서 가장 많이 사용하는 애플리케이션으로 성장

□ 정부 유튜브

○ 정부 부처 중 최초로 유튜브 채널을 개설한 부처는 미국의 US Department of Agriculture로 2006년 1월 8일에 개설됨

○ 대한민국에서는 금융위원회가 2010년에 가장 먼저 유튜브 채널을 개설하였고 두 번째로는 기획재정부가 유튜브 채널을 개설하였였으며 농림축산식품부가 2016년에 마지막으로 유튜브 채널을 개설함으로써 중앙부처는 전 부처가 유튜브 채널을 개설하게 됨

○ 대한민국 정부 부처 유튜브 채널은 개설 후 정부 부처 내 제작 인력 등의 한계로 인해 동영상 제작은 활발하게 제작되지 못하여

정책 홍보의 도구로써 자리매김하지 못함

○ 2018년 디지털소통팀 출범 및 동영상 콘텐츠 수요의 확산으로 정부 부처 동영상 콘텐츠 제작이 확대 되어 정책 홍보가 동영상과 카드뉴스 중심으로 운영되었음

- 과거에는 카드뉴스 중심의 정책 홍보를 수행하였음

○ 디지털소통팀의 출범은 제작 시스템을 내재화 하고 텍스트 중심의 정책 홍보에서 카드뉴스, 에니메이션, 동영상 등 이미지와 영상 중심의 콘텐츠로 전환하는 계기를 제공하게 됨

○ 정부 유튜브 채널는 국민에게 정책 정보를 제공하고 국민의 알 권리를 보장하기 위해 운영되고 있으며, 유현중·정현주·김운한(2023)의 연구에 의하면 실제 정부 부처 유튜브의 콘텐츠 중 정책 홍보 목적의 콘텐츠가 대부분을 차지하고 있음

○ 정부는 유튜브 채널의 활성화를 위해 구독자와 조회수를 높이는데 많은 노력을 기울였으며, 콘텐츠도 단순 정책 설명 영상에서부터 라이브 스트리밍, 인플루언서 협업, 애니메이션, 예능, 웹드라마 등 형식과 내용면에서 확장시켜 유튜브 채널의 성장 발판을 마련함

○ 이런 성과는 김기욱·강한나(2022) 등의 연구에서도 나타났듯이 유튜브 채널의 특성과 현식적인 구성 요소로 기관 명칭, 구독자수, 전체 콘텐츠 수, 총 조회수, 채널 개설 일자, 채널 아트 등이 있으며, 이러한 요소들은 채널의 성과에 영향을 미치는 것으로 나타남

○ 다만, 시기성을 중시하고 부처내에 정책이 다양하게 산재되어 있는 점 등 정부 정책의 특성상 정부 부처별 브랜드를 차별화까지 가는데 에는 한계가 있었으며, 정책·정보에 중점을 두는 콘텐츠가 다수를 차지함

3. 정부 유튜브 특징 — 한국, 미국 중앙정부 비교

□ 한국 정부 유튜브

○ 〈표 11-2〉에서와 같이 대한민국 장관급 부처·위원회의 유튜브 채널 개설 현황을 보면 2010년부터 2016년까지 18개 부처 및 장관급 위원회가 유튜브 채널 개설함

○ 정부 유튜브 채널 중 실버버튼이라고 할 수 있는 10만 명 이상(2023년 말 기준)의 구독자를 보유한 정부 부처는 국토부(20.2만 명), 농림축산식품부(20.3만 명), 문화체육관광부(13.7만 명), 법무부(13만 명), 환경부(12.6만 명), 보건복지부(11.1만 명),고용노동부(10.7만 명), 국방부(10.8만 명), 행정안전부(10.3만 명), 국민권익위원회(10.1만 명) 등 10개 부처·위원회가 있으며 이 중 가장 빠르게 10만 명을 넘긴 부처는 국토교통부(2022.1)이며 가장 늦은 부처는 행정안전부(2023.12)였음

○ 중앙정부 유튜브 성장은 디지털 소통팀이 구축된 후 활발하게 이루어졌으며 특히 코로나 이후에 다양한 콘텐츠 제작 등을 통해 부처별 브랜드 구축 및 정책 홍보하는 수단으로 활용됨

○ 정부 유튜브 채널이 성장한 배경에는 동영상 플랫폼의 성장과 더불어 정부의 적극적인 독려와 정부 소통 평가 등을 통해 유튜브 평가 비중 확대, 제도적 지원 등 다양한 방식으로 유튜브 채널의 구독자와 조회 수를 높이려는 노력을 지속적으로 추진함

- 정부는 정부업무평가의 정책소통 평가에서 온라인 소통 평가를 확대하고, 부처별 유튜브 채널의 평가 비중을 지속적으로 높이는 등 유튜브 활성화를 위해 지속적으로 노력함

○ 정부의 본격적으로 유튜브 채널이 활성화되기 시작한 시기는 2018년 이후 정부에서 디지털소통팀이 구성된 후라고 볼 수 있으

〈표 11-2〉 중앙 부처 유튜브 현황 (2023년 12월말 기준)

부처	개설일	구독자	누적 조회 수	누적 콘텐츠 제작 건수
기획재정부	2010.6.11	50,100명	50,779,116회	1,804개
교육부	2013.3.8	73,400명	36,670,722회	2,168개
통일부	2010.7.25	38,200명	48,105,142회	3,187개
국방부	2010.4.16	108,000명	65,565,924회	1,584개
문화체육관광부	2010.7.9	137,000명	30,870,029회	2,314개
산업통상자원부	2013.3.18	85,200명	61,305,763회	2,243개
고용노동부	2011.6.27	107,000명	47,760,601회	1,567개
국토교통부	2011.3.9	202,000명	109,241,055회	4,028개
중소벤처기업부	2010.11.12	59,800명	64,194,484회	3,018개
과학기술정보통신부	2013.4.19	64,400명	22,388,438회	1,764개
외교부	2013.3.22	90,500명	59,389,226회	1,636개
법무부	2012.10.24	130,000명	38,509,744회	896개
행정안전부	2013.3.23	103,000명	85,610,982회	2,727개
농림축산식품부	2016.12.27	203,000명	181,433,539회	2,511개
보건복지부	2011.4.25	111,000명	212,250,652회	4,729개
환경부	2010.11.4	126,000명	131,245,154회	2,341개
여성가족부	2011.4.29	41,500명	80,175,966회	1,246개
해양수산부	2013.4.15	61,100명	37,064,798회	1,781개
공정거래위원회	2011.10.17	31,400명	11,753,526회	1,464개
금융위원회	2010.1.12	23,000명	17,637,421회	1,526개
방송통신위원회	2011.1.25	30,200명	13,995,771회	887개
국민권익위원회	2014.5.22	101,000명	39,111,831회	2,174개
국가보훈부	2012.5.24	53,700명	29,989,171회	1,734개

며, 동영상의 수요가 증가하고 유튜브가 성장하는 트렌드와 같이 성장함

- 유튜브는 2015년 이후 연평균 16%정도 꾸준히 상승하고 있으며, 특히 일일 동영상 총 업로드 시간은 연평균 47% 정도 꾸준히 성장하고 있음

○ 또한, 중앙정부는 디지털소통팀 구성 이후 유튜브를 중심으로 적극적인 정책 홍보를 하였으며, 인플루언서 협업, 웹드라마·예능 등 영상 포맷 다양화와 물량 확대 등을 유튜브 채널의 활성화를 위한 다양한 시도를 함

○ 코로나 이전까지의 정부 유튜브 채널은 개설 후 8~9년 동안 성장이 상단이 더뎠으며 콘텐츠도 다양하게 구성을 하지 못하였음

○ 거의 모든 부처들이 코로나 이후에 급성장을 하여 구독자를 집중적으로 늘리는 결과를 가져왔으며 구독자 1만 명을 넘어서기 시작한 것은 2020년 3월 이후였음

- 구독자가 많은 부처인 국토부, 문화체육과광부 등 7개 부처가 가장 빠르게 2020년 상반기에 구독자 1만 명을 넘었으며 여성가족부, 해양수산부 등 7개 부처가 2022년 상반기에 구독자 1만 명을 넘었음

- 구독자가 가장 많은 국토교통부 유튜브 채널을 보면, 구독자 1만 명이 넘어서는 시기는 2020년 상반기로 채널 개설 후 약 9년이 걸렸으나, 1만 명에서 20만 명의 구독자를 확보하는 데에는 4년이 안 걸렸으며, 구독자 10만 이상 보유하고 있고 2010년에 유튜브 채널을 개설한 국방부, 문화체육관광부도 구독자 1만 명을 시기는 2020년 상반기였음

○ 국토교통부는 구독자 1만 명 달성 이후 2년만에 구독자 10만 명을 달성하고 10만 명 달성이후 2년도 안 되게 20만 명을 달성하는 등 빠른 성장은 보임

- 모든 장관급 부처·위원회의 구독자는 2023년 12월말 기준 1만 명 이상 달성하였으며 달성하게 된 계기는 정부가 2022년 1월전에 구독자 1만 명 돌파를 적극적으로 독려하였기 때문

○ 정부 유튜브 채널의 성장률을 보면, 장관급 부처·위원회의 유튜브 구독자 성장률은 2020년 4월 이후 평균 330% 성장을 하였음. 특히 공정거래위원회는 구독자가 2020년 4월 2,920명에서 2023년 12월말 101,000명으로 3천%가 넘게 성장하는 성과를 보임

- 조회수는 2020년 4월 대비 500% 넘게 성장을 하였음. 특히 산업통상자원부, 국민권익위원회는 1천%가 넘게 성장하였음

○ 유튜브 콘텐츠 지속 사용 의도 연구에서 정부 부처 유튜브 채널을 2개 이상 구독하는 사람이 85% 이상 되었음. 이는 정부 부처·위원회의 유튜브 채널에 대한 관심이 많이 늘었다고 볼 수 있음

○ 정부는 유튜브 성장을 위해 다양한 시도를 하였음

- 인플루언서 등 유명인과 함께 정책 소개, 정부 캠페인 추진 등을 추진하였는데, 대표적인 사례로 외교부가 팽수와 같이 외교부를 소개하는 영상을 제작하였으며, 국토부는 교통·건설 등의 주요 정책을 삼프로TV와 협업하고, 권익위원회는 몬스터X와 함께 'We대한약속' 챌린지를 하는 등 다양한 시도를 통해 홍보 효과를 높임
- 기관장의 적극적인 출연을 통해 정책을 알리는 경우도 많았음. 법무부는 장관을 적극적으로 활용하여 법무부 정책 등을 소개하였으며, 국토부는 장관과 인플루언서 등과 함께 제도 개선 등을 소개하는 콘텐츠를 적극적으로 제작하여 부처에 대한 관심을 증대시킴

〈표 11-3〉 3년간 한국 장관급 부처 유튜브 성장률 (2023년 12월말 기준)

부처	구독자 1만명 달성	구독자			조회수		
		2020.4월	2023.12월	성장률	2020.4월	2023.12월	성장률
기획재정부	2022.7월	13,100명	50,100명	282%	17,526,665회	50,779,116회	190%
교육부	2020.3월	24,800명	76,400명	208%	13,802,925회	36,670,722회	166%
통일부	2022.1월	23,700명	38,200명	61%	16,883,696회	48,105,142회	185%
국방부	2020.3월	40,400명	108,000명	167%	24,771,367회	65,565,924회	165%
문화체육관광부	2020.3월	24,100명	137,000명	468%	6,647,319회	30,870,029회	364%
산업통상자원부	2021.5월	4,610명	85,200명	31%	2,195,450회	61,305,763회	2,692%
고용노동부	2020.3월	15,900명	107,000명	573%	9,494,138회	47,760,601회	403%
국토교통부	2020.3월	32,700명	202,000명	518%	22,717,423회	109,241,055회	381%
중소벤처기업부	2022.1월	45,600명	59,800명	31%	37,029,417회	64,194,484회	73%
과학기술정보통신부	2020.5월	14,500명	64,400명	344%	11,085,317회	22,388,438회	102%
외교부		58,600명	90,500명	54%	39,880,256회	59,389,226회	49%
법무부	2020.3월	–	130,000명			38,509,744회	
행정안전부	2020.3월	33,600명	103,000명	207%	10,805,655회	85,610,982회	692%
농림축산식품부		2,360명	203,000명	75%	19,937,641회	181,433,539회	810%
보건복지부	2020.3월	39,200명	111,000명	183%	73,346,843회	212,250,652회	189%
환경부		58,700명	126,000명	115%	47,432,851회	131,245,154회	177%
여성가족부	2022.1월	8,320명	41,500명	399%	7,109,582회	80,175,966회	1,028%
해양수산부	2022.1월	7,820명	61,100명	681%	5,379,263회	37,064,798회	589%
공정거래위원회	2022.1월	4,340명	31,500명	626%	2,458,224회	11,753,526회	378%
금융위원회	2022.1월	10,400명	23,000명	121%	3,097,413회	17,637,421회	469%
방송통신위원회	2022.1월	4,680명	30,200명	545%	1,950,726회	13,995,771회	617%
국민권익위원회	2022.1월	2,920명	101,000명	3,359%	3,502,348회	39,111,831회	1,017%
국가보훈부	2022.1월	10,100명	53,700명	432%	4,123,844회	29,989,171회	627%

□ 미국 정부 유튜브

○ 미국 연방 정부는 정부 기관 중 가장 먼저 유튜브 채널을 개설하고 운영을 하였음

- 정부 부처 중 가장 먼저 유튜브 채널을 개설한 부처는 U.S. Department of Agriculture로서 2006년 1월에 개설하였으며, 가장 늦게 개설한 부처는 U.S. Department of Housing and Urban Development로 2009년 9월에 개설됨
- 미국은 우리나라보다 3년 이상 먼저 유튜브 채널을 개설하여 운영함

○ 미국은 U.S. Department of State, U.S. Department of Veterans Affairs, U.S. Department of Defense, U.S. Department of Health and Human Services 등이 구독자 10만 명을 넘었음

- 미국 행정 부처 유튜브는 구독자·조회수에서 부처 간의 편차가 상당히 많이 나는 것이 특징임(가장 적은 구독자는 4,440명, 가장 많은 구독자는 388,00명으로 87배 차이)
- 미국 연방 정부 유튜브 중 10만이 넘는 구독자를 보유하고 있는 부처는 4개 부처로 한국 중앙정부의 10개보다는 적음
- 미국은 외교, 국방, 보건 등에 구독자와 조회수가 높게 나오는 경향이 있으며 가장 많은 콘텐츠를 생산한 부처는 U.S. Department of State로 2023년 12월말 기준으로 12,794개를 제작하였음

○ 미국 연방 정부채널과 한국 중앙정부채널을 비교하면, 미국 정부의 유튜브 콘텐츠 평균 제작 건수는 약 1,742건으로 우리나라의 2,145건보다 적었음

- 개설 시기 등을 고려하여도 미국 정부의 콘텐츠 제작 개수가 한국 정부보다 적은 것을 볼 수 있는데 이는 그만큼 한국 정부가 적극적으로 제작하였다고 볼 수 있음

〈표 11-4〉 미국 중앙정부 유튜브 채널 현황 (2023년 12월말 기준)

부처	개설일	구독자	누적 조회 수	누적 콘텐츠 제작 건수
U.S. Department of Agriculture	2006.1.8	28,600명	4,606,510회	881개
U.S. Department of Commerce	2008.2.27	4,440명	300,518회	386개
U.S. Department of Defense	2007.9.7	139.000명	28,687,342회	1,050개
U.S. Department of Education	2008.3.4	18,400명	1,567,090회	439개
U.S. Department of Energy	2009.7.14	64,100명	15,655,575회	1,466개
U.S. Department of Health and Human Services	2009.3.19	121,000명	106,169,926회	2,148개
U.S. Department of Homeland Security	2009.5.1	29,800명	12,406,757회	213개
U.S. Department of Housing and Urban Development	2009.9.9	27,200명	3,305,432회	1,478개
U.S. Department of Justice	2009.8.27	54,800명	5,817,422회	1,051개
U.S. Department of Labor	2009.2.28	51,400명	16,246,725회	726개
U.S. Department of State	2007.2.26	388,000명	64,957,244회	12,794개
U.S. Department of the Interior	2009.7.22	10,600명	3,481,408회	775개
U.S. Department of the Treasury	2009.4.28	8,980명	562,121회	145개
U.S. Department of Transportation	2008.3.1	9,340명	3,934,375회	263개
U.S. Department of Veterans Affairs	2009.10.16	374,000명	39,349,439회	2,313개

○ 2020년 4월 이후 미국 정부 채널 구독자는 179% 정도 증가하였으며, 조회수는 약 99% 증가하였음

– 2020~2023년 구독자 연평균 성장률은 30%로 유튜브 성장률과 비슷한 수준으로 나타났으며, 조회수의 연평균 성장률은 19%로 유튜브 연평균 성장률 30%보다는 낮은 수준임

○ 2020년 4월 기준으로 미국 연방 정부의 평균 구독자수는 약 3만 7천 명으로 우리나라의 약 2만 4천 명보다 높았으나 2023년 12월 기준으로는 두 국가 모두 평균 8만 8천 명으로 나타남

○ 미국 정부 유튜브 채널에서 가장 많이 성장한 채널은 U.S. Department of Veterans Affairs로써 보조금 관련 정보 제공, 전사자 관련 소개 영상 등이 인기를 끌었음. 가장 많은 구독자와 지속적인 성장세를 보이고 있는 U.S. Department of State는 성명, 조약 등의 영상을 지속적으로 공유를 하면서 정책 중심의 영상을 지속적으로 공유하여 브랜드화를 추구하고 있음

○ 미국 정부 유튜브의 특성은 정책 정보, 부처 제공 혜택 등 정보 제공성 콘텐츠가 다수를 차지하고 있으며, 특히 장관, 관계자 등이 나와서 설명하는 형식의 콘텐츠가 다수를 이루고 있음

– 부처별 상황 등에 따라 유튜브 채널 운영에 소극적인 부처도 많음. U.S. Department of Defense는 최근 8개월 동안 콘텐츠를 게재하지 않는 등 한국 정부보다 적극적인 활동을 안 하고 있음

〈표 11-5〉 3년간 미국 중앙정부 부처 유튜브 성장률 (Social Blade, 2023)

부처	구독자			조회수		
	2020.4월	2023.4월	성장률	2020.4월	2023.4월	성장률
U.S. Department of Agriculture	15,600명	28,600명	83%	2,692,616회	4,606,510회	71%
U.S. Department of Commerce	2,320명	4,440명	91%	184,602회	300,518회	63%
U.S. Department of Defense	110,000명	139,000명	26%	22,568,963회	28,687,342회	27%
U.S. Department of Education	11,000명	18,400명	67%	660,125회	1,567,090회	137%
U.S. Department of Energy	29,400명	64,100명	118%	8,119,617회	15,655,575회	93%
U.S. Department of Health and Human Services	76,800명	121,000명	58%	64,422,642회	106,169,926회	65%
U.S. Department of Homeland Security	16,400명	29,800명	82%	7,467,093회	12,406,757회	66%
U.S. Department of Housing and Urban Development	10,600명	27,200명	157%	1,128,589회	3,305,432회	193%
U.S. Department of Justice	-	54,800명		1,110,329회	5,817,422회	424%
U.S. Department of Labor	19,800명	51,400명	160%	4,954,429회	16,246,725회	228%
U.S. Department of State	139,000명	388,000명	179%	27,281,231회	64,957,244회	138%
U.S. Department of the Interior	5,760명	10,600명	84%	1,966,052회	3,481,408회	77%
U.S. Department of the Treasury	-	8,980명		4,421회	562,121회	12,615%
U.S. Department of Transportation	5,110명	9,340명	83%	2,850,129회	3,934,375회	38%
U.S. Department of Veterans Affairs	35,100명	374,000명	966%	8,634,362회	39,349,439회	356%

<미국 연방정부 콘텐츠의 특징>

- 미국 연방정부 콘텐츠의 특징은 정보, 정책, 세미나 등 정부의 정보 제공성 콘텐츠가 주를 이루어 정부의 voice를 전파하는 데 목적을 두고 있음
- 구독자가 가장 많은 미국 국무부 유튜브는 장관 브리핑, 프레스 브리핑, 장관 국제회의·상호조약·해외방문 등 회의 관련 영상이 다수를 차지하고 있음
- 한국 외교부는 인플루언서 협업, 30초 브리핑 등 콘텐츠 다양화 추진

Department of State Daily Press Briefing - December 18, 2023

Secretary Blinken meets with Ecuadorian Foreign Minister...

Secretary Blinken hosts a joint press availability with UK Foreign...

- 미국 보건부는 의료 관련 정보, 세미나, 인터뷰 등의 콘텐츠가 주를 이루고 있으며 특히 의학 등 관련 세미나 영상을 많이 다루고 있음

How the HIPAA Security Rule Can Help Defend Against Cyber-Attack...

White House Tribal Youth Forum Pt. 2 of 3

Summer of Pride | Episode 1: Transgender Health with Ryan...

4. 한국 정부 유튜브 콘텐츠

□ 콘텐츠의 특성

○ 한국 정부 유튜브 콘텐츠는 미국, 일본, 영국 등의 중앙 정부 유튜브 채널의 콘텐츠 대비 다양한 포맷과 형식으로 정책을 소개하고 있으며, 꾸준히 새로운 시도를 하고 있음

○ 미국 정부는 정보성 콘텐츠가 다수를 이루고 있으며, 일본 정부는 정보성, 광고성 콘텐츠를 중심으로 구성 되는 등 전통적 홍보성 콘텐츠가 다수를 이루고 있음. 한국 정부는 그에 반해 다양한 시도를 하였으며 일반 채널에서 성공한 방식을 다수 채택하여 타국가 정부 대비 차별화 되는 콘텐츠와 채널 운영을 하고 있음

- 한국 정부가 타 정부 대비 차별적 콘텐츠를 제작하게 된 경우는 디지털소통팀을 만들고 홍보 전문가들을 채용하는 등 활성화를 위한 다양한 노력을 기울인 결과라고 할 수 있음

○ 한국 정부 유튜브 채널에는 정부의 주요 정책뿐만 아니라, 국민의 삶과 관련 있는 생활정보, 문화·예술, 역사·과학 등 다양한 주제의 콘텐츠를 제작하였으며, 형식도 예능, 다큐멘터리, 숏폼, 웹드라마, 인플루언서 협업 등 형식을 다양화 하여 수용자 중심의 콘텐츠를 제작함

○ 콘텐츠의 다양화는 정부가 가지고 있는 공급자 관점을 벗어나지 못하는 한계와 정책·내용 등에 대한 무오류의 강박성, 자기 검열에 의해서 수요자들의 콘텐츠 소구력의 부족 등을 벗어나 콘텐츠를 수요자 중심의 언어와 방식을 도입으로 수요자들의 공감대를 확대하고 콘텐츠를 확산시키고자 함

○ 중앙정부에서 진행한 다양한 시도 중 특이한 것 몇 개를 소개하면 인플루언서를 활용한 정책홍보, 웹드라마 제작, 기관장 중심

콘텐츠, 쇼츠의 브랜드화, 비대면 캠페인 추진 등이 있을 수 있음

□ 인플루언서 협업

○ 한국 정부 유튜브 채널의 차별화된 콘텐츠 중 하나는 인플루언서와 협력하는 콘텐츠의 제작이라고 할 수 있음

○ 유튜브 채널이 확대되고 성장세를 거듭하면서 특정 주제나 분야에 대한 전문성을 가진 유튜브 인플루언서들이 생기면서, 구독자들과 깊은 관계를 형성하고, 콘텐츠를 통해 구독자들의 생각과 행동에 영향을 미칠 수 있는 능력을 갖추기 시작함

○ 정부는 유튜브 인플루언서들을 활용하여 정부 정책을 수요자들의 관점에서 제작하여 정부 정책에 대한 이해도를 높이고, 국민들에게 콘텐츠의 도달률을 높여 정책 브랜드 확산시키고자 함

- 일부 부처는 인플루언서와 장기적 관계 형성을 위해 상호 니즈를 만족할 수 있는 윈-윈 협업을 추진하여 자발적이고 지속가능한 콘텐츠를 제작함
- 국토부 등 일부 부처는 인플루언서들에게 지속적으로 정책 정보(보도자료, 사진·영상 자료 등)를 제공하여 인플루언서를 통해 정책 홍보 채널을 확대하여 성과를 거두고 있음

○ 정부가 다양한 인플루언서들과 협업을 통해 콘텐츠를 제작하여 정부 유튜브 채널에 게재를 하지만 인플루언서들의 채널 대비 조회수 측면에서는 대부분 많이 낮게 나옴

<인플루언서 협업 사례>

- **국토교통부**는 경제전문 유튜브 채널인 삼프로TV와 부동산 대책, 공공주도 3080+ 등 정책을 대담 형식으로 제작하였음
- 진행자와 함께 관련 공무원(담당자, 간부, 차관 등)이 출연하여 정책에 대해 설명을 함으로써 정책 이해도를 높이고자함

- 국토교통부는 2023년 상반기에 지속적으로 문제가 되던 '허위 중고차 매물'관련 대책을 마련하고 국민들에게 홍보하면서 탐사 유튜버 카라큘라, 자동차 관련 유튜버 진영민중고차, 안녕첫차 등과 함께 장관이 출연하여 문제점 등을 알리고 향후 정책의 효과까지 홍보하여 정책 홍보 효과를 높임

□ 웹드라마 제작

○ 정부는 젊은 계층에게 정책을 홍보하고 일방적인 정보 전달에서 탈피하여 스토리가 있는 콘텐츠를 제작할 필요성이 제기되었으며, 그 일환으로 스토리와 재미 요소가 있는 웹드라마를 제작하게 됨

- 드라마는 흥미로운 콘텐츠 형식을 활용하기 때문에 시청자의 관심을 끌고 정책에 대한 이해도를 높일 수 있다는 장점이 있음

<웹드마라 제작 사례>

- **공정거래위원회(공정위)**는 2022년 공정위의 주요 정책 중 하나인 담합 과련 주제를 가지고 드라마를 제작함
- 드라마는 담합을 저지르고 은폐하려는 자와 이를 파헤치고 단죄하려는 공정위 직원 간의 쫓고 쫓기는 스릴러물으로 제목은 '공정하지 못한 자'
- 드라마 제작은 공정위 직원들이 직접 기획을 하고 연출·촬영·편집까지 하였으며, 직원들이 단역으로 출연하는 등 부처 자체적으로 제작함
- 유튜브에 연재되었던 웹드라마에 추가 촬영분을 더해 영화로 만들어서 국내 OTT에 최초로 방영을 하는 등 성과를 보임

- **국민권익위원회(권익위)**는 청소년들에게 청렴의 의미를 쉽게 이해할 수 있도록 '청렴'을 청소년들의 이야기 속에 녹여 낸 웹드라마 제작함
- 청소년들이 쉽고 재미있게 공정, 정직 등 청렴의 가치를 익힐 수 있도록 스토리를 제작하였음
- 웹드라마는 시즌2까지 제작되었으며, 시즌2에서는 공개오디션을 통해 배우를 선발하고, 권익위 위원장도 출연하는 등 사회적 이슈도 같이 만듦

- 웹드라마는 젊은 층이 선호하는 콘텐츠 형식으로 젊은 층에게 정책을 효과적으로 홍보하기 위해 웹드라마를 제작하게 됨
- 드라마라는 요소를 통해 정부 기관의 친근하고 접근 가능한 이미지를 구축하여 시청자들이 정책에 대한 이해를 자연스럽게 유도할 수 있도록 하며, 소통을 할 수 있는 기반을 마련함

□ 기관장 출연

○ 정부 주요 정책 등에 대해 기관장이 직접 출연하여 정책을 설명함으로써 시민의 이해도를 높이고 신뢰성 있는 정보를 제공하여 정책 홍보 효과를 높이고자 장관 등 기관장이 출연하는 콘텐츠를 다수 제작함

- 정부 부처 기관장들이 유튜브에 출연하는 것은 시민과의 소통 강화, 정책 홍보 효과, 브랜드 이미지 개선 등의 효과를 가져올 수 있어 정책에 대한 국민적 체감을 높일 수 있음

<기관장 출연 사례>

- **국토교통부 원희룡 장관**은 유튜브를 적극적으로 활용하여 정책을 국민들에게 이해 시키는데 기여를 함
- 원희룡 장관은 취임식을 유튜브로 진행하여 유튜브 친화적 이미지를 구축하고자 하였음
- 국토교통부 원희룡 특강을 시리즈로 제작하여 재건축 프로젝트, 심야택시 대란, 침수차 불법 유통 처벌 등을 강사 형식으로 출연하여 주요 정책에 대해 설명함으로써 국민에게 정책을 이해시킴

□ 숏폼 브랜드화

○ 스마트폰 사용이 증가하면서 이동 중에 간편하게 콘텐츠를 소비하는 트렌드가 확산되고 바쁜 일상 속에서 짧고 간결한 정보를 선호하게 되는 등 시청 패턴이 바뀌면서 숏폼 영상의 인기가 상승하여 정부도 트렌드에 편승하고자 숏폼 형식의 콘텐츠를 다수 제작

- 숏폼 콘텐츠는 정책을 간결하게 요약하여 소개하는 영상, 정책 뉴스 등을 간략화 한 영상, 기관장 동정 영상 등 다양한 형태로 제작하여 확산함
- 일부 부처에서는 숏폼 영상을 브랜드화 하여 별도 영상으로 제작하는 등 숏폼 영상을 적극적으로 제작함

< 숏폼 사례 >

• **외교부**는 국내외에서 열리는 외교 행사, 국빈 방문, 주요 정책을 '30초 휩튜브'라는 제목으로 브랜드화 하여 제작함
• 정책·행사 등의 관계 공무원이 출연하여 관려 정보를 30초 이내에 설명하는 형식으로 제작하여 호응을 많이 얻었음
• 통상 공무원들이 가지고 있는 권위적이고 딱딱하 분위기에 탈피하여 장·차관에서부터 담당 실무자, 주한외교 사절단 등 다양한 관계자가 출연하여 30초 이내에 설명해야 하는 미션을 주어 재미 요소를 더함

5. 정부 브랜드 구축 미디어 유튜브

○ 정부가 다양한 노력을 통해 세계적으로 찾기 힘든 유튜브를 통한 정책 홍보, 정보 제공을 하고 있음

○ 다만, 정보의 제공 채널로써 유튜브의 활용을 넘어 국민에게 정부 부처만의 차별화된 브랜드를 가지고 있는 유튜브 채널을 만들 필요가 있음

- 정부 부처의 특성상 다양한 정책을 홍보해야 하고 단기간적으로 소통을 해야 하는 과정에서 정책의 브랜드를 만드는 것은 쉽지 않음
- 그러나 정책 등에 대한 전략을 수립하고 브랜드 이미지에 대한 사전적 공감대를 형성하여 정책 콘텐츠를 제작할 때 브랜드를 고려한 콘텐츠를 제작한다면 점진적으로 정부 유튜브에 대한 브랜드 아이덴티티를 구축 할 수 있을 것으로 보임

○ 유튜브의 특성은 타깃층이 세분화되어 있고 타깃층에 대한 메시지, 영상 등이 수용자 중심이 점을 고려하여 정부도 유튜브 채널 운영과 콘텐츠 제작 시에 반영하여야 함

- 유튜브 등에 의하면 2022년 기준으로 유튜브에 하루에 업로드 되는 영상은 3만 시간 가량 되는 것으로 나타나는 등 많은 물량의 영상이 하루에 제작되고 공유되고 있음
- 따라서 유튜브는 수용자 중심의 플랫폼이며 이를 위해서는 정부가 누구에게 전달되어야 하는 영상인지, 즉 타깃에게 맞는 메시지와 영상 형식을 분석하고 타깃에게 맞는 영상을 제작하여야 효과를 높일 수 있음
- 그러나 현실적으로 정책은 범용적 요인을 가지고 있어 타깃팅을 세분화하는 것에 대한 공무원들의 우려가 있음

- 정책의 기본적 성격과 유튜브의 성격을 깊이 고려하여 수용자 중심의 채널 운영과 콘텐츠 제작이 필요함

○ 현재까지의 다양한 시도를 통해 정책 브랜드 구축, 정책 홍보를 하고자 많은 노력을 하여 세계적으로 좋은 성과를 얻음

- 정부가 추진한 다양성을 통해 보다 근본적인 정책 브랜드 구축과 정책의 확산에 많은 노력을 기울여야 하며, 유튜브를 활용한 홍보가 정부·정책 브랜딩과 홍보에 있어서 서브적 요소가 아닌 또 하나의 메인 채널이 되어야 할 것임

▌참고문헌

김영우 (2018). 추억으로 남은 온라인 문화의 고향 PC통신 하이텔. 아이티동아. 2018.6.23.

이경원 (2022). 중앙행정기관과 지방자치단체의 유튜브 콘텐츠 특성비교를 통한 정부 브랜드 저널리즘 PR 방향에 대한 연구. 서강대학교 석사논문.

김응표 (2023). 정부PR 유튜브 콘텐츠의 속성과 이용의도에 관한 연구. 경기대학교 박사논문.

김기욱, 강한나 (2022). 국내 광역지방자치단체 유튜브 콘텐츠 특성에 관한 연구: 인기 콘텐츠의 내용 분석을 중심으로. 광고 PR 실학연구. 15(2), 42-78.

김혜영, 권근혜 (2023). 정부 조직의 디지털 커뮤니케이션 활성화를 위한 인플루언서 협업 PR 커뮤니케이션 탐색연구. PR연구. 27(2), 53-105.

신동미, 이진균 (2023). 정부 부처 유튜브 채널 특성이 정책 홍보에 미치는 영향. 광고연구. 138, 44-76.

김기욱, 강한나 (2023). 국내 18개 정부 부처의 유튜브 활용한 정책 홍보. 한국광고홍보학회. 25(2), 5-58.

12장

공공 영역의 브랜드 평가와 ESG 경영의 과제

최은정

최은정 choiej@smu.a.ckr

현재 상명대학교 경영학부 교수이며 한국공공브랜드진흥원에서 브랜드공공성평가위원회와 ESG위원회 위원장을 맡고 있다. 상명대 경영학과를 졸업하고 고려대학교 마케팅 MBA를 취득하였고 미국 Michigan State University에서 Retailing 박사 학위를 받았다.

마케팅전략 컨설팅의 다양한 경력을 가지고 있다. 대우그룹의 in-house 컨설팅업체인 ㈜Interfashion Planning에서 컨설턴트로서 시작하여 ㈜Brand Marketing Consulting에서 CEO를 역임하였고 ㈜앤더모스트컨설팅을 창사하여 컨설팅 수행 및 기업을 운영하였다. 이후 모교로 부임하여 경영경제대학 학장, 경영대학원 원장, 창업지원단 단장, 산학협력단 부단장 등 다양한 학교 보직을 맡아 봉사하였다.

중소기업벤처부 창업진흥원의 비상임이사, 서울시브랜드위원회 부위원장 등을 역임한 바 있고, 현재 여성가족부 혁신행정분과 위원, 국민체육진흥공단 경륜경정사업부 마케팅혁신운영위원회 위원장, 국가인재개발원 평가위원 등 다양한 정부 및 공공기관 대상으로 전문가 봉사를 하고 있다. 이 외에 민간 기업과 공공 대상으로 활발한 경영 자문, 강연, 교육 및 컨설팅 프로젝트를 수행하고 있다.

중요 저서로는 『마케팅관리: 디지털시대의 뉴 마케팅』(2024), 『스타트업 창업: 창업의 A부터 Z까지 전략과 실행』(2024), 『고객 기반의 브랜드 관리』(2023), 『전략적 브랜드 마케팅』(2018), 『4차산업과 스타트업 트렌드』(2017), 『사용자 경험 혁신』(2014) 등이 있으며 이 중 세 번의 세종도서로 선정된 바 있다. 풍부한 현업 경험을 기반으로 지식 확장과 산업 발전 기여에 노력하고 있다.

Intro

기업의 경영성과 평가는 많은 진화를 거듭해 오고 있다. 고객 만족 경영의 중요성이 크게 화두가 되면서 다양한 고객만족 지표들이 시장기반의 경영성과 지표로 활용되었다. 이후 브랜드경영이 경영성 핵심전략 툴로 등장하였다. 많은 기업들은 최고경영자 산하 직속 기관을 브랜드경영팀을 구성하고 브랜드경영의 세부 목표화 및 추진전략을 수립하고 다양한 세부 브랜드 목표를 달성하기 위한 기업 활동을 해왔다. 일부 대기업들은 브랜드지주회사를 설립을 통한 지배구조의 변화도 함께 모색하는 등 브랜드를 기업의 지배구조의 전략적 도구로 활용하고도 있다.

10여 년 전부터 사회적 책임 및 사회적 가치들을 중요성이 강조되면서 사회적책임활동(Corporate Social Responsibility: CSR)에 주목하였다. 기업은 자발적, 비자발적으로 시작된 사회적 책임 활동에서 CSR이 실제 기업 성과에 기여함을 경험하게 되었다. 이후 이러한 CSR이 공유가치창출(Creating Social Value: CSV)로 진화하였다. CSV는 새로운 정의의 사회적 책임을 뜻하는 것으로 기업의 지속성과 책임을 강조하면서 기업의 경제적 가치와 사회적 가치를 조화를 이루고 상생 가치를 창출하는 기업의 전략인 것이다.

최근은 ESG 경영이 크게 중요하게 대두되고 있는데, Environmental(환경), Social(사회), Governance(지배구조)의 첫 글자를 조합한 단어로써 기업의 친환경 경영, 사회적 책임, 투명한 지배구조 중심의 경영 활동을 의미한다. 현재 이해관계자 자본주의 시장에서 기업의 경제적 성과에 사회적, 환경적 성과의 가치를 개선 및 확충시키는 ESG 경영의 역할 및 중요성은 갈수록 확대되고 있다.

기업의 ESG 성과는 일반적으로 지속가능경영 보고서를 통해 매년 2회씩 대외적으로 공개된다. ESG 관련 공시는 현재 의무가 아니나 단계적으로 의무화될 예정이다. 2025년부터 2조원 이상 자산을 보유한 기업의 지속가능경영 보고서 공시 의무화를 추진하고 있고 2030년부터는 의무 공시 대상을 모든 코스피 상장사로 확대될 것으로 보인다. 이러한 ESG 공시 의무화는 글로벌 추세로서 유럽도 미국도 의무화 추진 중이고 그 조건도 훨씬 복잡하고 까다롭다.

기후 관련 정보공시도 의무화가 추진되고 있는데 담겨야 하는 내용은 식별된 기후변화 리스크가 기업의 전략·사업 모델·전망에 미치는 영향 또는 예상되는 영향, 이사회·경영진의 기후 관련 리스크에 대한 감독과 거버넌스 정보, 기후 관련 위험을 식별·평가·관리하기 위한 절차와 그런 절차의 유효성, 온실가스 배출량 정보 등이다. 특히 이 중 온실가스 배출량 공시는 기업의 직접 배출량(Scope 1), 기업에서 사용하는 전기를 생산하는 과정에서 나오는 간접 배출량(Scope 2)뿐 아니라 기업의 협력업체, 물류, 제품 사용과 폐기의 기업 공급망 전반에서 발생하는 재간접 배출량(Scope 3)까지 공개하도록 까다롭게 요구하고 있다. 이 해당 규정도 대기업은 2024년, 중소기업은 2025년부터 순차적으로 적용될 예정이다.

정리해 보면, 기업경영전략은 기업의 경영 촉진을 위한 시장 관점에서 시작된 고객 만족 경영이, 브랜드 경영으로 진화하였고, 이후 사회적 책임이 강조되면서 CSR 경영으로, 그리고 사회적 가치 창출의 CSV로 진화 발전하였다. 최근의 이머징하고 있는 'ESG 경영'은 앞서 논의한 기업경영전략과 달리 강제성 의미가 강하게 깔려 있다. 해당 조건인 기준에 부합하지 못하면 지속가능성 자체를 위협하는 기업경영의 필수 요소로서의 개념으로 글로벌시장에서 공시 의무화가 추진되고 있다.

급변화하고 있는 글로벌경영 환경을 고려해 볼 때, 공공 영역에서의 경영성과 평가와 보고는 어떻게 이루어져야 할 것인가? 공공 영역에서 ESG 경영의 중요성 인식이 매우 낮은 상황으로서 민간과 달리, 구체적으로 어디서부터 시작해야 하는지 공공 영역의 ESG경영의 함의조차도 시작되지 않은 상황이다. 이에 따라 본 장은 공공 영역의 시장 중심적 경영성과 평가의 진화를 소개하고 공공 영역의 ESG 경영을 위한 기본 방향성을 구체적인 방법론들과 함께 소개하고자 한다.

1. 도시 관광 경쟁력 지수

1)도시관광 경쟁력 지수

○ 다양한 기관에서 도시관광 경쟁력 지수들을 개발하고 평가가 이루어져 왔음

○ 대부분의 도시관광 경쟁력 지수들은 관광 인프라 및 경제적 지표 중심의 전문가 평가에 의한 도시 경쟁력을 도출함

〈표 12-1〉 도시관광 경쟁력 지수

구분	지수 내용
세계여행관광위원회(WTTC)	• 8개 지수 - 가격경쟁력, 인적 활동, 기반시설, 환경, 기술, 인적자원, 개방성, 사회적 발전
Ritchie & Crouch	• 미시적 환경, 거시적 환경, 주요 관광자원 및 매력물, 자원요소 및 자원, 목적지 관리 및 정책, 계획 및 개발, 환경적 결정 요인
한국시정개발연구원	• 관광인프라지표(숙박시설, 회의/전시/관람/공원/안내시설, 접근성, 쾌적성), 경제적 지표(가격 수준, 비지니스 여건, 거시경제 여건), 행정/정책적 지표(행정조직, 예산효율성), 국제/사회적 지표(외교관계, 국제화 여건, 사회안전도)
Simon Anholt	• National Brand Index: 5개 지수 - 관광 촉진, 브랜드 수출, 외교정책, 문화사절, 투자유치 • City Brand Index: 6개 대항목 - Presence(국제적 지명도), Place(기후, 미관 등 도시의 외관상 인지도), Potential(경제, 교육, 비즈니스, 투자 및 이민환경 등), Pulse(라이프스타일), People(친절도, 도시 개방성, 문화다양성, 언어문제 등), Prerequisites(도시의 인프라)

2) 서울시 브랜드파워지수

□ 서울시 브랜드파워지수(Seoul Brand Power Index: 서울 BPI) 소개 및 특징

○ ADL(Arthur D. Little) 전략컨설팅사가 서울시의 관광촉진을 위한 브랜드 관점의 도시 경쟁력을 체계적으로 측정하고 트랙킹하기 위한 목적으로 개발한 브랜드파워지수임

○ 대부분의 도시 관광경쟁력 지수들이 전문가 평가에 의한 인프라 중심의 경쟁력을 평가하는 것과 달리, 소비자 관점의 도시 브랜드의 관광 경쟁력을 평가함

○ BPI의 시계열 Tracking을 통해 서울시 브랜드의 각 국가에서의 상대적인 위상과 경쟁력을 파악할 수 있음

○ 일회성 조사가 아니라 시계열적 조사를 통해 어떤 변화가 이루어지고 있는가를 장기적으로 파악하는 것으로서 장기적으로 경제적 성과와 연결되어야 하며 경제적 성과 제고를 위한 관리지표로 사용할 수 있음

○ 서울시 브랜드의 국제관광 경쟁력 구성 요소로부터 소비자 관점에서 공통요인을 찾아내고, 구조방정식 모형에서 각 구성 요소의 상대적인 기여도를 밝힘으로 서울시의 경쟁력을 소비자 관점에서 장기적이고 종합적으로 파악하기 위함

□ 서울시 BPI 활용 방안

○ 중장기적으로 마케팅 커뮤니케이션의 전략적 의사결정을 위한 주요 지표로 활용할 수 있음

○ BPI의 시계열적 Tracking 통해, 각 타깃 국가별로 BPI의 세부 측정항목의 변화 상황을 파악하고 이에 대해 적절한 대응을 하기 위함

○ 국가별로 상대적인 서울시의 국제관광 경쟁력을 파악하여 다른 각 국가 상황에 능동적으로 대응하기 위함

〈그림 12-1〉 서울시 브랜드파워지수의 구성 요소

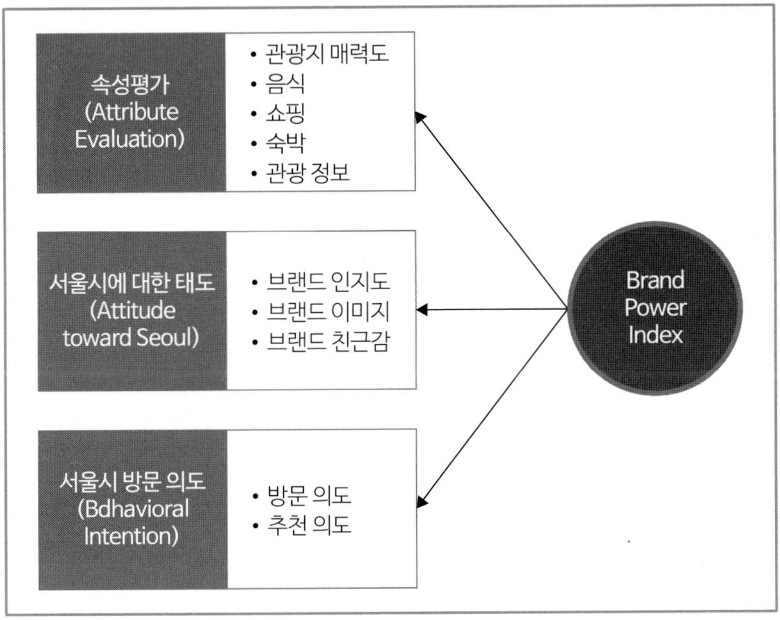

출처: 서울시 해외마케팅커뮤니케이션 전략 수립 보고서(2008).

〈그림 12-2〉 소비자 관점의 서울시 브랜드파워지수 산출 과정

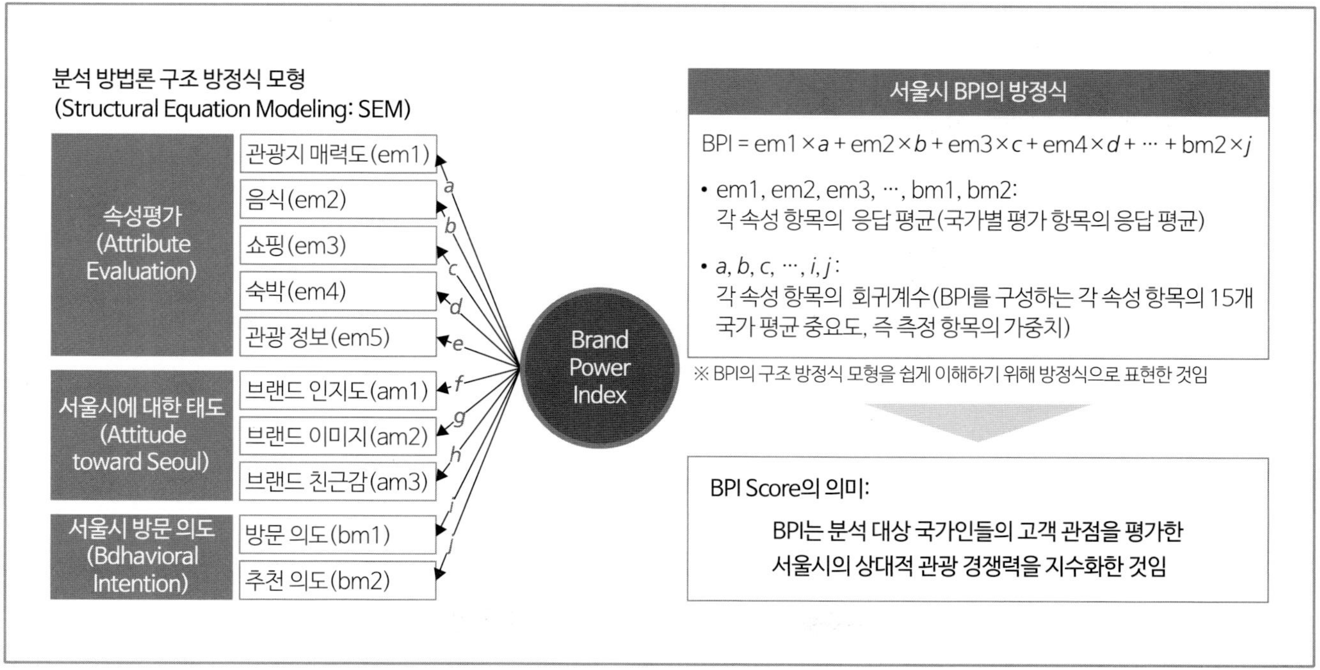

출처: 서울시 해외마케팅커뮤니케이션 전략 수립 보고서(2008).

〈그림 12-3〉 서울시 브랜드파워지수 활용 예시: 중요 국가별 BPI의 상대적 비교

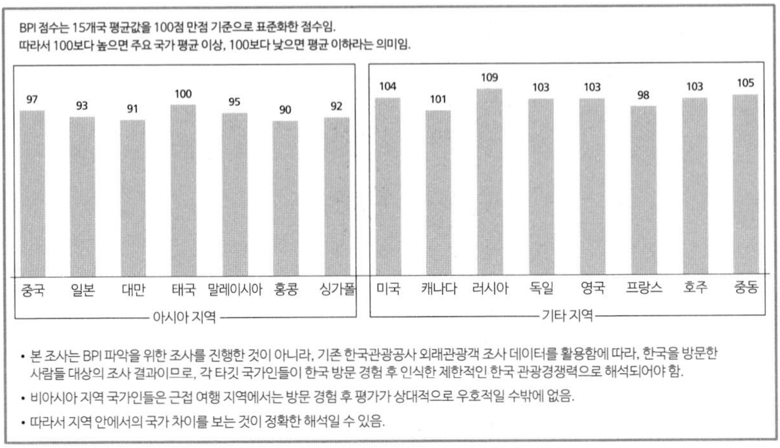

출처: 서울시 해외마케팅커뮤니케이션 전략 수립 보고서(2008).

〈그림 12-4〉 서울시 브랜드파워지수 활용 예시: 중요 국가별 BPI의 세부속성별 상대적 비교

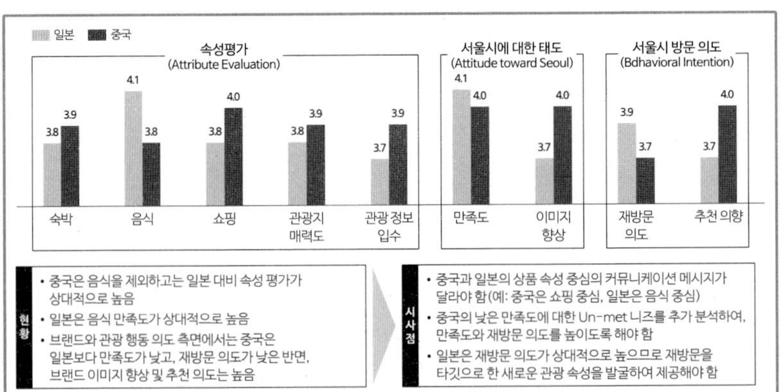

출처: 서울시 해외마케팅커뮤니케이션 전략 수립 보고서(2008).

〈그림 12-5〉 서울시 브랜드파워지수 활용 예시: 중요 국가별 BPI의 변화 Tracking

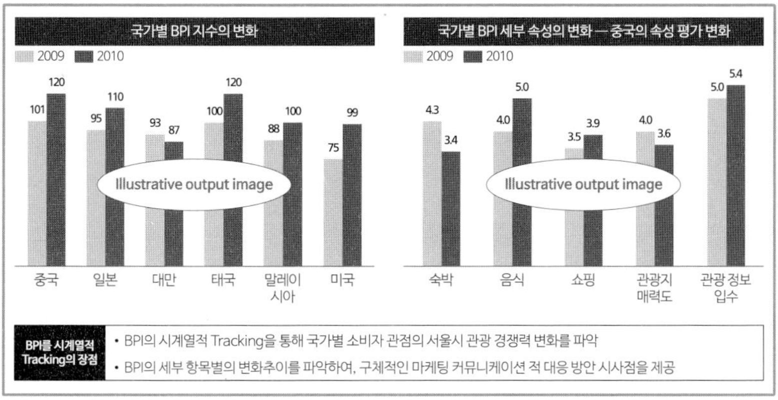

출처: 서울시 해외마케팅커뮤니케이션 전략 수립 보고서(2008).

2. 지역브랜드 경쟁력 평가: 한국지방브랜드 경쟁력지수

□ KLBCI(Korea Local Brand Competitiveness Index) 모델의 특징

○ KLBCI 모델은 지방브랜드의 경쟁력을 고객의 인식을 중심으로 평가하기 위한 모델로서 지방브랜드의 자산 구성 요소들을 평가하여 지수화하고, 지방브랜드를 전략적으로 관리하는데 필요한 경쟁력 지표를 제공

○ KLBCI모델은 6개 차원은 투입 차원(주거환경, 관광환경, 투자환경)과 성과차원(전반적 경쟁력, 브랜드애호도, 브랜드로열티)으로 구성되어 있으며, 20개 문항으로 측정

〈그림 12-6〉 제목?

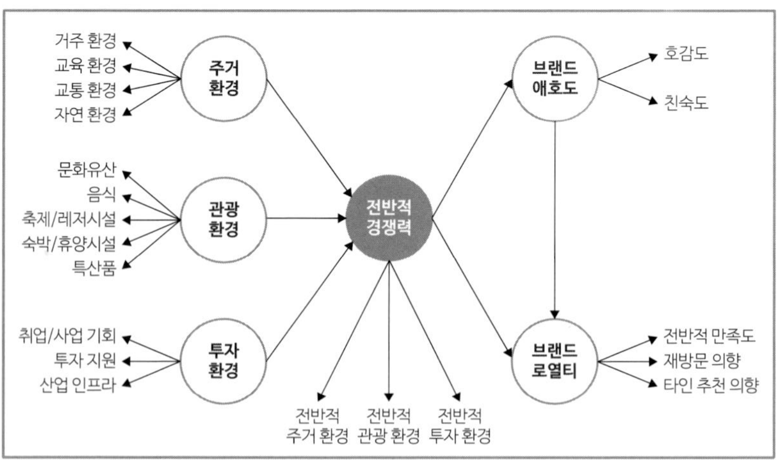

출처: 2017 KLBCI 한국지방브랜드 경쟁력지수 보고서.

〈표 12-2〉 KLBCI 모델의 측정 항목

차원	항목	2015~2017년 세부 항목
주거 환경 평가	거주 환경	• 거주 안전성(방범, 소방, 자연재해 등) • 생활문화시설(대형할인점, 재래시장, 영화관, 체육시설 등) • 보건·의료 시설(병원, 보건소, 약국 등)
	교육 환경	• 학교 등 공교육 환경 • 학원 등 사교육 환경 • 도서관, 박물관, 과학관 등 학습시설
	교통 환경	• 대중교통 환경(버스, 전철, 택시, 주차 등) • 타 지역과의 교통망(도로, 철도/기차 등) • 도보 환경(차 없는 거리, 걷기 편한 거리 등)
	자연 환경	• 주거지 주변 자연적인 산, 호수, 하천 등 • 주거지 주변 친환경적으로 조성된 공원, 호수, 녹지 등)
관광 환경 평가	문화유산 (볼거리)	• 유형문화재(건조물, 회화, 조각, 공예품, 서적, 서예 등) • 무형문화재(연극, 음악, 무용, 공예, 무예, 의식, 놀이 등) • 자연유산(천연기념물 등)
	음식 (먹거리)	• 지역 대표 음식 • 길거리 음식 문화
	축제와 레저 시설(즐길거리)	• 지역 축제 및 행사 • 레저 및 놀이시설(대공원, 동·식물원, 테마파크, 스키장 등)
	숙박 및 휴양 시설(쉴거리)	• 숙박시설(호텔, 모텔, 민박 등)의 수준과 규모 • 휴양시설(온천, 휴양림, 리조트 등)
	특산품	• 지역 대표 특산품(농산물, 수산물, 축산물 등) • 지역 대표 전통 공예품
투자 환경 평가	취업과 사업 기회	• 일자리 기회 • 사업 여건
	투자 자원	• 지방자치단체의 기업 활동 지원 • 산업 단지·클러스터 조성
	산업 인프라	• 물류 환경(도로, 철도, 항만, 물류창고, 수도, 전기 등) • 노동 인력
전반적 평가	전반적 경쟁력	• 전반적인 주거 환경 우수성 • 전반적인 관광 환경 우수성 • 전반적인 투자 환경 우수성
	브랜드 애호도	• 전반적으로 호감이 가는 지방(도시) • 전반적으로 친근한 느낌의 지방(도시)

〈표 12-2〉 KLBCI 모델의 측정 항목 〈계속〉

차원	항목	2015~2017년 세부 항목
전반적 평가	브랜드 로열티	• 전반적으로 만족스러운 지방(도시)
		• (거주자)계획 살고 싶은 지방(도시) • (비거주자)앞으로 살고 싶은 지방(도시)
		• 종합적으로 주변 사람들에게 추천해 주고 싶은 지방(도시)
지역 선호도	귀하가 주거 목적으로 가장 살고 싶은 지방(도시)은 어디입니까?	
	귀하가 관광 및 여행 목적으로 가장 방문하고 싶은 지방(도시)은 어디입니까?	
	귀하가 투자 및 사업 목적으로 가장 적합하다고 생각하는 지방(도시)은 어디입니까?	
연상 내용	귀하는 [행정구역] 하면 가장 먼저 떠오르는 것은 무엇입니까? 가장 먼저 떠오르는 한 가지만 적어 주십시오.	

출처: 2017 KLBCI 한국지방브랜드 경쟁력지수 보고서.

□ KLBCI 모델의 산출 방식

○ 차원지수를 산출하고 이를 기반하여 KLBCI를 산출하는 방식으로 1,000점 만점으로 산출됨

○ 차원지수 산출: 3개 차원 점수(D_k)는 하위 항목과의 중요도를 가중치로 부여하여 산출함

○ 차원지수(DI)

- 주거 환경
- 관광 환경
- 투자 환경

$$D_k = \sum_{j=1}^{n} X_j \times W_j$$

j : 측정변수의 수

k : 차원의 수

X_j : 측정 항목

W_j : 측정 항목 가중치

D_k : 차원 점수. 측정 항목값(X_j)에 차원 구성 개념과 측정 항목의 PLS 분석 회귀계수(B)를 가중치(W_j)로 사용하여 주거 환경, 관광 환경, 투자 환경 차원 점수를 산출함

○ KLBCI 산출: 차원점수(D)에 차원구성개념과 전반적인 경쟁력 구성개념과의 회귀계수(B)를 가중치(W_k)로 사용하여 산출한 값에 전반적 경쟁력을 각각 50% 비중으로 산출함

$$\mathrm{LBCI} = (\sum_{k=1}^{n} W_k \times D_k) \times 0.5 + (TC \times 0.5)$$

W_k : 잠재 변인 가중치

TC : 전반적인 경쟁력

○ 지방브랜드 경쟁력은 주거환경, 관광환경, 투자환경의 3개 차원으로 측정됨

○ 거주환경, 관광환경, 투자환경 잠재변인(차원)에 대한 각각의 항

〈그림 12-7〉 KLBCI 모델 평가 PLS 분석 결과

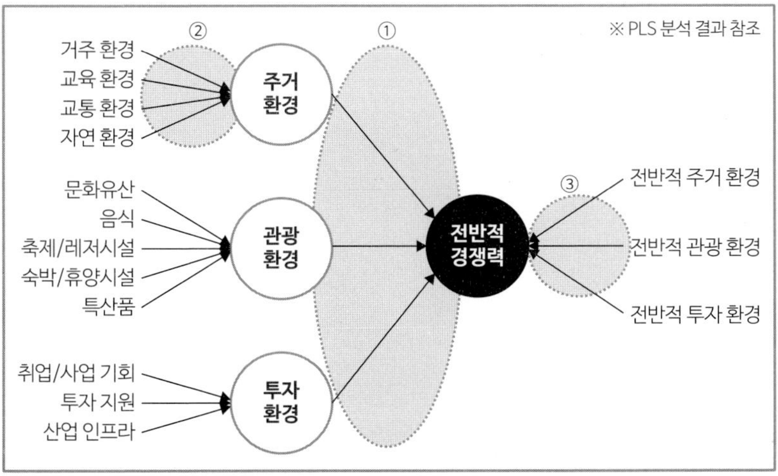

목 영향력은 유사함(그림 12-7의 ②)

○ 전반적 경쟁력 잠재변인에 대한 전반적인 주거환경/관광환경/투자환경의 영향력은 전반적 주거환경이 높음 (그림 12-7의 ③)

○ 전반적인 경쟁력에 대한 주거환경/관광환경/투자환경 차원의 영향력은 2015년과 마찬가지로 주거환경이 가장 높음 (그림 12-7의 ①)

□KLBCI 결과를 활용한 브랜드 경쟁력 포트폴리오 도출

○ 브랜드 경쟁력 포트폴리오는 선호도와 KLBCI를 두 개 축으로 맵핑함

○ 여기서 KLBCI는 여러 잠재변인의 영향력을 고려하여 지수화한 통합적인 의미의 브랜드경쟁력지수이고 선호도는 단일문항으로 직접 측정한 세 개의 선호도 값을 종합한 순위임

○ 따라서 KLBCI는 해당 지역의 전반적인 특성을 반영하고 있다면 선호도는 응답자의 인식 속에 있는 단순한 선호로서 이러한 두

〈그림 12-8〉 브랜드 경쟁력 포트폴리오 개요

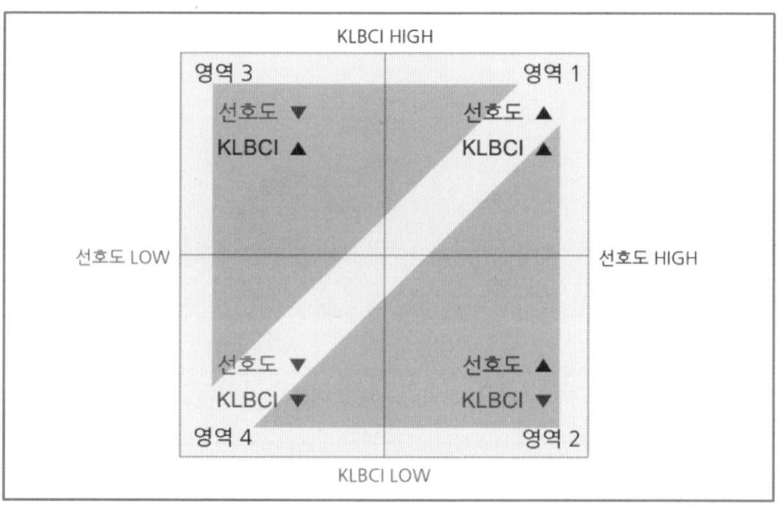

축의 특성을 고려하여 해석할 필요가 있음

○ 선호도와 KLBCI는 정규화 분포로 표준화함

□ KLBCI 모델의 장점

○ 종합적인 지방브랜드 경쟁력 진단과 브랜드자산 평가할 수 있음

- 지방브랜드 자산을 투입과 성과로 구분하여 6개 차원, 20개 항목으로 표준화하여 측정
- 지방브랜드 경쟁력 수준과 강약점 차원과 항목을 파악함
- KLBCI는 절대평가와 상대평가(지방브랜드 승수)를 결합하여 종합적인 경쟁력을 평가함

○ 구조방정식과 PLS분석을 통한 통계적 검증을 통한 과학적 방식의 지수임

- KLBCI는 구조방정식 모형으로 통계적 타당성과 신뢰성을 검증

PLS분석을 통한 영향력 검증 및 가중치를 파악

○ 지방브랜드 경쟁력 영향 요인 파악하고 전략수립의 중요 기초자료로 활용 가능함

- 지방브랜드 경쟁력 제고를 위한 투입과 성과 차원 간에 영향력 관계 파악
- 지방브랜드 경쟁력 제고를 위한 전략수립에 필요한 기초자료를 제공

□ KLBCI 모델의 활용 방안

○ 전반적으로 지방브랜드의 성과 지표로 활용할 수 있음

○ 해당 지방브랜드의 현 경쟁력과 타 브랜드 대비 취약점을 파악

○ 경쟁력 원천을 파악하여 해당 경쟁력의 유지·발전 도모

○ 파악된 취약점을 개선하기 위한 방안 마련

〈그림 12-9〉 KLBCI 모델 평가 예시: 2017년 광역시도 KLBCI 분석 결과

광역시도	KLBCI			주거환경			관광환경			투자환경		
	점수	순위	순위 변동	점수	순위	순위 변동	점수	순위	순위 변동	점수	순위	순위 변동
서울특별시	643	01	-	688	01	-	629	02	△02	650	01	-
제주특별자치도	596	02	▼01	561	07	▼05	662	01	-	461	10	▼06
부산광역시	588	03	△02	615	03	-	619	03	▼01	501	07	▼01
경기도	583	04	▼01	614	04	△01	551	07	-	586	03	▼01
대전광역시	566	05	▼01	664	02	△02	477	13	△01	537	04	△09
광주광역시	535	06	△01	590	06	△05	533	08	△03	453	12	△04
경상남도	532	07	▼01	545	10	▼04	516	09	▼03	500	08	▼05
울산광역시	522	08	-	540	11	△03	444	15	△01	594	02	△05
인천광역시	520	09	△06	546	09	△08	496	11	△01	532	05	△10
강원도	516	10	-	499	17	▼09	587	04	▼01	365	17	▼07
대구광역시	513	11	△01	608	05	△02	477	13	△02	434	13	△04
전라북도	507	12	▼01	523	12	▼03	577	05	△03	382	15	▼01
충청남도	497	13	△01	500	15	▼02	495	12	▼02	479	09	▼01
전라남도	497	13	-	500	15	▼03	553	06	▼01	381	16	▼05
경상북도	496	15	▼06	508	14	△01	515	10	▼02	428	14	▼05
세종특별자치시	491	16	△01	550	08	△02	304	17	-	530	06	▼01
충청북도	476	17	▼01	515	13	△03	427	16	▼03	457	11	△01

출처: 2017 KLBCI 한국지방브랜드 경쟁력지수 보고서.

〈그림 12-10〉 KLBCI 모델 평가 예시: 2017년 광역시도 항목별 분석 결과 (관광환경)

문화유산			음식			축제레저			숙박휴양			특산품		
광역시도	점수	순위	광역시도	점수	순위	광역시도	점수	순위	광역시도	점수	순위	광역시도	점수	순위
제주특별자치도	677	01	전라북도	721	01	서울특별시	701	01	제주특별자치도	735	01	제주특별자치도	680	01
서울특별시	642	02	부산광역시	712	02	부산광역시	622	02	부산광역시	668	02	강원도	583	02
전라북도	598	03	서울특별시	694	03	제주특별자치도	602	03	서울특별시	644	03	전라남도	574	03
경상북도	566	04	전라남도	693	04	강원도	587	04	강원도	639	04	전라북도	573	04
전라남도	560	05	광주광역시	668	05	경기도	586	05	경기도	563	05	부산광역시	546	05
강원도	551	06	제주특별자치도	621	06	인천광역시	520	06	대전광역시	522	06	경상북도	519	06
경기도	546	07	대구광역시	578	07	전라북도	511	07	인천광역시	514	07	경상남도	506	07
부산광역시	542	08	강원도	573	08	광주광역시	509	08	경상남도	509	08	충청남도	504	08
경상남도	532	09	경기도	555	09	대구광역시	496	09	전라북도	502	09	경기도	496	09
광주광역시	513	10	인천광역시	553	10	대전광역시	496	09	경상북도	502	09	광주광역시	480	10
충청남도	502	11	경상남도	541	11	경상남도	494	11	광주광역시	499	11	서울특별시	439	11
대전광역시	463	12	경상북도	526	12	충청남도	482	12	충청남도	497	12	인천광역시	432	12
충청북도	461	13	대전광역시	497	13	전라남도	482	12	대구광역시	479	13	충청북도	429	13
인천광역시	454	14	충청남도	494	14	경상북도	470	14	전라남도	478	14	울산광역시	425	14
울산광역시	437	15	충청북도	435	15	울산광역시	463	15	울산광역시	459	15	대구광역시	396	15
대구광역시	428	16	울산광역시	430	16	충청북도	387	16	충청북도	427	16	대전광역시	391	16
세종특별자치시	311	17	세종특별자치시	312	17	세종특별자치시	356	17	세종특별자치시	249	17	세종특별자치시	289	17

출처: 2017 KLBCI 한국지방브랜드 경쟁력지수 보고서.

〈그림 12-11〉 KLBCI 브랜드 포트폴리오 예시: 2017년 기초시 브랜드 포트폴리오

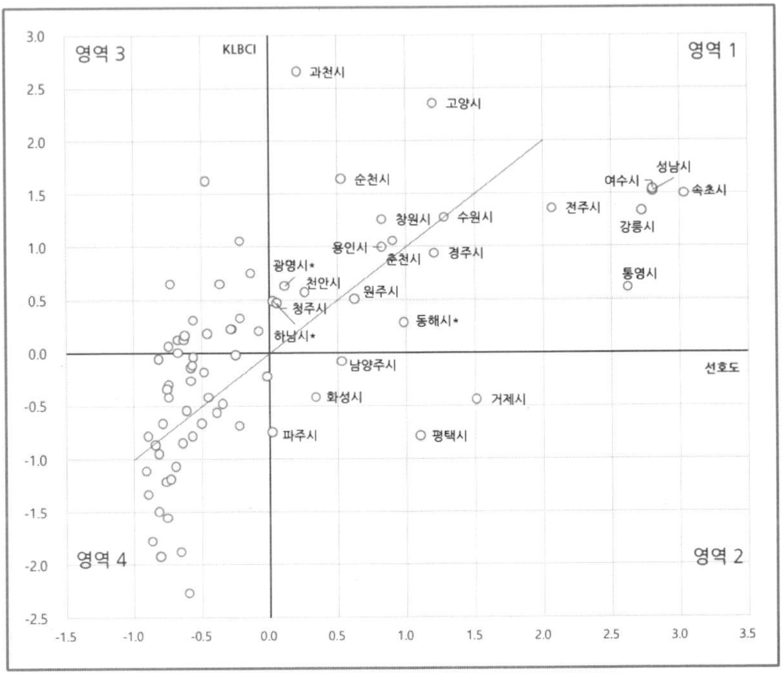

출처: 2017 KLBCI 한국지방브랜드 경쟁력지수 보고서.

〈그림 12-12〉 KLBCI 결과 예시: 2017년 서울시 KLBCI 분석 결과

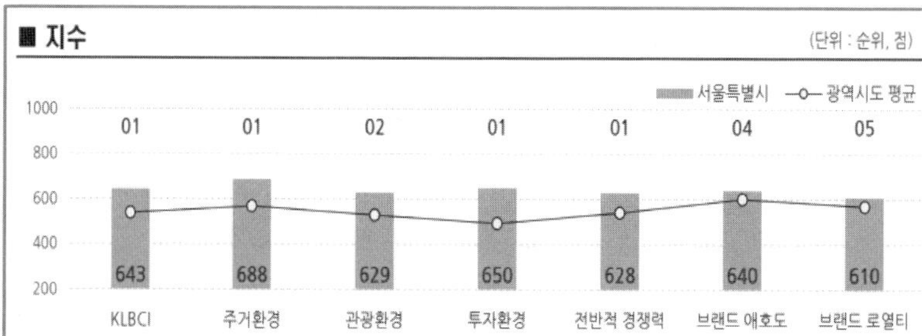

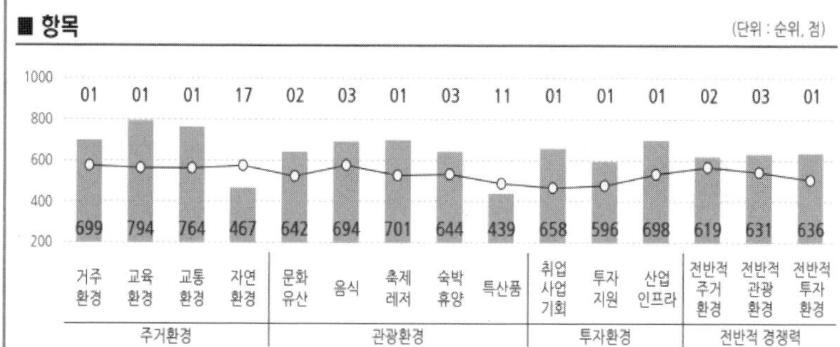

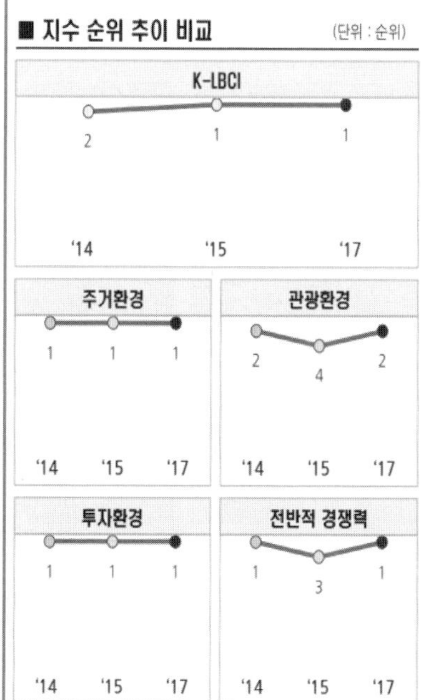

■ **주요 상기 내용** (단위 : %)

상기 내용	전체	거주	비거주
수도	12.0	16.7	7.3
혼잡/복잡	6.3	4.7	8.0
광화문	5.7	9.3	2.0
남산/남산타워	5.7	8.0	3.3
한강	4.7	6.7	2.7
대도시	3.7	4.0	3.3
문화	3.0	0.7	5.3
교통혼잡	2.7	2.7	2.7
사람이많은	2.7	0.7	4.7
강남	2.3	3.3	1.3
전철/지하철	2.3	1.3	3.3
지명	2.3	1.3	3.3
문화시설	2.0	0.0	4.0
청계천	2.0	2.7	1.3
교통	1.7	0.7	2.7
도시	1.7	2.7	0.7
교통편리	1.3	0.7	2.0
동대문	1.3	1.3	1.3
시청	1.3	1.3	1.3
인구	1.3	1.3	1.3

3. ESG의 중요성 및 글로벌 접근

□ESG의 중요성 증대 및 관련 글로벌 ESG 추세

○ 국제 ESG 관련 지표들인 SDGs, GRI Standard는 국제적인 지속가능성 협약과 표준은 지속가능성을 달성하기 위해 추구해야 할 가치를 '경제', '환경', '사회'의 세 가지 범주로 구분하고 있음

○ 특히, GRI Standard와 같은 국제적인 지속가능성 보고 표준에서는 경제, 환경, 사회 세 가지 범주에 따라 조직이 추구해야 할 주요 가치지표 중심의 접근은 국제적인 추세임

○ 이 분류 기준은 TBL(Triple Bottom Line)이라 불리는데 세 가지 범주에 따라 각기 다른 사회적 가치를 주요 이슈로 고려하고 있음

〈그림 12-13〉 UN의 지속가능개발목표(SDGs)의 17개 목표

〈그림 12-14〉 TBL(Triple Bottom Line): 지속가능성 추구를 위한 가치 범주 및 세부 주제

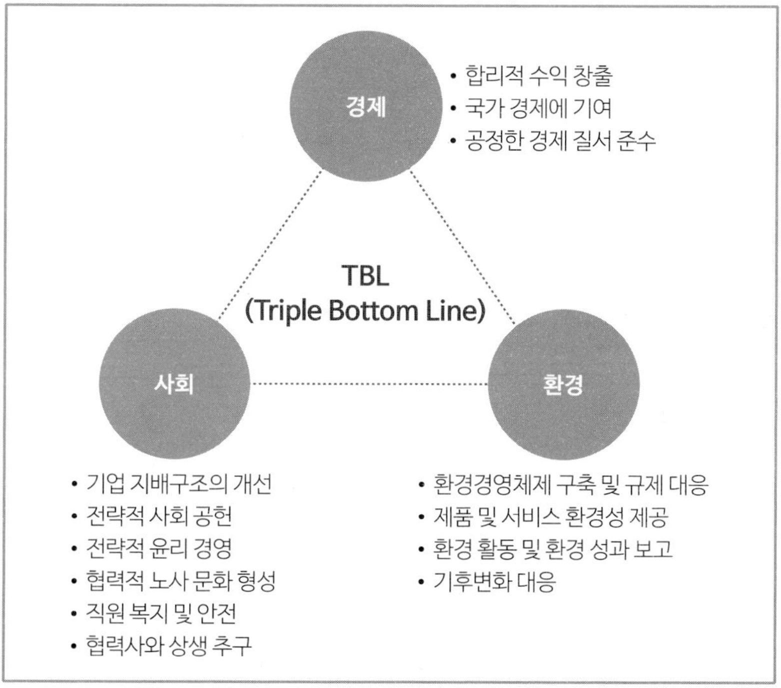

□ 사회적 성과의 보고 방식

○ '지속가능성'이라는 용어는 1987년 UN의 세계환경개발위원회(World Commission on Environment and Development, WCED)의 '우리의 미래(our future)' 보고서에서 처음으로 제시됨

○ 이 보고서에서는 지속가능성을 주주가치를 높이는 동시에 외부 이해관계자들을 대상으로 기업의 사회 및 환경적 가치를 부가할 수 있도록 기업 경영 전략에 추가해야 하는 개념으로 제안

○ 지속가능보고서는 지속가능성의 관점에서 조직의 경제적, 환경적, 사회적 성과를 다양한 이해관계자에게 알리기 위한 수단

○ 기업의 지속가능보고서 발간은 2000년대에 이르러 기업의 투명성과 윤리성 제고에 관한 관심이 높아지고 기업의 사회적 책임(CSR)을 중시하는 사회적 분위기가 확산함에 따라 점차 활성화됨

○ 지속가능보고서는 기업의 환경과 사회, 경제 분야의 재무적, 비재무적 정보와 성과를 모두 포함하며 별도의 보고서로 작성하여 이해관계자들에게 제공됨

○ 지속가능보고서는 지속가능성 보고와 관련된 국제표준을 제정하는 국제기구인 GRI(Global Reporting Initiative)의 가이드라인에 따라 작성

○ GRI 가이드라인은 2000년 G1 버전이 처음 제정된 이후 2002년 G2, 2006년 G3, 2016년 G4 버전을 거쳐 현재는 2018년 발표된 GRI Standards가 사용되고 있음

○ GRI Standards는 표준 적용을 위한 기본 사항(foundation, general disclosure, management approach)과 조직의 경제, 환경, 사회적 성과를 측정하기 위한 주제별 세부 지표로 구성

○ 사회 범주의 하위 성과 지표는 고용, 노사관계, 교육 훈련, 다양성과 공정한 기회부여, 인권, 준법 책임 등을 포함함 (그림 12-15 참조)

〈그림 12-15〉 GRI Standards의 체계 및 구성

구성		세부내용
Universal Standard	Foundation	GRI의 개요 및 적용을 위한 일반사항
	General Disclosure	조직의 현황에 관한 사항을 보고하는 원칙
	Management Approach	각 주제에 개한 경영 및 성과 보고 접근 방식
Topic-specific Standard		세부 주제별 보고 기준

경제	직접적으로 창출되는 경제적/재무적 가치
환경	자원 사용량과 재활용 등 환경적 가치 추구
사회	고용, 인권, 공정, 다양성 등 사회적 가치 추구

□SROI 측정 단계 및 단계별 세부 내용

〈표 12-3〉 SROI 측정 단계 및 단계별 세부 내용

단계		세부 내용
1단계	범위 설정 및 핵심 이해관계자 확인	• 범위 설정 • 이해관계자 확인 • 이해관계자 접촉 방법 결정
2단계	결과물 맵핑(Mapping)	• 영향력 지도 작성 및 시작 • 투입물 확인 및 가치 평가 • 산출물 명확화 • 결과물 기술
3단계	결과물 증명과 가치 부여	• 결과물 지표 개발 • 결과물 데이터 수집 • 결과물 지속 기간 확립 • 결과물 가치 부여
4단계	영향력 산정	• 사중(Deadweight) 효과 • 대체(Displacement) 효과 • 귀인(Attribution) 효과 • 체감(Drop-off) 효과 • 영향력 산정
5단계	SRIO 산출	• 미래 예측 • 순현재가치 산출 • 비율 계산 • 민감도 분석 • 회수 기간
6단계	보고 및 활용 내재화	• 이해관계자 보고 • 결과 활용 • 확증

□사회적 성과측정 방식

○ 사회적투자수익률(Social Return On Investment, SROI)

- 사회적 성과를 화폐가치로 환산하여 투입된 재정의 투자수익

률을 나타내는 측정 대표적인 사회적 성과 측정 기법임

- 목표로 하는 사회적 성과가 어떤 활동을 통해 창출되는지를 분석하고 비용-편익 분석(cost-benefit analysis)의 관점에서 수행하는 활동을 파악하고 그 구체적인 범위를 정한 뒤 각 영역의 편익 값을 모두 더하는 방식으로 사회적 가치를 측정
- 사회적 성과를 화폐가치로 측정하기 때문에 사회적 성과의 계량화가 가능하며
- 다른 조직의 사회적 성과도 서로 비교할 수 있고 투입한 비용과 창출한 사회적 성과를 비율로 표현할 수 있어 효율성도 측정할 수 있다는 장점이 있음

○ IRIS(Impact Reporting and Investment Standard)

- 사회적 가치를 측정하는 하나의 기준으로 가치 측정 지표를 측정 목적과 상황에 맞게 사용할 수 있도록 편람 형태로 제공
- IRIS는 사회적 가치를 측정할 때 사회적 성과 창출의 목적, 수행하는 활동, 이해관계자의 요구사항 등을 정하면 여기에 적합한 측정 지표를 제공
- IRIS의 지표는 집중 섹터(sector of focus), 운영 성과(operational impact), 재무 성과(financials), 투자 분야(investment lane) 등으로 구분
- 각 지표는 지표 정의와 측정 방법 등의 내용과 함께 제공

○ B 임팩트 평가(B Impact assessment, BIA)

- 사회적 성과 측정 시스템으로 사회적 성과를 창출하는 기업을 발굴하고 인증(B-Corp)하기 위해 만든 성과 측정 기법
- 조직의 운영체계, 근로자 처우, 고객 평가, 환경 이슈 등 5개 영역의 180여 개의 평가 지표로 구성
- 총 200점의 배점 중 80점 이상을 획득하면 B-Corp 인증을

받을 수 있으며 평가 결과는 'B 임팩트 보고서'로 발행되어 일반에 공개함

○ GIIRS(Global Impact Investment Rating System)

- 점수와 등급으로 사회적 성과 창출 수준을 평가할 수 있는 사회적 가치 측정법으로 BIA와 다르게 평가 대상이 창출하는 사회적 성과를 별 수로 나타내는 것이 특징임
- 사전 연구로 도출된 지표와 규칙을 사용하여 사회적 성과를 측정하며 평가 적용과 결과 해석이 매우 쉽게 고안되어 있고 사회적 가치 창출 활동을 비교하기 편리
- GIIRS의 평가 지표는 의도한 성과인 '사회 및 환경 중시 비즈니스 모델(Social & Environmental Focused Business Model)'과 의도하지 않은 성과인 '프랙티스(Practices)'로 구분
- '사회 및 환경 중시 비즈니스 모델'에 따른 사회적 성과의 측정은 매출, 고객 수, 판매량 등과 같은 최종적인 성과 관련 자료로부터 사회적 성과의 크기를 정량화하는 접근법을 채택
- '프랙티스'는 사회적 성과 창출을 거버넌스(Governance), 고용(Workers), 지역사회(Community), 환경(Environment)의 네 가지 관점에서 사회에 어떤 긍정적 영향을 주는지를 조망하는 방식으로 성과를 측정

〈표 12-4〉 사회적 성과 측정 방식의 비교

명칭	등장 시기	주체	측정 목적 및 방법
변화이론 Theory of Change	1995년	Aspen Institute	사회적 성과가 발생하는 과정을 밝혀 내는 것을 목적으로 하며, 투입된 자원이 특정한 활동을 통해 변화를 이끌어 내는 과정을 이론화하는 도구
사회적 투자수익률 Social Return on Investment (SROI)	2000년	REDF	사회적 성과를 화폐 가치로 측정하는 것을 목적으로 하며, 사회적 성과를 위해 투입된 비용과 이로 인해 창출되는 사회적 효과(편익)을 비용
Impact Reporting and Investment Standards (IRIS)	2008년	Rockfeller Foundation	다양한 사회적 성과 측정 지표를 종합적으로 검토하여 표준화하는 것을 목적으로 하며, 여러 측정 목적에 따라 기존 측정 지표 가운데 알맞은 도구를 적용하는 가이드라인과 표준화된 산출 과정을 제공
B 임팩트 평가 B Impact Assesment	2007년	B-Lab	기업이 재무적 성과 이외에도 이해관계자에게 어떤 사회적 가치를 제공하는지를 평가하는 것이 목적이며, 구조화된 180개의 질문에 대한 응답을 평가, 일정 점수 이상(200점 만점에 80점) 획득 시 B-Corp 인증을 부여
The Global Impact Investing Rating System (GIIRS)	2012년	B-Lab	임팩트 펀드의 피투자회사들이 다양한 이해관계자에게 긍적적인 가치를 주는지를 평가하는 것이 목적이며, 구조화된 체크리스트를 통해 평점을 부여하고 그 결과를 별점(등급)으로 산출
균형성과지표 Balanced Score Card	1996년	Kaplan and Norton	균형성과지표는 기업의 지속가능 성장을 위해 재무적 지표 이외에도 고객, 내부 프로세스, 학습과 성장 등 비재무적 지표도 성과 관리에 통합하는 관리 시스템으로, 기업 성과를 종합적, 균형적으로 관리

출처: 조일형(2020). 기업의 사회적 성과 측정과 보고: 더블바텀라인의 실무 적용을 위한 탐색적 연구. 지식경영연구, 21(2), 1–19.

□ ESG의 균형성과표(BSC)의 접근법

○ 과거의 성과에 대한 재무적인 측정 지표에 미래성과를 창출하는 동인으로서의 측정 지표인 고객, 공급자, 종업원, 프로세스 및 혁신에 대한 지표를 포함하여 지속가능성을 추구하는 미래가치 창출 시스템인 균형성과표(balanced scorecard: BSC) 차원에서 ESG 성과를 진단하는 방식임

〈표 12-5〉 환경 관점의 기업성과 측정 지표

명칭	측정 지표
고객(이해관계자)(25)	환경 가치의 추구(10)
	환경 가치의 실현(10)
	환경 분야 사회 서비스의 수혜자(5)
재무적 관점(25)	사업성(5)
	수익성(5)
	사회 목적 재투자(5)
	재정 자립도(5)
	재무 건전성(5)
내부 프로세스(25)	조직의 형태(5)
	내부 구성원의 경영 참여 및 분권화(5)
	고용의 질(5)
	성과 관리 체계(5)
	투명한 정보 공개(5)
학습 및 성장(내부 자원)(25)	혁신성(5)
	무형자산의 우수성(5)
	생산성(5)
	교육훈련(5)
	협력 네트워크(5)
합계	

출처: 조일형, 이미영, 김성재(2021). 사회적 기업의 사회적 가치 측정을 위한 평가 지표 개발과 적용에 관한 연구: 환경 분야를 중심으로. 서비스경영학회지, 1–18.

4. 공공기관의 ESG 경영

1)사회적 성과의 측정

□ 사회적 성과(Social Performance)의 중요성

○ 사회적 성과는 특정 활동을 통해 창출된 사회적인 가치 변화에서 자연적인 가치 변화를 제외한 순 변화 수준을 의미함

○ 사회적 성과 측정 이론은 원래 정부나 공공 또는 비영리 조직이 시행하는 공공사업을 평가하기 위한 목적으로 개발됨

○ 사회적 성과 측정은 정책적인 의사결정을 위해 특정 공익 활동으로 창출되는 사회적 가치를 측정하고자 하는 특성이 강함

○ 최근 세계적으로 다양하고 복잡한 사회문제의 해결과 지속가능한 성장에 있어 기업의 적극적인 역할이 중시되면서 사회적 성과 측정에 관한 논의는 민간 영역에서도 활발해지고 있음

○ 기업의 사회적 성과 측정은 사회적 목적 달성에 공헌하는 활동의 결과물로 순이익(net income), 인적 자원 공헌(human resource contribution), 공공적 공헌(public contribution), 환경적 공헌(environment contribution), 제품 또는 서비스 공헌(product and service contribution) 등이 있음

○ 이때 공헌의 개념은 기업 활동으로 발생하는 비용과 효익을 모두 포함함

□ 사회적 성과 측정 방법

○ 사회적 성과 측정 방법은 매우 다양함

○ 공공기관의 특성과 상황에 따라 적절한 사회적 성과 측정 방식을 정해야 함

〈표 12-6〉 사회적 성과 측정 방법론

구분	목적	정의	특징
SROI	평가 및 예측	• 비용-편익 분석 방법을 확장하여 사회적 편익 및 impact 평가에 활용할 수 있도록 체계화, 구체화 • 창출되는 사회적 가치를 화폐 가치로 환산하여 투입된 재정의 투자수익률을 나타내 주는 기법	사회적 가치 평가와 관련하여 기본적인 분석툴로 활용도가 높은 분석 방법
TIMMs	이해관계자들에게 미치는 영향(impact)에 대한 이해 중시	• 사업 활동이 이해관계자들에게 미치는 영향 및 그로 인한 impact 형성 과정을 종합적으로 분석하는 체계	투입, 산출 장기간의 사회적 성과, 영향 간의 관계 이해에 중점. 영향 평가 및 효과적인 비교 분석 가능
True Value	기업 순이익의 참된 가치 산출	• 기업 활동의 재무적 가치 이외에 외부 효과까지 포괄한 참된 가치를 측정하는 프로세스	기업이 경제, 사회, 환경 관련 외부 효과를 창출하는 것을 순현재가치로 내재화
TOMs	자원의 효과적 배분	• 사회적 가치를 측정하는 기준 및 프로세스에 대한 가이드라인 및 기본적인 보고 양식을 제공	관련 조직들이 참고할 수 있는 방법론 체계 제공
Double Bottom Line (DBL)	사회적 가치와 경제적 가치 두 가지의 동시 산출	• 기업의 경영 활동 전반에서 사회적 가치와 경제적 가치를 동시에 추구하며, 사회적 가치 창출 성과를 화폐로 환산하여 지속적으로 관리하는 체계	사회적 이해관계자의 관점에서 사회적 가치를 측정하는 것을 원칙으로 하며 사회적 성과 측정

〈표 12-7〉 사회 공헌 차원에서 다양한 측정 방식

국가	지표명	기관명	설명
한국	경제정의지수(KEJI Index)	경실련 산하 경제정의연구소	국내 상장기업들을 대상으로 기업의 사회적 활동을 평가 및 발표
	중소기업 CSR 성과지표	중서기업청, 한국생산성본부	중소기업의 사회적 책임 추진을 돕고 지속적으로 성장하는 것에 도움을 주기 위한 지표
	공공기관 사회 공헌 자가진단 지표 및 가이드라인	한국사회복지협의회 사회 공헌정보센터	공공기관 사회 공헌 담당자가 기관의 사회 공헌 현 수준을 객관적으로 진단하기 위한 지표
	GSK SI 2.0	한국가이드스타	비영리단체의 공익적 가치 실현을 위한 조직, 지역사회, 서비스 대상자들의 변화를 확인할 수 있는 객관적 지표
	사회적가치지표 (SVI: Social Value Index)	고용노동부, 한국사회적 기업 진흥원	사회적 경제 기업이 창출하는 사회적 가치 수준을 측정하기 위해 개발한 도구
미국	SIA(Socail Impact Assessment)	IAIA	사회·문화적, 경제적 및 생물·물리학적 환경과 상호 작용하는 모든 방식에 대한 평가를 구현하는 포괄적인 틀
	Measureing Program Outputs	United Way	프로그램이 실생활의 차이를 만드는지 확인하기 위한 아웃품 측정
	BIA(B Impact Assessment)	B Lab	지속 가능한 경영 시스템 및 성과를 평가하기 위한 차제 평가 도구
	GIIRS(Global Impact Investing Rating System)		사회적, 환경적 문제를 해결하려는 사업 도는 기업의 성과를 측정하기 위한 사회적 평가 시스템
	HIGG Index	SAC (Sustainable Apparel Coalition)	회사 또는 제품의 지속가능성을 평가하기 위한 자가 평가 지표

〈표 12-7〉 사회 공헌 차원에서 다양한 측정 방식 〈계속〉

국가	지표명	기관명	설명
영국	CR Index	BITC (Business In The Community)	기업의 사회적, 환경적 임팩트를 측정해 CSR 전반에 대해 평가할 수 있는 지표
	Impact Radar	Bridges Fund Management	투자에 대한 긍정적 영향의 가능성 및 임팩트 결과 달성의 위험 가능성을 평가하기 위한 룰
	SVMI(Social Value Maturity Index)	THE SOCIAL VALUE PORTAL	Public/Private 섹터의 조직이 사회적 가치를 제대로 수행하고 있는지 평가하기 위한 지표
	SII (Social Impact Index)	LEGATUM Foundation	궁극적인 사회적 영향에 기여하는 사회개발 프로그램의 요인을 측정
아일랜드	Social Value Framework	Bryson Charitable Group	사회적, 경제적, 환경적 영향 및 가치 창출 측정
프랑스	EcoVadis	EcoVadis	기업의 정책, 활동, 결과를 통해 CSR 관리 시스템의 질을 평가

2)사회적 성과 인센티브

○ 사회문제를 해결하기 위해 사회적 가치를 올바르게 문제 정의하고 측정, 관리하여 궁극적으로 사회 혁신을 도모하기 위한 지표임

○ 사회적 기업의 혁신 동기 유발 및 사회적 기업의 성장과 생태계 활성화를 위한 목적으로 개발됨

○ 사회적 기업의 사회성과를 측정 보상하는 SPC(Social Progress Credit) 개념을 제안하면서 시장에서 2015년부터 적용되면서 많은 민간 기업들이 측정에 참여하고 있음

〈그림 12-16〉 사회적 기업의 성과 인센티브 측정 체계

사회 성과 창출 방법		사회적 기업의 사명: 사회문제 해결	사회적 기업의 사명: 환경문제 해결
Product (재화/서비스)		① 사회 서비스 성과	④ 환경 성과
Process (가치사슬)	내부	② 고용 성과	
	외부	③ 사회 생태계 성과	

대분류	중분류	No.	지표명	설명
사회 가치 (60점)	문제의 적합성 20점)	S1	이슈 적합성	심각하고 해결이 시급한 사회문제를 해결하는 프로그램인가?
		S2	차별성	중복되지 않는 차별화된 프로그램인가?
		S3	지속 가능성	지속가능한 방식으로 문제를 해결하는가?
		S4	기획의 타당성	문제 정의에 부합하게 체계적으로 기획되었는가?
	운영의 충실성 (15점)	S5	파트너십	사업 수행기관과 성공적 파트너십을 구축하였는가?
		S6	대상자 관리	적절한 대상자를 선정하고 충실하게 관리하였는가?
		S7	프로그램 관리	프로그램은 기획한 바에 따라 체계적으로 운영되었는가?
	문제 해결의 기여도 (25점)	S8	변화 관리	사업 대상자의 변화를 관리하였는가?
		S9	실질적 문제해결	초기에 정의한 사회문제를 실질적으로 해결하였는가?
		S10	사회적 편익	프로그램의 사회적 편익이 투입한 예산 대피 효과적인가?
		S11	혁신성	혁신적인가치를제공하였는가?
		S12	파급력	프로그램에 결과가 외부에 영향을 미쳤는가?

대분류	중분류	No.	지표명	설명
기업 가치 (40점)	전략 연계성 (20점)	B1	기업 사회공헌 전략	사회공헌 전략과 연계된 프로그램인가?
		B2	기업 의사결정권자 참여	기업 내 주요 관계자가 인지하고 참여하는가?
		B3	기업 특성 반영	기업의 비즈니스 가치가 반영된 프로그램인가?
		B4	기업 역량 투입	운영 과정에 기업의 역량이 충분히 투입되었는가?
	공유 가치 창출 (20점)	B5	이해관계자 네트워크	기업의 이해관계자에게 영향을 주었는가?
		B6	명성 기여	프로그램이 기업의 명성과 이미지 제고에 기여했는가?
		B7	조직문화	내부 조직문화에 기여한 요소가 있는가?
		B8	비즈니스 기여	기업의 비즈니스 성과에 기여한 요소가 있는가?

〈그림 12-17〉 사회적 기업의 사회 공헌 평가지표 예시: 사랑의 열매 ①

대분류, 중분류의 재편

대분류	가중치	중분류
1. 기획	25.53	사전 조사 및 연구
		기업전략 연계성
		기획의 구체성
2. 실행	28.26	업무 수행의 충실성
		프로그램 수행기관 및 대상자 만족도
		예산 집행 및 관리
3. 기업적 가치	23.42	홍보 성과
		이해관계자 네트워크
		조직문화
4. 사회적 가치	22.79	사회적 편익
		전문가 평가
		사회적 파급력

V3 대분류		V3 중분류	V2 중분류
사회 가치	▪ 적합한 사회문제를 선택하여 해결했는가? ▪ V2의 사회적 가치 분류 항목 포괄 ▪ 기획/실행 분류 중 사회가치에 영향을 주는 항목 포함	문제의 적합성	사전조사 및 연구 기획의 구체성
		운영의 충실성	업무 수행 충실성 수행기관/대상자 만족도 예산 집행 관리
		문제해결의 기여도	사회적 편익 전문가 평가 사회적 파급력
기업 가치	▪ 기업과 연관된 문제를 선택하여 회사에 기여 했는가? ▪ V2의 기업적 가치 분류 항목 포괄 ▪ 기획/실행 분류 중 기업가치에 영향을 주는 항목 포함	전략 연계성	기업 전략 연계성 이해관계자 네트워크 중 일부
		기업 역량의 활용	조직문화 홍보 성과 중 일부
		공유가치 창출 기여	이해관계자 네트워크 중 일부 홍보 성과 중 일부

〈그림 12-18〉 사회적 기업의 사회 공헌 평가지표 예시: 사랑의 열매 ②

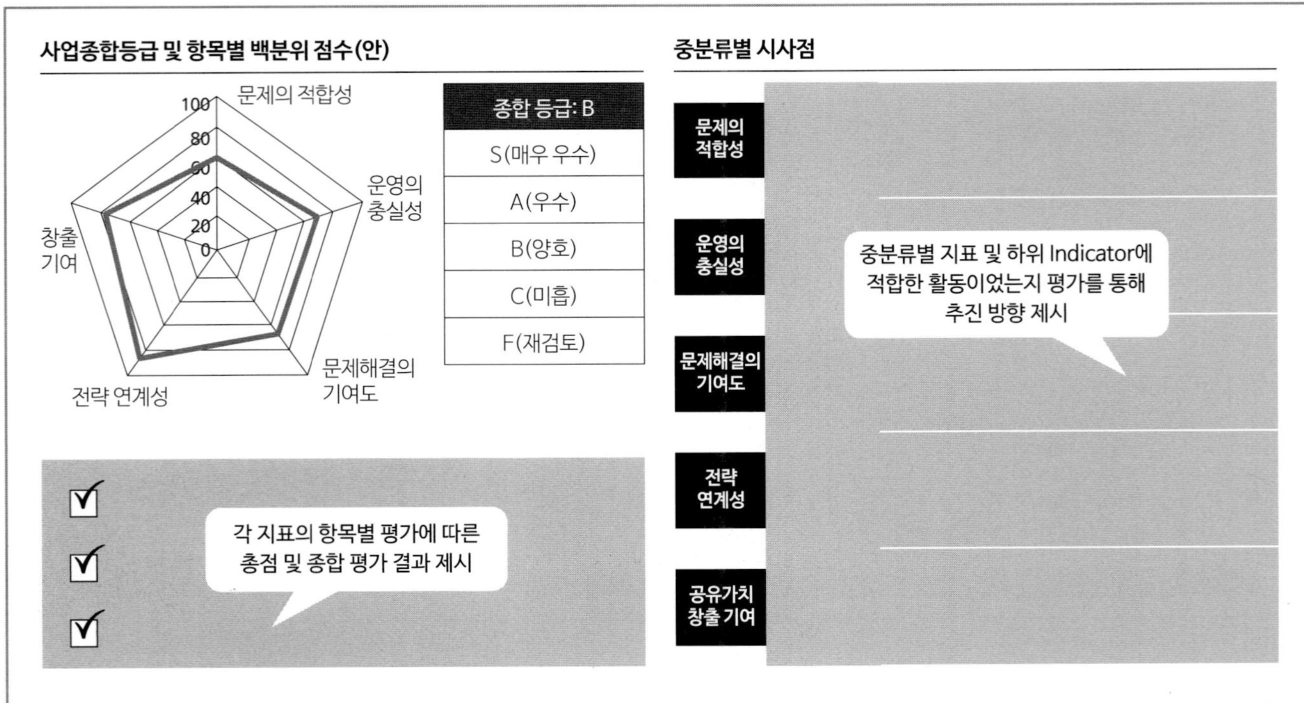

○ 기업의 자문단 및 전문가의 의견수렴 과정을 통해 최종적으로 지표 항목과 가중치를 조정하여 사회 공헌 프로그램 평가 지표를 토출함

○ 해당 지표를 활용하여 사업별 평가를 진행하고 사업의 최종 점수 도출 및 등급화를 진행하여 각 중분류별 시사점을 토출하고 향후 개선시 활용함

3)사회적 기여도 추정 방법

○ 공공기관 내 사업부별 주요 사업을 기준으로 편익 항목을 구분하고 편익, 즉 사회적 기여도를 산출

○ 사업별 화폐액 특정 여부를 판단하고 사회적 기여도를 산출한 후 특정 공공기관의 사회적 기여도의 총합을 산출하는 Bottom-up 방식이 주로 쓰임

〈그림 12-19〉 공공기관의 사회적 기여도 편익항목 및 추정방식 채택

편익 항목

구 분	세부편익항목	설 명
가치창출 편익	소비자중심 편익	사업의 효과가 소비자에게 영향을 주는 경우, 후생경제학에 근거
	생산자 중심 편익	사업의 효과가 생산자에게 영향을 주는 경우, 시장수요접근법이 대표적
비용저감 편익	생산비용저감 편익	자원비용, 공정비용, 연구장비 사용비용, 출장비용 등 각종 생산비용의 저감
	피해비용 저감 편익	재난·재해, 사고, 질병 등으로 인해 발생하는 피해비용의 저감

편익 구분 및 추정 방법 채택

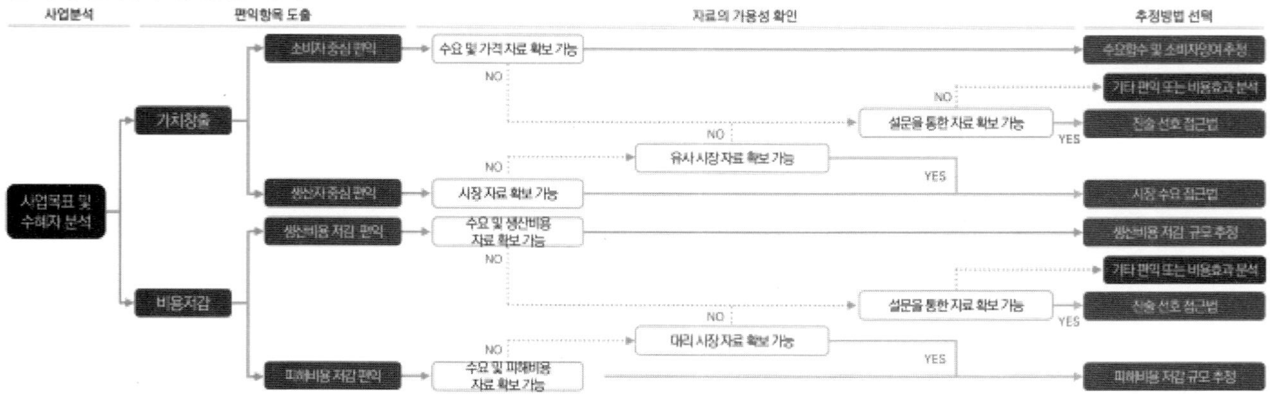

〈그림 12-20〉 공공기관의 사회적 기여도 측정 예시: 한국인터넷진흥원의 측정 체계

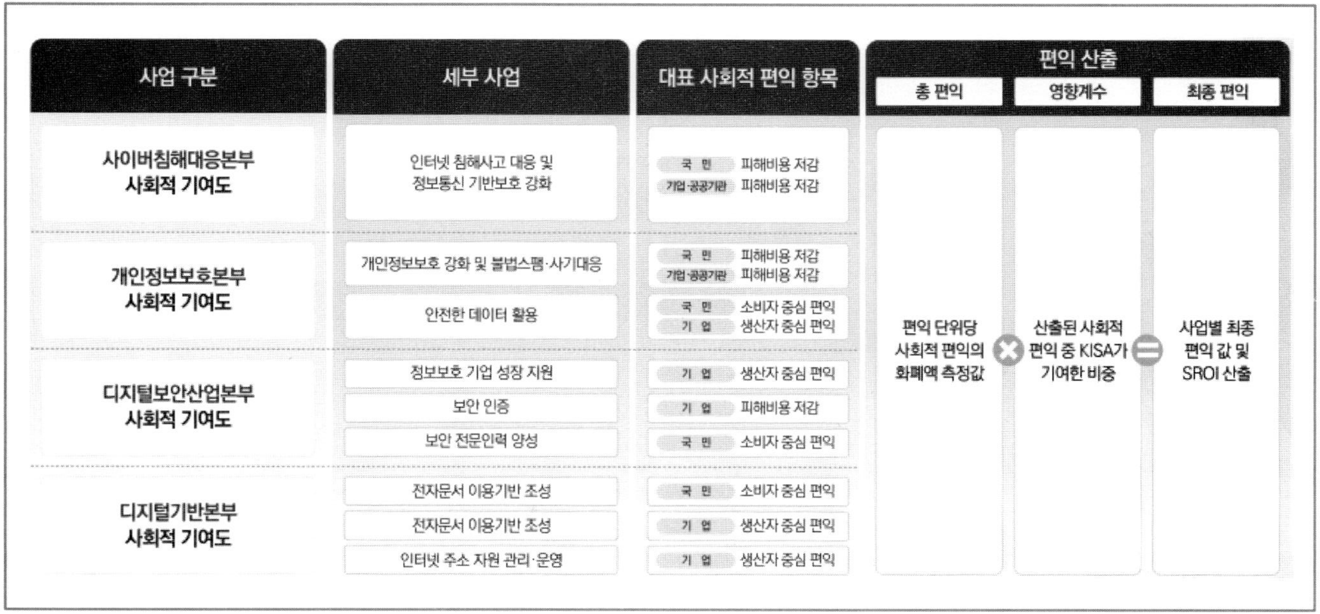

출처: 사회적 기여도 지표 도출 및 분석연구, 한국인터넷진흥원 (2022).

〈그림 12-21〉 공공기관의 사회적 기여도 측정 예시: 한국인터넷진흥원의 사업별 사회적 기여도 비율 도출(인터넷 침해사고대응 및 정보기술통신 기반보호 강화사업)

사회적 기여도	사이버 침해사고 발생 피해비용 저감 (대상 : 기업, 기반시설, 일반국민 등)	
추정식	예 방	침해사고 발생 시 피해액 평균 x 예방조치 건 수 x 예방 영향계수*
	대 응	침해사고 발생 시 피해액 평균 x 대응 건 수 x 대응 영향계수**

* 예방 영향계수 : 유출피해 없는 비율 x KISA 기여도
** 대응 영향계수 : 침해사고 발생 시 KISA 대응조치로 인해 저감되는 비율 x KISA 기여도

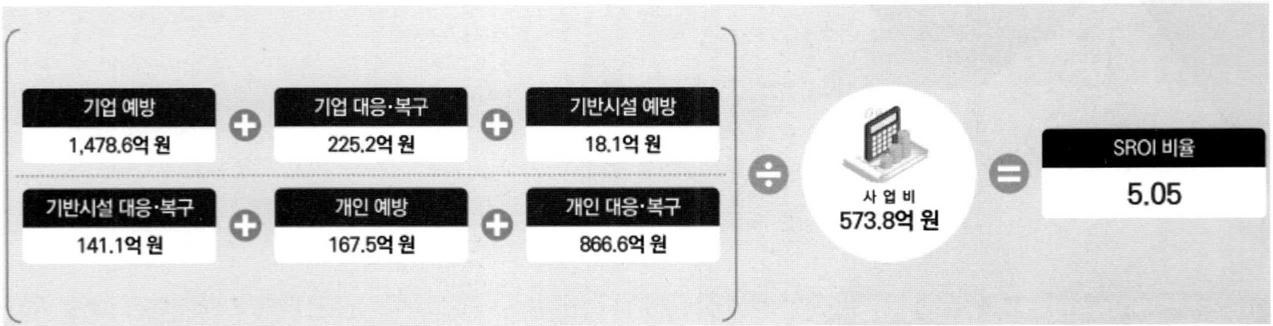

〈그림 12-21〉 공공기관의 사회적 기여도 측정 예시: 한국인터넷진흥원의 사업별 사회적 기여도 비율 도출(인터넷 침해사고대응 및 정보기술통신 기반보호 강화사업) 〈계속〉

출처: 사회적 기여도 지표 도출 및 분석연구, 한국인터넷진흥원 (2022).

〈그림 12-22〉 공공기관의 사회적 기여도 측정 예시: 한국인터넷진흥원의 총 사회적 기여도 도출

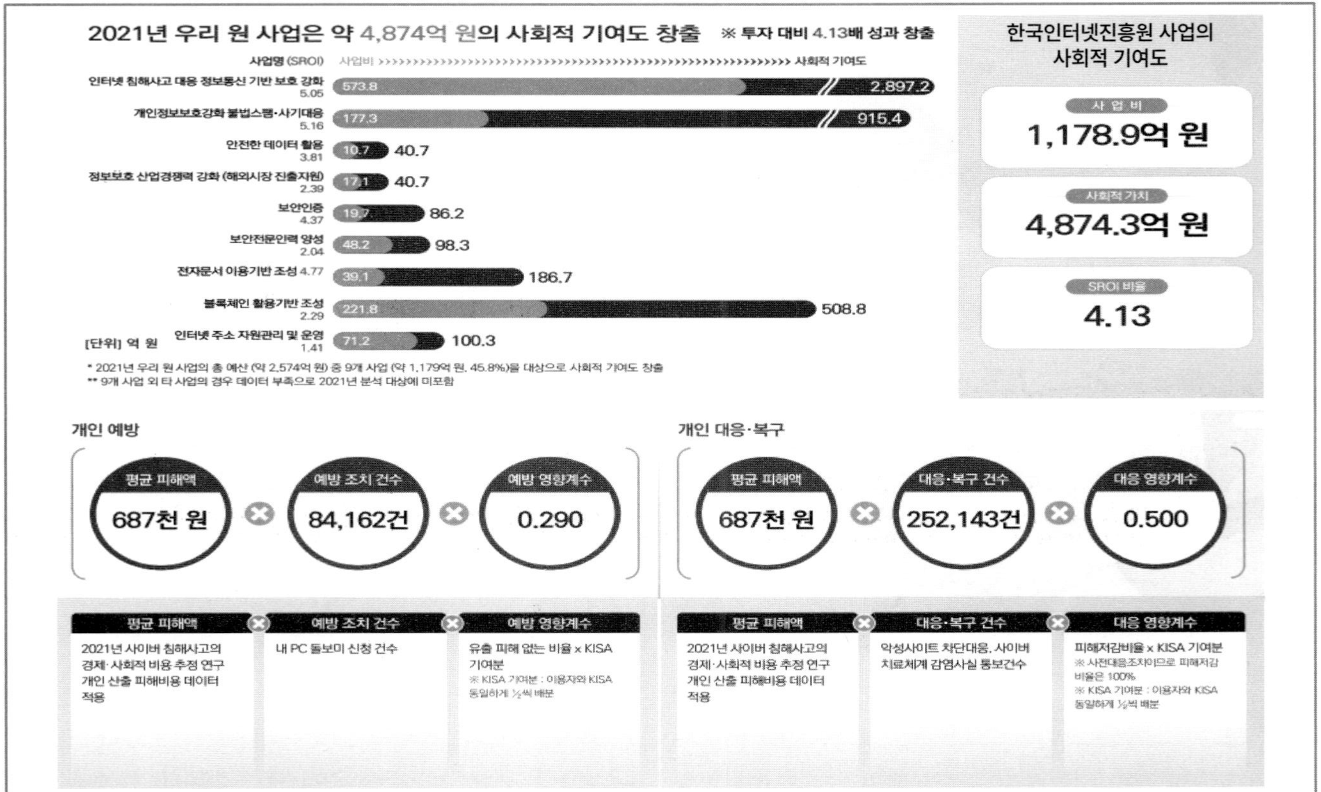

출처: 사회적 기여도 지표 도출 및 분석연구, 한국인터넷진흥원 (2022).

5. 공공기관 ESG 경영 및 ESG 기반 성과 관리 필요성

1)공공기관의 ESG 경영 필요성

□ 우리나라의 공공기관은 「공공기관 운영에 관한 법률」이나 기타 특별법, 관계 법령 등을 근거로 설립된 단체나 기관

○ 공공기관은 공기업과 준정부기관, 기타공공기관으로 나뉘며 각각의 설립 목적에 따라 공익 추구를 목표로 운영

○ 공공기관은 경제발전의 촉진, 보편적 서비스의 공급, 독과점의 방지, 사회간접자본 구축 등 주로 시장 실패가 일어나는 영역이나 사익 추구를 엄격히 제한해야 하는 영역에서 제 역할과 기능을 발휘

□ 공공기관은 공공기관을 둘러싼 이해관계자의 공익을 추구하는데 존재 이유가 있으므로 민간 기업보다 ESG 경영의 필요성이 더욱 큼

○ 공공기관은 지배구조(G) 측면에서 일반 기업이 주주와 관련 이해관계자를 중시하는 것보다 더 포괄적인 이해관계자를 고려 필요

○ 정부의 공공성과 정책 목표 추구에 발맞추어 일반 국민을 포함한 광범위함 이해관계자가 공공기관 운영에 참여할 수 있는 여건 조성이 중요

○ 사회적(S) 측면에서는 기관의 설립 목적에 따른 사회적 가치 추구뿐만 아니라 기관 운영에 있어 내부의 인권, 노동, 반부패 등의 사회적 가치의 추구도 필요

○ 기존 사회 공헌 활동의 연장선에서 보편적인 사회적 가치 추구 활동도 권장

○ 환경(E) 측면에서는 전 세계적인 기후변화에 대응하기 위해 탄소

배출량 감소, 재생에너지 사용 증가, 폐기물 감량 필요

○ 기후변화 대응이 설립 목적인 공공기관뿐만 아니라 일반 공공기관도 기관 운영 차원에서 환경 이슈에 대한 대응 필요

2)공공기관 ESG 경영 전략의 수립 및 추진

□ESG는 기업이 재무적 관점의 경영과 더불어 비재무적(ESG) 관점의 경영도 추구해야 한다는 새로운 패러다임

○ 공공기관도 그동안 공공기관의 고유 목적을 달성하기 위해 각자의 미션, 비전, 전략 목표 등을 수립하고 기관을 운영

○ 그러나 비재무적(ESG) 관점의 전략 목표 설정 및 이를 기반으로 한 체계적인 경영 활동은 그동안 미흡

□공공기관의 ESG 경영은 크게 'ESG 경영 전략의 수립과 추진' 활동과 'ESG 성과 평가와 정보 공개'로 구분 가능

○ ESG 경영 전략 수립과 추진은 ESG 관점에서 기관의 비전과 목표를 설정하고 목표 달성을 위한 전략이나 과제, 실행 체계 등을 구축하여 일관된 추진을 의미

○ ESG 관점에서 기관의 비전과 목표 설정을 위해서는 우선 UN SDGs(K-SDGs), UNGC 등 글로벌 이니셔티브에서 다루는 주요 안건이 무엇인지 파악 필요

○ 더불어, 정부의 국정과제와 공공기관의 설립 목적 등과 이러한 ESG 주요 안건의 정합성을 고려하여 기관의 비전 및 목표 재설정

○ 세부 전략이나 과제, 실행 체계 등을 구축할 때에는 국내외 ESG 규제 대응, 이해관계자 참여 측면 고려

○ 공공기관의 주요 전략, 과제, 실행 체계 등이 ESG 관련 규제에 적합한 것인지를 다각적인 측면에서 검토 필요

○ 공공기관의 주요 이해관계자의 참여율을 제고하기 위해서는 기관이 추진하는 고유 목적사업의 주요 이해관계자를 식별하고 관리하는 활동을 병행해야 함

3)공공기관 ESG 경영 성과 평가와 정보 공개

□ 공공기관 ESG 경영의 다른 한 축인 'ESG 경영 성과 평가와 정보공개', 기관의 ESG 활동 성과를 측정하고 이를 외부 이해관계자에게 보고하는 활동을 의미

○ 일부 민간 기업 및 공공기관은 과거 '지속가능경영보고서' 등을 발간하여 조직의 사회적 성과 등을 보고

○ 그러나 사회적 성과를 측정·평가하고 이를 외부에 공시하는 공통 기준이 없어 조직의 사회적 성과를 온전히 해석하고 서로 비교하는 데에는 한계점이 존재

□ 조직의 ESG 성과를 측정하고 보고하는 방법에는 세계적으로 적용되는 여러 표준이 존재

○ GRI Standard: 기업이 경제, 환경, 사회에 미치는 영향을 보고하는 지속가능보고서에 대한 작성 지침

○ SASB Standard: IFRS 재단 산하 ISSB International Sustainability Standards Board, 지속가능성회계기준위원회에서 제정한 기준으로 중대성 평가를 통해 보고해야 할 ESG 데이터를 선정하고 이에 대한 측정 지표 등을 제시

○ WEF-IBC-MSC: 거버넌스의 원칙, 지구, 사람, 번영의 4개 영역으로 구분하여 ESG 관련 21개 핵심지표, 34개 확장 지표 등을 제시

○ TCFD Recommendations: 기후변화 대응에 초점을 둔 표준으로 기후변화 관련 지배구조, 전략, 리스크 관리, 위험과 기회를 평가

하는 지표와 목표 등을 포함

□ 공공기관 ESG 성과 평가와 정보공개를 위해서는 이와 같이 다양한 글로벌 표준을 바탕으로 공공기관의 특성을 고려한 합리적인 성과관리 체계 구축이 필요

○ ESG 성과 평가 및 정보공개 항목의 선정은 지속가능보고서의 작성 지침인 GRI Standard를 기준으로 선정

○ GRI는 모든 조직에 적용할 수 있는 공통 기준와 센터별 기준, 주제별 기준의 카테고리로 구성

○ ESG 성과 평가와 정보공개를 위한 지속가능보고서 작성에 필요한 요구사항 관련 지침으로 활용 가능

○ ESG 성과의 측정 및 평가에는 국제적으로 통용되는 회계기준에 기반한 SASB 기준을 활용하는 것이 바람직

○ SASB는 중대성 지도(Materiality map)를 통해 지속가능성 관련 사안이 중요한 영향을 미칠 가능성이 있는지 여부를 기준으로 관련 데이터를 공개하도록 규정

○ 또한, 데이터 공개 시 산업 내 다른 기업과 비교가 가능한 방식으로 보고할 수 있도록 측정 지표와 적용 지침 등을 포함

<한국공공브랜드진흥원의 공공기관 ESG 경영 관련 제언>

□ 2030년으로 예정된 상장기업의 ESG 공시 의무화에 발맞추어 향후 공공기관의 ESG 경영 및 공시에 대한 사회적인 요구가 점차 증대할 것으로 예상

- 그러나 아직 공공기관의 ESG 경영 및 정보공개에 공통적으로 적용할 수 있는 기준 마련은 걸음마 단계
- 정부 차원의 공공기관의 ESG 경영 및 정보공개 기준 마련
- 기관 자체적에서도 ESG 경영 전략의 수립과 추진, 성과 평가와 정보 공개에 보다 많은 관심이 필요

□ ESG 경영과 공시 관련 전 세계적으로 통용되는 표준을 바탕으로 국내 여건과 공공기관의 특성을 반영한 고유의 공공기관 ESG 경영 체계 구축이 중요

- 공공기관별 ESG 경영 수준 진단, ESG 경영 체계 구축 및 실행, ESG 성과 평가와 정보 공개 등을 위해 공공기관 및 유관기관의 협력 네트워크 조성 필요

부록. ESG 경영과 공시 관련 국제 통용 표준

ESG 성과의 공시: GRI Standards

□ GRI Standard는 **국제지속가능성기준위원회(Global Sustainability Stadard Board, GSSB)가 제정한 지속가능성 보고를 위한 국제적 차원의 표준 지침**

○ GRI Standard는 정부 및 공공기관, 민간 기업, 비영리기관 등 조직 유형에 상관없이 조직이 창출하는 경제, 환경, 사회적 영향(Impact)을 측정하여 보고하는 포괄적인 기준을 제공

○ 기업의 경제, 환경, 사회 등 사회 각 분야에 대한 기업의 책임성을 규정하고 이와 관련된 정보를 공개하는 지침을 수록

○ GRI는 어떠한 규모, 유형, 분야, 지리적 위치 등에 상관없이 사용이 가능한 일관된 지침으로 구성, 공통 기준과 섹터별, 주제별 세부 기준으로 구분

○ 경제, 환경, 사회 분야의 성과 보고에 대한 프레임워크, 보고원칙, 기업 차원에서 지속가능성 보고서를 준비하기 위한 구체적인 내용을 제시

□ GRI Stnadards는 **공통 기준과 섹터별 기준, 주제별 기준의 카테고리로 구성되어 있으며, 조직이 ESG 성과 공시와 지속가능 보고서 작성에 필요한 요구사항에 대한 지침을 제공**

○ (공통기준) 조직의 규모 및 지리적 위치, 활동에 따라 적용 가능한 지속가능성 보고 원칙을 제공하며 이해관계자가 조직의 경제, 환경, 사회적 측면의 지속가능성 제고 노력을 쉽게 이해할 수 있도록 하는 지침을 명시

○ (섹터별 기준) 농업, 석유 및 가스 등 특정 분야에 대한 지속가능

〈그림 1〉 GRI Standard의 체계와 구성

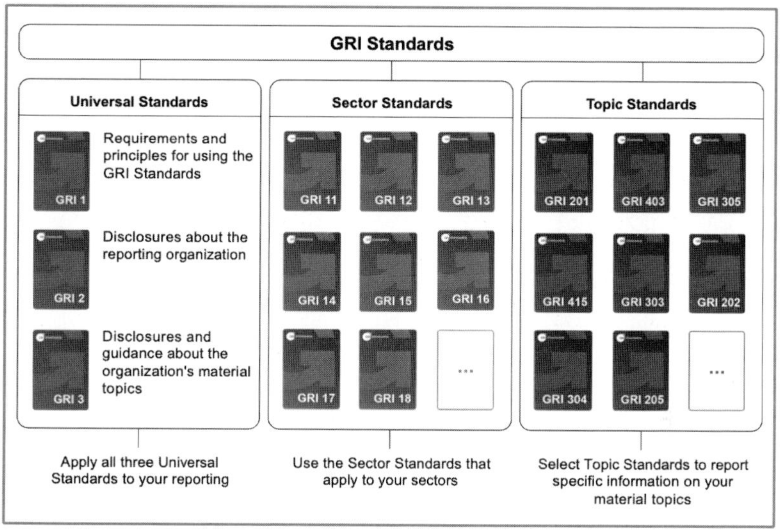

성 보고에 적합한 기준과 보고 지침 등을 포함

○ (주제별 기준) ESG의 구성 요소인 경제, 환경, 사회 주제와 관련한 지속가능성 보고 기준과 지침 등을 규정

- (경제적 영향) 조직의 경제적 성과를 보고하는 세부 사항을 포함하여 지속가능성 차원에서 경제적 성과와 이를 창출하기 위한 과정 등에 관한 기준
- (환경적 영향) 조직의 활동을 인해 창출되는 환경적인 영향을 측정하고 보고하는 기준으로 자원, 오염방지, 에너지 등 항목으로 구성
- (사회적 영향) 노동, 인권, 보건안전, 교육훈련, 다양성 등 조직의 운영과 활동에 있어 사회적인 가치 추구 여부를 측정·보고하는 기준

□ GRI Standard는 조직의 지속가능성보고서를 작성하는데 참고 가능한 보고원칙, 표준공개, 그리고 이행매뉴얼과 참고할 만한 참고문헌 등을 제공하여 지속가능성 보고서 작성에 유용

○ GRI Standard 제정에는 기업체, 노동계, 시민단체 및 금융시장의 대표들과 다양한 분야의 감사원 및 전문가 등 국제적 규모의 이해관계자가 참여

○ 해당 기준은 여러 단계의 논의 과정과 여러 국가의 규제기관 및 정부기관과의 긴밀한 토론을 거쳐 개발되었기 때문에 국제적으로 권위를 인정받고 있어 여기에 명시된 경제, 환경, 사회적 영향 측정 지표 등은 범용성이 높다는 것이 장점

▮참고문헌

사회적 기여도 지표 도출 및 분석연구, 한국인터넷진흥원 (2022).

서울시 해외마케팅커뮤니케이션 전략 수립 보고서 (2008).

2017 KLBCI 한국지방브랜드 경쟁력지수 보고서.

조일형 (2020). 기업의 사회적 성과 측정과 보고: 더블바텀라인의 실무 적용을 위한 탐색적 연구, 지식경영연구, 21(2), 1-19.

조일형, 이미영, 김성재 (2021). 사회적 기업의 사회적 가치 측정을 위한 평가 지표 개발과 적용에 관한 연구: 환경 분야를 중심으로, 서비스경영학회지, 1- 18.

한국인터넷진흥원 (2022). 우리 원 사업의 사회적 기여도 지표 도출 ALC 분석 연구.

SASB (2017). Conceptual Framework.